The End of Accounting
and The Path Forward for
Investors and Managers
by Baruch Lev and Feng Gu

会計の再生

21世紀の投資家・経営者のための対話革命

バルーク・レブ＋フェン・グー［著］

伊藤邦雄［監訳］

中央経済社

The End of Accounting
and The Path Forward for Investors and Managers
by Baruch Lev and Feng Gu

Copyright ©2016 by Baruch Lev and Feng Gu. All rights reserved.

Translation copyright ©2016 by CHUOKEIZAI-SHA,INC.
All Rights Reserved.
This translation published under license
with the original publisher John Wiley and Sons,Inc.
through Tuttle-Mori Agency,Inc.,Tokyo.

親愛なる日本の皆さんへ

　私は何度も日本を訪れていますが，いつも素晴らしい体験をしてきました。なかでも，とても洗練された優しい人々に出会い，興趣をそそられる場所を訪れ，素晴らしい食べ物を堪能し，そしてよく整備された社会に目を見張りました。まぎれもなく私は常に日本を母国のように感じてきました。そして，このたび，私たちの近著 *The End of Accounting* が日本語に翻訳されることになりました。これほど名誉で，喜ばしく，光栄なことはありません。

　実証を基本的スタイルとする本書で，共著者の Feng Gu と私が主として行ったことは以下の３つです。

1．私たちは数千の企業を対象に，さまざまな統計的手法を用いて，公開会社によって公表されている貸借対照表や損益計算書などがこの20年の間に投資家に対する有用性を喪失してしまったことを実証しました。

2．さらに証拠に基づいて，会計情報が有用性を喪失した主要な要因を明らかにしました。それは基本的に，会計システムが会社のビジネスモデルの劇的な変化にうまく対応できなかったこと，そして会計情報が経営者の主観的な見積りや予測に過度に依存するようになったことです。

3．本書の骨格となる第３部で，私たちは投資家の情報ニーズに応えるために企業が活用できる「戦略的資源・帰結報告書」という新しい報告書を提案しました。そして，メディア・エンターテインメント産業，製薬・バイオ産業，オイル・ガス産業，そして保険産業という４つの主要な業種を例にとって，この報告書の具体像を示しました。

　日本の経営者，投資家，そして会計専門家の皆さんにとって本書が有益で興味をそそるものとなれば幸いです。

　そして最後に，私の親友である伊藤邦雄教授に心より御礼申し上げます。長

年にわたり親交を深めてきた伊藤教授が本書の翻訳を決めてくれたことは，何にも増して嬉しい限りです。伊藤教授の研究成果と仕事に私は常に尊敬の念を抱いてきました。さらに，本書の翻訳に関わった出版社，訳者の皆さんに感謝申し上げます。

Baruch Lev
（バルーク・レブ）

監訳者はしがき

　本書を深く味わっていただくには，一見迂遠のようであるが，会計学の変遷に触れるのが有用であろう。

　すべての企業にとっての「事業の言語」である会計を研究対象とする会計学は，厳密に見ればその方法論や着眼の視点に応じて，さまざまな流派（スクール）が存在する。しかし，カメラのレンズをひいて会計学の歴史を俯瞰してみると，その時代を画する会計学は大きく変遷してきたことがわかる。その原動力となったのが，各時代に生まれたイノベーション（革新）であった。ここでは，直近の1世紀を監訳者のささやかな研究史を縦糸として編み込みながら振り返ってみよう。

　世界の会計学を牽引してきた米国に焦点を当ててみると，20世紀前半のイノベーションといえば，1940年に公刊されたペイトン＝リトルトン（W.A. Paton & A.C. Littleton）の *An Introduction to Corporate Accounting Standards*（『会社会計基準序説』）というのが共通認識だろう。同書は世界の会計人にとっての共有財産と評しても過言ではない。

　『序説』は従来の財産法的な評価論に代えて，当時の会計実務を発生主義に基づく努力と成果との対応による適切な損益計算として体系化した点にその偉大な功績がある。そこでは「最適な」収益と費用との対応を確立することに主眼が置かれた。その意味で，当時の会計理論は規範論が主流だった。

　ところが，そうした規範的会計学は1960年代の終わり以降に，大きな挑戦を受けることになる。その起爆剤となったのが1968年に発表されたボール＝ブラウン（R. Ball & P. Brown）の論文とビーバー（W.H. Beaver）の論文である。その特徴はファイナンスの近年の成果と精緻な統計的手法を用いた実証的スタイルにあった。

その後，実証的会計学を主導してきた会計学者の一人であるビーバーは1981年に公刊した *Financial Reporting : An Accounting Revolution* で，それまでの通説であった「発生」概念が十分に確立されておらず，費用と収益を対応させるにも複数の会計処理法があり，さらに費用の認識基準としての「消滅原価」にしても，消滅の決定基準は具体的に何も導かれないとして，規範的スタイルに代えて実証的スタイルを確立した。

実証的会計学も多岐にわたるが，大胆に整理すれば，その多くは会計情報が資本市場にどのようなインパクトを与えているのか，あるいは市場や投資家にとって有用性をもっているのかに焦点が当てられてきた。ある時期まで，会計情報が株価や株式リターンに有意な影響を与えているとの実証結果が蓄積されてきた。それは，見方を変えれば株式市場が公開された会計情報を即座にかつバイアスなく株価に反映しているという，市場の効率性を裏づけるものであった。実証研究によって会計情報の有用性が基本的に裏づけられたように見えた。

しかし，その後1990年代以降，会計情報による株価や企業価値の説明力，市場の効率性に疑問を投げかける実証研究が増えていった。現にビーバーも市場の効率性を微妙に批判的トーンをまじえて論じるようになる。そのことを裏づけるかのように，2001年の米国会計学会でのスピーチで次のように述懐している（Beaver［2002］）。

> 「私たちは公開情報に関して市場の効率性の問題が"解決"されたと思い込んだ時期があった。確かに初期の資本市場研究は大体において市場の効率性を支持した。……（中略）……しかし最近の研究は市場の効率性を再検討し，少なくとも3つの分野に関しては市場が効率的でないことを明らかにした成果も現れてきている。」

そうした市場の効率性とは異なる観点から，現行の会計情報の有用性に疑問を投げかける実証研究をリードしてきた一人が，本書の著者であるバルーク・レブである。

同教授は，自らの数々の実証研究をもとに，企業価値の決定因子が有形資産

監訳者はしがき ◆ v

からバランスシートに載っていない無形資産に移行していることを唱え続けてきた。また、現行の会計基準では無形資産投資が即時費用化されているために、企業の無形資産投資へのインセンティブを削いでいると警鐘を鳴らし続けてきた。

会計情報の有用性が低下していくなか、もちろん、さまざまな提案が多くの論者や機関によってなされてきた。しかし、規制機関のスタイルは基本的に変わらずに今日に至っている。

本書は、そうした実証研究を集大成し、こうした会計情報の「不都合な真実」を直視し、その背景や要因を解析するとともに、今後に向けた解決策を世界に向けて提唱したものである。

本書の意義は、読者自らの発見に委ねられるべきものであるが、本書を紐解く前の読者の道標として参考になることを願って、簡潔に記しておきたい。

第1に、会計情報の有用性を検証した多数の実証研究を集約するとともに、自身も大量データをもとに精緻な実証研究を展開し、財務・会計情報による企業価値の説明力が急速かつ着実に低下していることを裏づけていることである。これだけの実証成果の数々を提示されると、そこにはおのずと力強い説得力が生まれる。

第2に、なぜ会計情報が価値関連性を失ったのかを、詳細に検討し、さまざまな証拠に基づいて指摘していることである。会計システムが企業活動のイノベーションやビジネスモデルの急速な変化に対応できなかったこと、会計基準自らの変化によって会計に対する信頼が失われていったことなどが指摘されている。

第3に、これまでの実証研究は、規範的研究に対するアンチテーゼとして生まれたこともあり、実証研究を主流とする研究者は、規範的な含意を提示することを躊躇する傾向にあった。現行の会計基準や会計情報がどのような影響や帰結をもたらしたかについての証拠を提示することはできるが、「ではどうしたらよいのか」、「どのような情報が必要とされているのか」という問いや期待

に対しては沈黙を守ってきた。それは，ある意味で実証研究の限界を物語るものでもあった。

その意味で，確かに実証研究の台頭によって会計学にイノベーションがもたらされたものの，そこには規範研究と実証研究の間には埋め難い溝が厳然として生じてきた。

本書はそうした膠着状態を打開する貴重な成果といえる。現状を手厳しく批判するだけでなく，それを未来に向けて解決するための提案を行っている。では，どのように実証スタイルから規範スタイルへと架橋したのか。そこに本書の真骨頂がある。規範的な提言に実証的手法を駆使しているのである。実証的裏づけのない規範的提言は説得性に欠ける。著者たちは見事に実証的スタイルと規範的スタイルの融合を実現している。見事としか形容しようがない。

では，どのように融合に成功しているのか。あえて種明かしすることは控えよう。読んでのお楽しみとしていただければ幸いである。いずれにせよ，本書は今後の規範研究と実証研究の融合のモデルとなるものと確信する。

とはいえ，本書は研究書の香りを醸しながらも，その基本的性格は著者も言っているように実務的指南書である。企業経営者，投資家，アナリスト，規制機関，そして会計人や会計学者に向けた実践的ガイダンスとしての性格を持つ。そこには，著者の絶妙な解析手法を駆使した，啓蒙と警鐘と提言の数々が散りばめられている。

本書の原題は *The End of Accounting* である。もちろん原題に忠実な日本語を当てれば『会計の終焉』である。しかし，本書の副題「21世紀の投資家・経営者のための対話革命」にも表れているように，著者たちは会計自体の有用性が全くなくなったと切り捨てるのではなく，その有用性を回復させることに熱き情熱を注いでいる。言いかえれば，本書は会計の本来の役割に回帰し，会計を蘇生させることに主眼を置いている。本書の日本語タイトルを『会計の再生：21世紀の投資家・経営者のための対話革命』とした所以である。

監訳者の伊藤がレブ教授とカリフォルニア大学バークレー校で初めてお会い

してから30年が経過した。同教授の研究スタイルは何らブレることなく，一貫している。同教授はとりわけ2つの分野を追究してきた。1つは無形資産の研究，いま1つがディスクロージャー戦略・IR（Investor Relations）の研究である。

　2012年に一橋大学で日本会計研究学会の年次大会を開催した際，その基調講演者としてレブ教授を招聘した。講演前，3時間ほどレブ教授と歓談する機会があった。そのとき，同教授は「私は常に規制やルールがもたらす"帰結"（consequences）に関心があり，それを極めたい」と語ったことを私はいまでも鮮明に記憶している。本書の提案「戦略的資源・帰結報告書」は，そうした同教授の変わることのない一貫した姿勢の産物だと言えまいか。

　本書を訳出するにあたっては，一橋大学の私の研究室出身者のうち，比較的若い仲間たちにお願いした。もちろん，翻訳にあたってのありうべき責はすべて監訳者にある。彼ら彼女らが，本書で展開されたような研究手法を参考にしながら，会計研究に革新をもたらしてくれる日を待ち望みながら，感謝を申し上げたい。

伊　藤　邦　雄

Ball, R. and P. Brown, "An Empirical Evaluation of Accounting Income Numbers," *Journal of Accounting Research*, Autumn 1968.

Beaver, W.H., "The Information Content of Annual Earnings Announcements," *Empirical Research in Accounting : Selected Studies, Supplement to the Journal of Accounting Research*, 1968.

Beaver, W.H., *Financial Reporting : An Accounting Revolution*, Englewood Cliffs, N.J. : Prentice-Hall, 1981.（伊藤邦雄訳『財務報告革命』白桃書房，1986年）

Beaver, W.H., *Financial Reporting : An Accounting Revolution*, Englewood Cliffs, 3rd ed., Englewood Cliffs, N.J. : Prentice-Hall, 1998.（伊藤邦雄訳『財務報告革命』第3版，白桃書房，2010年）

Beaver, W.H., "Perspectives on Recent Capital Market Research," *Accounting Review*, April 2002.

Paton, W.A. and A.C. Littleton, *An Introduction to Corporate Accounting Standards, Evanston*, Illinois : American Accounting Association, 1940.（中島省吾『会社会計基準序説』森山書店，1953年）

◆ 1

目　次

■親愛なる日本の皆さんへ・i

■監訳者はしがき・iii

謝　辞　　　　　　　　　　　　　　　　　　　　　　　　　1

本書の要点　　　　　　　　　　　　　　　　　　　　　3

投資家向け情報としての有用性の衰退・3

誰が気にするのか？・5

投資家のためだけではない・7

財務情報：経済成長の主要ドライバー・7

すぐれて特異な規制・10

著者および本書のアプローチについて・13

プロローグ　　　　　　　　　　　　　　　　　　　　　17

第1章　企業報告の過去と現在：「進歩」の世紀　　19

違い探し・19

見つかった違い・23

見つかった真の改善点とは？・24

悪魔の代弁者・27

小　　括・28

章末付録1.1／30

1．損益計算書／30

2．貸借対照表／31

３．財務活動に関する要約
（キャッシュ・フロー計算書に匹敵）／33

第2章　まだ利益が重要であると思っていたのか　　35

富をもたらす利益予想・35

感情を抑えて・38

利益の栄光時代はもう終わった・40

でも待って，利益コンセンサスはどうなのか？・42

小　　括・45

章末付録 2.1　図2.1および図2.2における投資戦略の
計算方法／46
章末付録 2.2　キャッシュ・フローは利益よりも
予想しやすい／47

第1部　事　　実

第3章　財務情報と株価の乖離の拡大　　51

財務情報の有用性をどう測るか？・51

縮む会計・54

一握りの有用な項目・55

次は直観で・56

犯人は誰だ ── 稼得利益か純資産か？・57

われわれは会計に対して公正なのか？・59

どうしてこうなるのか？・61

小　　括・62

章末付録 3.1／63

目　次　◆　3

第4章　一見以上にもっと悪い　　　65

メッセージはどんな場合に情報価値が高いのか？・65

先取り公表・68

財務報告書がタイムリーかどうかの測定・68

時間を巻き戻せ・70

会計の寄与度を矮小化していないか？・72

小　　括・73

章末付録4.1／74

第5章　投資家のせいか，会計のせいか？　　　77

投資家は非合理か？・77

将来に目を向ける・80

企業利益を予想する・82

そして結果は……・84

理由はどこに・85

投資家への警鐘：会計上の損失の意味は以前とは異なる・88

小　　括・89

第6章　結局，やはり確信がない　　　91

されど会計は複雑だ・91

専門家の働き・92

曖昧な情報と意見の相違・93

意見の相違の定量化・94

小　　括・96

第7章　一体全体それは何を意味するのか　　99

要　　約・99

本当に投資家は心配しているのか?・101

会計の最後の抵抗・104

経営の変動性の低下・105

小　　括・108

第2部　有用性がなぜ喪失したのか?

第8章　無形資産の台頭と会計の凋落　　115

無形資産の急増・115

無形資産会計, その矛盾と不透明さ・118

最悪なのはここから ―― 誤解を与える情報・120

さらに悪い知らせ・122

少ない情報ではなく, より多くの情報が必要だ・124

無形資産と会計の有用性喪失・125

彼らにとって得策ではない・128

小　　括・129

第9章　会計:事実かフィクションか?　　131

「GEは暮らしに良い製品をお届けします」 しかし会計に
　　とっては……・131

見積りは, どのようにして会計を支配したのか?・133

取得原価を離れて・134

時間を巻き戻せ・137

決定的な証拠・139

小　　括・141

第10章　作為の罪と不作為の罪　143

会計のミッシング・リンク・143

会計事象と非会計事象・144

われわれは因果関係を忘れていたのか？・147

保守的な会計士について考える・148

小　　括・151

第３部　では，何をすべきか？

ネットフリックス（Netflix）に対するアナリストの
質問・155

投資家がエクソンに尋ねる質問・157

ボトムラインを忘れよ・158

第11章　投資家（そして経営者）にとって何が真に重要か　161

会社の使命・161

より深く掘り下げよ・162

戦略的資源・164

投資を資源にマッピングする・165

戦略的資源を保持し，刷新する・167

戦略的資産の展開と運営・170

創造された価値を測定する・171

提案された戦略的資源・帰結報告書（SR&CR）・*172*

小　　括・*176*

第12章　戦略的資源・帰結報告書（SR&CR）： ケース１── メディア・エンターテインメント　*177*

セクター概要・*178*

シリウスXM（SIRIUS XM）：戦略的資源・帰結報告書 （SR&CR）・*179*

加入者の成長・*180*

いいかい，それが戦略である・*183*

破壊の脅威・*186*

創造価値・*187*

現実性チェック・*188*

しかし，これは本当に投資家が必要とするものなのか？・*189*

セクター全体に通じる報告書様式・*192*

第13章　戦略的資源・帰結報告書（SR&CR）： ケース２── 損害保険　*193*

セクター概要・*194*

それはすべて戦略的資産で始まる・*195*

戦略的資源・帰結報告書（SR&CR）：顧客・*197*

新製品 ── イノベーション・*201*

代理店 ── なお重要・*202*

事業運営 ── 資源展開・*203*

コストのブラックボックスを見抜く・*205*

資源保持・*209*

目　次　◆　7

創造価値・211

第14章　戦略的資源・帰結報告書（SR&CR）： ケース3 ── 医薬・バイオ技術 213

戦略と戦略的資源・214

イノベーションへの投資・214

戦略的資源・帰結報告書（SR&CR）：資源投資・216

イノベーション・218

戦略的資源・221

　既存製品のボックス／222
　製品パイプライン／224

資源保持・228

　市場シェアの喪失／228
　特許の失効／228
　規制の変化／229

資源展開 ── 事業運営・230

創造価値・231

第15章　戦略的資源・帰結報告書（SR&CR）： ケース4 ── 石油・ガス会社 233

会計の限界・234

資源投資・236

戦略的資源・242

資源の脅威・246

資源展開 ── 事業運営・248

創造価値・250

第4部　実行に向けた課題

第16章　実　行　255

どのように提案した情報を引き出すのか・255

アナリストからのパイプラインに関する質疑への
　ファイザーの反応・257

なぜパイプライン情報を開示するのか？・258

SECの重要な役割・261

業界団体も支援を行える・262

しかし，もちろん経営者の協力が不可欠である・263

競争と訴訟に対する懸念・265

規制の重荷の緩和に向けた検討・266

小　　　括・269

　章末付録 16.1／270

第17章　会計をどう変革するか？── 改革アジェンダ　271

会計の再興・271

Ⅰ．無形資産を資産として計上する・273

　無形資産に関する情報開示の改善／279

Ⅱ．会計上の見積りの蔓延問題に取り組む・281

　価値評価は投資家に任せよう／282
　残る経営者の見積りや予測を検証可能にさせよう／283

Ⅲ．会計の複雑性を緩和させよう・284

　なぜ会計は複雑なのか？／286
　複雑性を食い止める／287

小　　　括・290

第18章　投資家に対する指南書　　293

戦略的資産に焦点を当てた分析・293

企業業績と競争優位性の評価：新しいアプローチ・296

ステップ１：戦略的資源の棚卸の実施・297

ステップ２：戦略的資産の創造と保持・300

ステップ３：戦略的資産の効果的な展開・301

小　　括・303

エピローグ：今後必要となる支援　　305

■索　　引・307

謝　辞

　過去数十年の間，膨大，かつ，ますます複雑となった四半期・年次報告書で伝達される企業の財務情報は，その主な利用者である投資家にとっての有用性をほとんど失い，その再生および再構築が急務となっている。本書のなかで，われわれは前者（情報の有用性の喪失）を実証的に証明するとともに，後者について21世紀の投資家にとって新しい実行可能な情報パラダイムを提示する。

　本書の執筆にあたり，われわれは，さまざまな研究者および専門家から多大な支援をいただいた。ここに記して深く感謝する。米国金融情報誌バロンズ（Barron's）の経済エディターであるジーン・エプスタイン（Gene Epstein）からは，重要な助言と洞察をいただいた（同氏は，われわれが本書のタイトルを『会計の死』へと変更しなかったことにがっかりしたと思うが）。同僚であるステファン・ライアン（Stephen Ryan）は，会計学および統計学に関わる問題について多くのコメントと提案をしてくれた。ハリス・アソシエイツ（Harris Associates）調査部長（Director of Research）のウィン・マレー（Win Murray），スイス・リー・アメリカ（Swiss Re Americas）会長のフィリップ・ライアン（Philip Ryan），アーンスト・アンド・ヤング（Ernst & Young）グローバル監査パートナーのアリスター・ウィルソン（Allister Wilson）からは，本書への貴重なコメントをいただいた。偉大な芸術家であるツヴィカ・ツェリコビッチ（Zvika Zelikovitch）と創造的で愛するアヤラ・レブ（Ayala Lev）は，本書の装丁について有益なアイディアを与えてくれた。われわれの同僚であるメアリー・ビリングス（Mary Billings），マッシミリアーノ・ボナッチ（Massimiliano Bonacchi），マシュー・セーダーグレン（Matthew Cedergren），ジン・チェン（Jing Chen），ジャスティン・デン（Justin Deng），イリア・ディシェフ（Ilia Dichev），ダン・ゴーデ（Dan Gode），ウィリアム・グリーン（William　Greene），ジョン・ハンド（John

Hand），ドロン・ニッシム（Doron Nissim），サレシュ・ラダクリシュナン（Suresh Radhakrishnan），そしてポール・ザロウィン（Paul Zarowin）からは，洞察力あふれる数多くの提案をいただいた。

　わが信頼しうる助手シェボン・エストウィック（Shevon Estwick）は高度の専門能力を備えているだけでなく，献身的で，原稿の取りまとめにあたり業務面で見事な支援をしてくれた。ナンシー・クレインロック（Nancy Kleinrock）は，熟達した編集能力に加え，多くの建設的なコメントと提案をしてくれた。NYU スターン・ビジネス・スクール（NYU's Stern School of Business）の広報部長（Executive Director of Communications）のジェシカ・ネヴィル（Jessica Neville）は，本書のマーケティングにあたり貴重なアドバイスをしてくれた。また，ワイリー・ファイナンス（Wiley Finance）のエディターであるウィリアム・ファルーン（William Falloon）は，本書をほぼそのまま受け入れてくれ，長期にわたる製作プロセスを円滑，かつ，効率的に進めてくれただけでなく，重要なアドバイスをもしてくれた。ワイリー（Wiley）の編集・製作チームもファルーンを支えてくれた。

　本書に携わったすべての人，そして言うまでもなく，われわれの家族に深く感謝したい。

本書の要点

■ 投資家向け情報としての有用性の衰退

　企業の財務報告書——四半期・年次報告書および新規株式公開（IPO）時の目論見書における貸借対照表，損益計算書，キャッシュ・フロー計算書および多くの注記事項——は，投資および融資に関わる意思決定にあたって，最もあまねくアクセスできる情報源となっている。多くの株式ならびに債券投資家，個人および機関投資家は，事業会社に対する与信者と並んで，どこにいつ投資あるいは融資すべきかの手助けとなる財務報告情報を必要としている。事業再構築やM&Aといった大きな企業意思決定もまた，収益性や債務返済能力を示す財務報告書の指標に基づいて行われる。こうした広範な需要に応えるべく，企業の財務情報の供給は，世界中で厳格に規制されながらも，その範囲および複雑さを絶えず増大させてきた。たとえば，製品の販売が損益計算書上でいつ収益として記録されるべきかを定める会計ルールが何と700ページ以上に及んでいることなど，一体，誰が想像し得ただろうか[1]。内国歳入庁は，さぞかし困っていることだろう。こうした複雑さにもかかわらず，財務情報は市場やビジネスを動かすものと広く信じられている。しかし，本当にそうなのだろうか。

　『コンシューマー・レポート』における評価査定のように，われわれは本書の第1部において投資家に対する財務（会計）情報の有用性について調査し，控えめに表現しても情けないほどに残念な調査結果を記した報告書をお見せしなけ

---

[1]　財務会計基準審議会（FASB）は，2014年5月に「収益認識」に関する新たな会計基準（ASC606）を公表した。

ればならない。過去半世紀にわたる包括的な大規模サンプルを用いた実証分析に基づき，われわれは投資家の意思決定に対する財務情報の有用性および価値関連性が急速に，かつ，持続的に低下してきたことを示す。さらに，こうした有用性低下のペースは過去20年間で加速してきているのだ。信じがたいことに，会計および企業の透明性を改善しようと規制当局が努力してきたにもかかわらず，財務情報は企業価値を創造し，かつ，ビジネスに持続的な競争優位をもたらす要素——これは投資家にとっては非常に重要である——をもはや反映していないのである。事実，われわれの分析結果（第4章）によれば，今日の財務報告書は投資家にとって価値関連性のある情報のうちのわずか5％ほどしか提供できていないのである。

　本書の第2部では，読者に過度な不安を抱かせないよう，再び多くの経験的証拠に基づきながら，この驚くべき会計の衰退を引き起こした3つの主な要因を明らかにする。これにより本書の中核をなす第3部で概説される新たな開示モデルの提案に向けた礎を構築する。新たな開示モデルに基づけば，投資家は意思決定を大きく改善させる情報を特定することが可能となる。われわれが提案する投資家向け情報開示は主として非会計情報に基づくものであり，企業の戦略（ビジネスモデル）とその実行に焦点を当て，基本指標（fundamental indicators）に重点を置くものである。そうした基本指標の例を挙げると，インターネット通信企業における新規顧客数や解約率，自動車保険企業における——契約更新率はもちろん——事故発生率や被害額の大きさ，医薬品・バイオテクノロジー企業における臨床テストの結果，石油・ガス企業における確認埋蔵量の変化，あるいはハイテク企業におけるBBレシオ（受注高/出荷高）などがある。こうした基本指標は，企業の財務報告書によって伝達される利益や資産価値などの伝統的な会計情報よりも投資意思決定に有用でより将来志向的なものといえる。もっといえば，伝統的な財務報告書は，急成長を遂げるテクノロジー企業や科学的知見を武器とする企業など，経済において重要な地位を占めるセクターについてまさに誤解をもたらしてしまう。革新的で高い潜在能力を持つ事業を，しばしば資産が枯渇した事業の失敗として描写してしまうからだ。

　要するに，経験的証拠に立って，われわれはあまねく存在する財務報告情報が21世紀の投融資意思決定にほとんど適合しないものであると位置づけたうえで，こうした会計の衰退を引き起こした要因を明らかにし，投資家に対する救

本書の要点　◆　5

済策を提示する。だが，それは後のお楽しみに。

■ 誰が気にするのか？

　過去数十年間において投資家に対する財務（会計）情報の価値関連性の多くが
失われたとして，それでどうしたというのだろうか。会計士やわれわれのよう
な会計教育者以外に，誰が気にするのか。現代の情報技術，データ販売業者（ブ
ルームバーグ（Bloomberg）やファクトセット（FactSet）など）の急増，そして，
あまねく存在する財務関連のソーシャルメディア・サイトをもってすれば，投
資家は適切かつ適時性のある情報によって，価値関連性に問題を抱える会計
データを補うことができる。そうであるならば，財務情報の有用性の低下に思
い悩む必要はないはずだ。では，なぜ本書なのか。

　企業の公表情報にまさる代替物が存在しない単純，かつ，最も説得力のある
理由として，企業経営者は外部者よりも常に自分たちのビジネスについて実質
的によりよく知っているということが挙げられる。経営者は多くの重要な事業
が進んでいるなかで，なかんずく，たとえば売上高や費用の最新動向，医薬品
やソフトウェア製品の開発の進捗，顧客の離反率（解約率），新規契約の締結，
新興市場における浸透率などについて知悉しているのである。情報販売業者や
インターネット上のチャットルーム，あるいは洗練されたアナリストでさえ，
こうした「内部」情報を提供することはできない。情報技術や投資家の情報処
理能力の進歩（Edgar や XBRL）があったとしても，資本市場につきものの根本
的な情報の非対称性 —— 経営者は投資家よりも知っている —— を打破すること
はできない。読者の皆さんはこれを毛嫌いするかもしれないが，これはそうい
うものであり，これからも変わらないのである。

　事実，後の章で，われわれは，投資家が利用する情報の質が全体として持続
的に低下していること，および株価が企業の価値および将来の見通しを表さな
くなってきていることを示す経験的証拠を提示する。投資家の意思決定にとっ
て決定的に重要なものとは，耳障りな噂や誇大宣伝，インターネット上のチャッ
トなどではなく，硬い基礎データなのである。だとすると，誰がこの問題に向
き合うべきなのか。投資家，政策立案者，そして企業経営者でさえ，財務（会計）
情報の価値関連性が急速に低下しているという，われわれの発見事項に対して

高い関心を持つべきなのである。

　しかし，本書はこうした暗い話をもって終わるわけではない。むしろ，その逆である。本書の第3部——主要パート——において，われわれは，21世紀の投資家に向けた新しい包括的な情報パラダイム，「戦略的資源・帰結報告書」(the Strategic Resources & Consequences Report : SR&CR) を提示する。この情報システムを明確にするため，われわれは4つの重要な経済セクターを用いて実証する。すなわち，メディア・エンターテインメント業界，保険業界，医薬品・バイオテクノロジー業界，および石油・ガス業界を取り上げる。「戦略的資源・帰結報告書」(SR&CR)は，特に企業の貸借対照表で表示されるコモディティー化した工場，機械装置あるいは棚卸資産などではなく，現代企業における戦略的かつ価値向上につながる資源（資産）に焦点を置く。具体的には，特許，ブランド，技術，天然資源，営業権，顧客，拡張可能な事業プラットフォーム，および企業が独自に持つ関係性などが含まれる。われわれが提示する情報システムの主たる目的は，今日の投資意思決定に求められる実行可能な最新情報を投資家および与信者に（および経営者にも）提供することにある。これにより，情報規制当局が良いと判断した情報ではなく，本当に重要な情報をすべての投資家と与信者が企業から引き出すことが可能となるのだ。したがって，本書で得られるものとは，ある種の一括したパッケージである。そのなかには，これまで依拠してきた情報の有用性が大きく損なわれていることを示す包括的な証拠，こうした価値関連性の喪失が生じた理由，そして企業の業績を評価し，かつその将来性を占う際に利用すべき情報を明確に示す提案が含まれる。本書の結びには3つの重要な章が配置されている。すなわち，われわれが提示する根本的な変革がいかに確実に実施され得るのか（第16章）。既存の会計報告システムを21世紀のものへと進化させるためには，これをどのように再構築すべきなのか（第17章）。そして，本書のメッセージに照らした場合，投資家およびアナリストはどのように日常的な投資業務を変えるべきなのか（第18章）。

　要するに，本書は，投資家および企業経営者に向けた**実務指南書**である。これにより投資家は優れた投融資意思決定へと導く情報を特定することが可能となるだろう。同様に，財務情報の深刻な欠陥を直感的に認識している多くの企業経営者に対し，いかにして情報開示を拡充するかについて示唆を与えることになるだろう。本書は高度に複雑で時に混乱を招くような財務情報を取り扱い，

また大規模サンプルに基づく経験的証拠に裏づけられたものであるが，重要なことは，本書の内容を十分に理解するのに読者は会計士や統計学者である必要もないということである。典型的な学問の履修とは対照的に，本書において予備知識は必要とされない。本書の恩恵を享受するにあたって必要となるものは，常識，直感，そして自身の投資パフォーマンスを改善したいと願う強い欲求だけである。言うなれば，自由入学である（ただし，本書のメッセージに対して心の平穏を保つことができない頑固な会計士は例外である）。

■ 投資家のためだけではない

本書が想定する読者は主に投資家や与信者であり，時代遅れの不適切な財務報告情報を投融資意思決定に利用することの危険性について警鐘を鳴らすものである。ただ，われわれの発見事項がもつ示唆は広範囲に及ぶものであり，企業経営者，会計士，資本市場規制機関といったより広い関係者にとってすこぶる重要な事項でもある。得られる示唆がこうして広範囲に及ぶのは，経済において企業の会計報告システムがもつ独自の役割に由来する[2]。この役割ならびに，われわれの発見事項がもつ示唆を十分に理解するためには，財務情報が経済成長に及ぼす影響および会計規制の複雑な独自性について簡単に触れておく必要がある。少し辛抱いただきたい。これはビジネススクールでは学ばないことなので。

■ 財務情報：経済成長の主要ドライバー

読者の皆さんのなかには会計が全くもって退屈なものであると聞かされたり，おそらく個人的にもそれを体験してきた方もいるかもしれないが，それでもなお会計はきわめて重要なものである。ここにその理由を記そう。個人および事業会社の貯蓄を民間セクターによる最も生産的な投資機会につなげる活発かつ豊かな資本市場なくして，経済は成長・繁栄し得ない[3]。バイオテクノロジー企

2　経済および国家において会計が中心的な役割を果たしていることに関する歴史的な観点については，Jacob Soll, *The Reckoning* (Basic Books, 2014). を参照。

業，ソフトウェア開発企業，エネルギー関連の新興企業やヘルスケア企業など，前途有望な企業は資本投資や研究開発に必要不可欠な資金を調達するために株式市場や社債市場に依存し，また株式やストック・オプションを提供することで才能ある人材を惹きつけている。資本市場では，投資家の資金は企業の成長機会を追い求め，反対に失敗した事業からは離れていく。こうした洗練された資本の蓄積および配分を行う「機械」を動かす「燃料」こそが情報なのである。すなわち，投資家や与信者にとって利用可能な企業の将来性に関する情報は，投資の期待リスクと期待リターンへと翻訳され，投資家の資金を最も生産的な機会へと向かわせるのである。これとは対照的に，貧弱な情報は，たとえ投資するにふさわしい機会を渇望していたとしても，投資家の資金を破綻企業へと誤導するなどその意思決定をひどく歪ませる。経済を「成長させる機械」は，質の低い情報という汚れた燃料により動きが鈍くなってしまうのである。

　何年もの間，エンロンおよびワールドコムの輝かしい —— しかし，誤解を招く —— 財務報告書は，これらの企業における営業活動の失敗を覆い隠し，また投資家に何十億ドルという資金を投資させるに至った。この間，巨額の資金が無駄となっただけでなく，より深刻なことに必要とされる資本を他のふさわしい投資に回す機会が奪われたのである[4]。しかし，注意すべきは，こうした不正情報のみが投資と成長を妨げたわけではないということである。むしろ，広く一般に利用される現在の会計システムのもとで合法的に開示される「誠実な」財務報告書の質の低さこそが，資本配分システムおよび経済成長をひどく損なわせているのである。考えてみよう。

　ハイテク産業やインターネット産業における新興企業と同様に，将来性のある医薬品および医療機器を開発するバイオテク企業は，しばしば巨額の損失を報告する。これは，研究開発，ブランド，そして顧客獲得に対する投資が，将

3　数多くの経済学研究によれば，資本市場の決定的な役割は企業および国家の成長を促すことにあることが実証されている。たとえば，Anne Krueger, "Financial Markets and Economic Growth," International Monetary Fund, 2006. がある。

4　読者がエンロン・ワールドコム後の世代であるならば，より近年の会計スキャンダルとしてとりあげるべき日本の事例がある。すなわち，2011年に発覚したオリンパス（カメラ・光学機械）の何十億ドルにも及ぶ会計スキャンダルでは投資損失および損失資産の隠蔽が行われ，また同じく東芝（コンピュータ・機械）の何十億ドルにも達する会計スキャンダルは2015年に明るみとなった。

来のベネフィットを創出する資産としてではなく，利益を減少させる正規の費用として会計士に処理されるためである。こうした企業の多くは，将来有望な投資が赤字企業として投資家に誤認されることから，株式公開により資金を調達する際も，あるいは株式公開しても資本市場・負債市場から追加資金を調達する際にも困難に直面することになる[5]。大手企業で見てみても，重要なビジネス事象——たとえば，通信やインターネットの会社，保険会社において営業活動の深刻な問題を示す先行指標である顧客「解約率」（契約解消）の増加——は，投資家に報告されていない。開発中の医薬品の臨床テストの成否についても，医薬品企業による十分かつ適時な情報開示は行われていない。では，企業の財務報告書によって伝達される情報はどうかというと，たとえば事業構造改革についてはそのベネフィットではなくコストのみを反映させる（会計学でいうところの保守主義）などの深刻なバイアスがあり，また主観的で時に信頼性を欠く経営者の予想や見積りに大きく依拠することから不確実性をはらんでいたりする。こうした欠陥ならびに他の財務報告上の欠陥については第2部で詳述する。概して，財務報告は投資家にとって相当に欠陥をはらんだ情報源といえるだろう。質の低い情報に依拠した投資家の意思決定による影響を受けない非公開会社が，公開会社に比べて旺盛な投資を行い，より速く成長していることは何ら不思議なことではない[6]。

　一般に，財務（会計）情報が事業会社および経済の繁栄と成長を促すという重大な役割を担っていることを前提とすると，後の章で説明する財務情報の深刻な欠陥は，投資家——財務情報の主たる利用者——だけでなく，経営者，会計士および政策立案者にとっても大きな関心事となるはずだ。とりわけ，企業経営者は財務情報の有用性の低下を懸念すべきである。なぜなら，この結果として企業の不透明性が増大し，投資家のリスクおよび企業の資本コストが高まり，

5　こうした企業のごく初期の段階では，財務報告書にほとんど頼らないベンチャーキャピタリストによって資本が提供される。しかし，IPOに伴い，こうした投資家の多くは保有株式を売却し現金化することから，企業は利益や資産価値といった財務情報，あるいは同じく財務報告情報に依拠した仲介者（財務アナリスト）を参考に意思決定を行う一般的な投資家から資金を調達しなければならなくなる。

6　John Asker, Joan Farre-Mensa, and Alexander Ljungqvist, "Corporate Investment and Stock Market Listing : A Puzzle?" *Review of Financial Studies*, 28(2), 2015 : 342 -390. を参照されたい。

ひいては株価の下落につながるからである[7]。ガスポンプ内の汚れた燃料は，世間を騒がせ，規制措置のきっかけとなったのであろう。同様に，資本市場の「燃料」である情報が汚れている場合，これもまた広く一般の関心および行動を呼んで当然である。

■ すぐれて特異な規制

　会計の有用性は批判的検討の対象となるに値する。それは，会計が中核的な経済的役割をもつという理由からだけでなく，その制度の特異性がほとんど知られていないからである。財務情報を特徴づける，かなり曖昧な会計のルールと手続が，その国の法律と似ていることを知っていたであろうか。公開会社は財務情報を作成するにあたり，これらのルールを厳密に順守する必要があるため，会計ルールは事実上，法的性格をもつ[8]。しかし，会計規制を特異なものとし，かつ経済に対して重い負荷をかけているのは以下の事情によるところが大きい。つまり，他の規制とは異なり，会計規制はすべての公開会社に強制的に適用され，世界中で画一的であり，そして絶えず拡大していることである。

　まずは，*画一性*についてみてみよう。財務報告規制は概して世界中で同一である。ほとんどすべての自由市場経済において，公開会社は実質的に同一の構造，様式および内容をもった貸借対照表，損益計算書，そして多くの場合，キャッシュ・フロー計算書を定期的に公開しなければならない[9]。さらに，あらゆる公開会社の財務諸表は外部の監査人（公認会計士：CPA）によって監査されなければならず，また米国における証券取引委員会（SEC）のような国家規制当

7　透明性の低下が資本コストの増加を招くという証拠については，たとえば Mary Barth, Yaniv Konchitchki, and Wayne Landsman, "Cost of Capital and Earnings Transparency," *Journal of Accounting and Economics*, 55, 2013 : 206-224. がある。

8　会計原則（GAAP）からの乖離は，監査人による限定付監査意見をもたらし，また SEC による法的措置さらには経営者および取締役に対する株主訴訟を引き起こすことがある。

9　もちろん，報告規制には国ごとに一定の差異が存在するが，こうした差異はわずかであり，また細部に関わるものである。たとえば，研究開発について，米国では費用処理が強制されるのに対して，他国——主に欧州諸国——では国際的な会計ルール（IFRS）に従い厳格な条件のもとで一部資産計上が行われている。しかし，これらのものは枝葉末節である。会計および財務報告に関する一般的な構造および内容は自由市場経済の国々を通して，事実上，画一的なのである。

局により厳しく監視されている。すべての自由市場経済を通してこれほどまでに画一的である法律や規制を，われわれは他に知らない。文化，経済制度，そして発展の歴史の違いは，その国の法律に強い影響を及ぼす（遺伝子組み換え食品は欧州において一般に禁止されているが，米国では禁止されていない。また，死刑はある国では合法であるが，他の国では違法であったりする）。対して会計規制および財務報告規制は多様性を拒絶するのだ[10]。

「これは良いことだ」と，読者の皆さんは言うだろう。会計のグローバルな共通化——世界中で単一のビジネス言語——は，多国籍企業における情報の作成および処理に係るコストを節約するから。しかし，この共通化がもたらす意図せざる帰結は深刻である。とりわけ，共通化は，革新と再生を促す原動力——多様性のもとで可能となる極めて重要な実験と進化——を会計から奪ってしまう。公の場での喫煙を禁止する規制がゆっくりと広まっていったように（米国において初めて公の場における喫煙が禁止されたのは1975年のミネソタ州であった），一般に規制の進展は，膨大な実験の末に初めて世界的に受け入れられていく，いわば試行錯誤の過程なのである。いまでさえ，禁煙に対する姿勢は国ごとに異なる。国ごとの差が大きい環境規制についても同じことが言える。対照的に，本書で詳述する会計システムの停滞およびその帰結としての価値関連性の喪失は，国・地域間の財務報告の多様性から生まれる新たな情報開示の構造やモデルに関する実験が欠落していることに一部起因している可能性がある。このことは，会計規制が増加の一途をたどり，また有効性を欠いた規制がほとんど廃止されてこなかったという事実により明らかである。試行もなければ，錯誤もない。同じことの繰り返しなのである。

多くの場合，米国の州間あるいは世界中の証券取引所間で行われる規制競争は規制や制度の改善をもたらすが（たとえば，米国におけるガス採掘時の水圧破砕法に関する規制の発展），会計および財務報告の情報開示システムに関する競争はこれまで決して行われることがなかった。米国で強制される会計手続（一般に

---

10 規制アプローチに関する各国間の体系的な差異については，*A Handbook of Globalization and Environmental Policy* (F. Wijen, K. Zoeteman, J. Pieters, and P. Seters, eds. Cheltenham, UK : Edward Elgar, 2005). における David Vogel, Michael Toffel, Diahanna Post, and Nazli Uludere Aragon "Environmental Federalism in the European Union and the United States," を参照されたい。

公正妥当と認められた会計原則：GAAP）と欧州ならびに他の国々で強制される会計手続（IFRS）の間のわずかな差異でさえ，これらの会計システムを収斂化（調和化）させようとする圧力のもとですぐに消えてしまう。価値関連性の持続的な低下はこうした収斂化の帰結であるだろう。対照的に，第3部で述べる，われわれの提案は，投資家に対する企業の情報開示について抜本的な革新と実験を要請するものである。

　この他の特異性として，財務報告規制は社会的なコスト負担を絶えず増加させながら拡大し続けてきたことが挙げられる。企業スキャンダルや倒産劇が相次ぐたびに過去の失敗の是正を目的とする新たな会計報告ルールが誕生し，またビジネスの発展が会計規制のさらなる変化を引き起こすきっかけとなる。しかし，研究開発の一括費用処理などの時代遅れで機能不全の会計ルールが死すことは稀で（マッカーサー元帥の名言「老兵は死なず，ただ消え去るだけ」とは異なり），消え去るどころか大幅に増殖してきたのである。その範囲，コスト，および持続的な拡大という点において財務報告と類似した唯一の規制は環境法であるが，決定的な違いが1つだけ存在する。すなわち，環境規制は公の場で絶えず，そして時に激しく議論され揉まれているということである。米国における炭素税，代替エネルギー源に対する助成金，およびガスの水圧破砕法に関する昨今の論争はほんの数例に過ぎない。また，これは米国に限った話ではない。2014年7月にオーストラリアはわずか2年前に制定された評判の悪い炭素税を廃止した。こうした公の場での精査は，環境規制の質を大幅に改善し，そのコストを緩和する。これとは対照的に，企業の財務報告に対する本格的かつ変革を引き起こすような公の場での精査の重要性にわれわれは気づいていない。2007年から2008年にかけて生じた金融危機は，経営難に陥った金融機関——シティバンク（Citibank），アメリカン・インターナショナル・グループ（AIG），メリルリンチ（Merrill Lynch），リーマン・ブラザース（Lehman Bros.），カントリーワイド・フィナンシャル（Countrywide Financial）——の財務報告書が財政破綻を引き起こした過度なリスクテイクならびに銀行資産の質の低さに対して投資家や規制当局に注意を促さなかったことをハッキリさせたが，こうした度重なる失敗が証明された後においてもなお，われわれはその重要性に気づいていないのである[11]。

　実験および公の場での本格的な精査の不在，ならびに絶えず増加していく会

計規制の社会的コストを考えると，投資家に対する企業財務情報の有用性に関する包括的な調査に着手するお膳立てが整ったと言えるだろう。

■ 著者および本書のアプローチについて

　本書の執筆者であるわれわれは会計学およびファイナンスを長年専門としてきた研究者・教育者であり，著者の1人は公開会社会計，ビジネス，およびコンサルティングの領域において幅広い経験を有している。重装備の資産を擁する伝統的な産業型モデルから現代企業を特徴づける情報集約的な無形資産に基づくビジネスプロセスへの変化，つまり現代企業におけるビジネスモデルの革命的変化が起きているにもかかわらず，それに順応できていない会計報告システムの失敗について，われわれは何年にもわたり学術誌で論証してきた。同様に，会計がもつ他の欠点についても立証してきた。こうした試みは孤立したものではないが，会計規制および財務報告規制に対するわれわれの影響力は残念ながらひどく限られたものであった。しかし，われわれは，本書を執筆するに至らせた重大な変化の兆しを感じている。財務情報の有用性の低下は大いに注目され，もはや軽視できないものとなっている。財務情報の有用性の低下に気付いている企業経営者は，投資家に向けた Non GAAP（会計）情報の自発的開示を絶えず拡充させることで対応している。それゆえ，たとえば，プロフォーマ（Non GAAP）利益の公表頻度は2003年から2013年にかけて倍増し，今や全企業の40％超が公表にまで至っている[12]。研究者もまた深刻な問題があることを感じている。ある優れた会計学者たちによる最近の研究では，財務会計基準審議会（FASB）の創設から2009年までの間に同審議会が公表した会計報告に関す

11　近年の金融危機に関する研究は，「しかしながら，帳簿価額の測定および認識に関する情報の透明性は，当該銀行の資産・負債の価値およびリスクを適切に評価するうえで不十分であった」と結論づけている（Mary Barth and Wayne Landsman, "How did financial reporting contribute to the financial crisis?" (working paper, Stanford University, 2010, 3).）。

12　Jeremiah Bentley, Theodore Christensen, Kurt Gee, and Benjamine Whipple, "*Who Makes the non-GAAP Kool-Aid? How Do Managers and Analysts Influence non-GAAP Reporting Policy?*" working paper (Salt Lake City : Marriott School of Management, Brigham Young University, 2014). を参照されたい。

るすべてのルールおよび基準──147という驚異的な数の基準──が投資家に与えた影響について調査を行っている。同研究によれば，これらの複雑かつコストのかかるルールの75％は，その影響を受けるとされる企業の株主に対して何ら影響を及ぼさず（一般に，改善された情報は株主価値を高める），また信じがたいことに，これらの基準の13％はなんと株主価値を*減少*させるものであった。他方，これらの基準のうち12％が投資家にとって有益であったとされる。したがって，35年間にわたる会計規制の努力は失敗に終わったと言えよう[13]。この点については，SECもまた懸念を表明している。

　ここでは，「企業と投資家の双方のために情報開示レジームの改善案を検討する」ことを目的とする米国証券取引委員会（SEC）の昨今の構想──情報開示の有効性（Disclosure Effectiveness）──を例に考察してみよう[14]。SECはこの構想に関して情報提供やコメントを募った。その結果，グーグルで検索すると事業団体，会計事務所，そして個人から広範にわたるコメントや投稿があったことが判明した。これらの投稿のうちいくつかを吟味したところ，われわれは財務報告の有効性を高めようとしてきた，これまでの無益な試みを悲しいほどに思い起こさせる，以下の共通事項に衝撃を受けた。すなわち，コメントを寄せた人々は皆，投資家が必要としている情報についてその知識をいかにして得たか（研究や調査）を述べることなく，ただ知っていると**信じ込んでいる**のである。また，情報過多を解消すべき，重要な情報に焦点をしぼるべき，または簡素化し情報の信頼性を向上させるべきなど，詰まるところ，一般論的な改善提案をその具体的な実現方法を明確にしないまま提示していたのである[15]。例外的に，情報提供者（すなわち企業経営者）の反感を必ずや買うだろうと考えられる環境，社会あるいは持続可能性に関する情報開示を要請する具体的な議題を添えた提案もあった[16]。結局，提案の多くは，すべての産業にまたがるもの──現在の財務情報開示の典型である拘束調のアプローチ──であった。そのため，提

13　Urooj Khan, Bin Li, Shivaram Rajgopal, and Mohan Venkatachalam, *"Do the FASB Standards Add (Shareholder) Value?"* working paper (New York : Columbia University Business School, 2015).

14　US Securities and Exchange Commission, *Disclosure Effectiveness*, 2015.

15　例外も数多くあった。たとえば，会計事務所であるアーンスト＆ヤングは，財務情報の基礎をなす重要な見積りおよびその実現に関する報告書を提示している。この重要な提案については第17章において取り扱う。

言募集は良い試みであったものの，情報開示の有効性に関する真の改善策を導くという点において今回の SEC の努力が以前のものよりも功を奏したかは疑わしいと，われわれは考える。このことは，有名な格言を思い起こさせる。すなわち，「誰もが天候について文句を言うが，誰もこのことについては何もしないのである」[17]。

われわれは，本書の使命 —— 優れた投融資意思決定を行うために探索・利用すべき情報について投資家に注意を促すこと，および，その過程において情報開示の有効性を高め，資本市場の効率性を改善すること —— を果たすため異なるアプローチをとることにしよう。

■第1に，われわれは財務情報開示がその有効性を失ったと**当然のように仮定する**のではなく，大規模な企業サンプルのもとで投資家に対する財務情報の価値関連性が急速に低下していることを網羅的に検証し，またこうした情報の衰退を引き起こした主な原因を再び証拠に基づきながら浮き彫りにしていく（第1部および第2部）。衰退要因を明らかにすることは，投資家の意思決定を改善する情報様式の選択に資するだろう。

■第2に，投資家が必要とする情報が何であるかについて**信じ込む**のではなく，われわれは4つの主要な経済セクターを対象に何百にも及ぶ四半期業績カンファレンスコール（earnings conference call）および投資家ミーティングを精査し，投資意思決定に極めて重要である特定の情報項目をアナリストの質問から抽出する。こうして，第3部において経済学の理論の教えを援用しながら，新たな**産業志向の**情報パラダイム ——『戦略的資源・帰結報告書』（SR&CR）—— を構築する。

■第3に，本書で提案する情報が投資家に必要とされることを**主張する**だけ

16　われわれは，こうした議題提案を誹謗するつもりはない。事実，持続可能性に向けた施策と企業業績の向上の間には関係性があることを立証する研究がいくつか存在する。たとえば，Robert Eccles, Ioannis Ioannou, and George Serafeim, "The Impact of Corporate Sustainability on Organizational Process and Performance," *Management Science*, 60(11), 2014：2835-2857. がある。

17　一般に，これはマーク・トウェインに由来するとされるが，作家でありトウェインの友人であるチャールズ・ダッドリー・ワーナー（1829～1900年）に源を発する言葉であるとする説もある。

でなく，研究としての伝統に従い，再びわれわれはこれを実証する。保険会社における保険金請求の頻度や大きさに関するデータなど，われわれが提案する選択的な非会計情報項目が企業の株価や将来利益と相関関係にあり，ひいては投資家にとって有用であることを明らかにする。

■最後に，本書の唯一の課題は，21世紀における事業会社の業績およびその潜在能力を評価する際に求められる情報がいかなるものか投資家や与信者に提示し，それにより投資意思決定を改善し，資本市場の機能を向上させることにある。これは企業の財務報告にとっても有意義なものとなるであろう。

以上。

プロローグ

　本書は驚きに満ちている。なかでも，この数十年間において，世界中の規制当局が財務情報の向上に努めてきたにもかかわらず，企業の財務報告書 —— 投資家情報の根幹 —— が投資家に対するその有用性の大半を失ったことは驚愕に値する。しかし，会計の有用性の喪失を示す証拠ならびに投資家がこの事象に対して何をなすべきかについて掘り下げる前に，前置きとして，われわれすらも驚かせた2つの重要な発見事項について共有しておきたい。これにより本書の残りの部分を読み進めることが容易になるだろう。

- ■第1に，会計および財務報告は時代の流れに合わせて絶えず変化し続けてきたように見える一方で，株主に対する企業報告の根本的な構造 —— 貸借対照表，損益計算書，キャッシュ・フロー計算書，ならびにそれぞれの勘定項目 —— は，実際のところ，過去110年間にわたって停滞し続け，時代のなかで凍結されてきたのである。信じられるだろうか。
- ■第2に，近年，企業利益の予測に基づく投資意思決定 —— 伝統もあり，アナリストや投資家にとって実入りのよかった実務 —— は，よりシンプルな投資手法に対する優位性を失った。投資分析に関する新しいアプローチを模索する時が来たのである。

　これらの興味をそそる，しかも魅惑的な発見事項から本書を書き始めた理由は，これらが本書の残りの部分を読み進めるうえでの道標となるからである。以下では，投資家向け情報の現状を新鮮な目で妥協なく眺め，投資家が本当に必要としている情報を提供する革新的な手法について述べていく。

第1章

企業報告の過去と現在：「進歩」の世紀

> 本章では，1902年（そう，1902年）と2012年のUSスチール（US Steel）の財務報告書を用いながら，企業の財務報告書 ── 貸借対照表，損益計算書，キャッシュ・フロー計算書 ── の構造と内容が，投資家がより洗練され情報処理能力が向上し，かつ事業が劇的に複雑化したにもかかわらず，過去110年間変わっていないことを示す。驚いただろうか。でも責めたりはしない。

■ 違い探し

遡ること，1903年。セオドア・ルーズヴェルト（Theodore Roosevelt）が大統領として3年目を迎え，フォード・モーター（Ford Motor Co.）が同社初の自動車 ──（ヘンリー・フォード（Henry Ford）いわく，黒である限りどんな色でも選べる）モデルA ── を生産し，ボストン・アメリカ（Boston Americans）（後のボストン・レッド・ソックス（Boston Red Sox））対ピッツバーグ・パイレーツ（Pittsburgh Pirates）の最初のワールド・シリーズが開催された年である。もちろん，ボストンがサイ・ヤング（Cy Young）のピッチングで勝利をおさめた。悲しいことに，試合観戦のためのテレビもなく，航空機もショッピングモールもなかった。インターネットさえもなかった ── フェイスブックもツイッターもなかった ──。しかし，鉄鋼は生産され，世界最大の製鉄会社であるUSスチール（United States Steel Corporation（US Steel））は，同社初の株主向け年

次報告書を発行した。以下には，同報告書の主要な構成要素，すなわち，その前年に当たる1902年の貸借対照表および損益計算書と2012年における——110年，早送りした——それらを併記している（1902年の US スチールの財務諸表の原文は章末付録に再掲）。

違い探しという有名な遊びをしていた，読者がまだ幼かったころのことを思い出していただきたい。一見すると同じに見える 2 枚の絵を見比べて，隠された些細な差異を見つけようと夢中になったことだろう。では，次ページに示した110年をまたがる US スチールの 2 つの貸借対照表および損益計算書で同じことをしてもらいたい。この演習を行う目的は，過去 1 世紀と10年にわたる会計および財務報告の進歩というよりはむしろ，それが進歩していないことを知る第一歩としていただくためである。

驚くべきことに，これら 2 つの財務報告書により投資家に提供される情報の項目および構造には差がまったくないことに気づくであろう。同じレイアウトをした損益計算書（**表1.1**）と貸借対照表（**表1.2**）が存在し，またこれら 2 つの報告書で開示される情報項目は同一である。つまり，貸借対照表における資産，負債および株主持分，そして損益計算書における収益から一連の費用を差し引く図式は全く同じなのである——あたかも，投資家の情報ニーズならびに財務分析や証券評価の手法が過去110年間にわたり凍結され，情報処理およびデータ表示における進歩が全くなかったかのようである。今日の詳細にわたる健康診断の結果として手にする診断書が110年前に患者が医者から受け取っていたものと同じであったと想像すれば，その驚きはいかばかりのものだろうか。にもかかわらず，企業の年次診断報告書は時代のなかで凍りついたままなのである。560百万ドルという1902年時点の「低い」売上高に騙されてはいけない。消費者物価指数（CPI）を援用してこの1902年の値を2012年時点の価値に換算すると，これは16,324百万ドルとなり，2012年の実際の売上高19,328百万ドルと非常に近くなる。したがって，US スチールは110年前においてすでに相当な規模を誇る企業だったのであり，現在の企業と比較するに値するといえる。

しかしながら，US スチールの1902年と2012年の財務諸表の間には重要な差が 1 つだけ存在する。同社は1902年に133.3百万ドル（2012年時点の価値に換算すると39億ドルに匹敵）という——株主資本利益率（ROE）13％に達する——健全な利益を創出している一方，2012年の US スチールの営業活動は124百万ドルの

第 1 章　企業報告の過去と現在：「進歩」の世紀　◆　*21*

［表1.1］　US スチール社の連結損益計算書

	単位：百万ドル	
	1902年	2012年
売上高	$ 560	$ 19,328
売上原価	(411)	(18,291)
売上総利益	149	1,037
マイナス費用：		
販売費及び一般管理費	(13)	(654)
その他の利益（損失）	5	(136)
受取利息	3	7
支払利息	(9)	(247)
法人税	(2)	(131)
純利益（損失）	133	(124)

［表1.2］　US スチール社の連結貸借対照表

	単位：百万ドル	
	1902年	2012年
資産		
流動資産		
現金及び現金同等物	$ 56	$ 570
受取手形及び売掛金（純額）	49	2,090
棚卸資産	104	2,503
その他流動資産	5	211
流動資産合計	214	5,374
投資その他の資産	4	609
有形固定資産	1,325	6,408
無形固定資産	―	253
のれん	―	1,822
その他の固定資産	4	751
資産合計	$ 1,547	$ 15,217
負債		
流動負債		
支払手形及び買掛金	$ 19	$ 1,800
未払費用	4	977
未払法人税	1	146
その他流動負債	26	67
流動負債合計	50	2,990
長期債務	371	3,936
従業員給付に係る負債	―	4,416
その他の固定負債	30	397
負債合計	451	11,739
株主持分		
普通株式	1,018	3,282
利益剰余金	78	196
株主持分合計	1,096	3,478
負債・株主持分合計	$ 1,547	$ 15,217

損失を出している[1]。もちろん，時を経て多くのことが変わったと考えられるが，この営業活動における顕著な差を解き明かす手がかりはおそらく取締役会にあるだろう。1902年当時，US スチールの取締役会はビジネス界の大物中の大物であるジョン・D. ロックフェラー（John D, Rockefeller），J. ピアポント・モルガン（J. Pierpont Morgan），（同社の代表取締役でもあった）チャールズ・M. シュワブ（Charles M. Schwab），マーシャル・フィールド（Marchall Field），そして（ニューヨークの美術館で有名な）ヘンリー・C・フリック（Henry C. Frick）といった人物を擁していた。取締役は重要ではないなんて誰が言えようか。

　冗談はさておき，2012年の US スチールのように窮境にある企業が1902年の成長著しい企業と同じ情報を提供するだろうか。ビジネスモデルのどういった側面が2012年あるいはそれ以前に機能しなくなったかについて投資家に伝えるべきではないだろうか。製造プロセスにおける失敗について知らせるべきではないか。同社のマーケティングに何か問題があったのではないか。そして，経営者による改善策についてもデータで裏づけながら語られるべきではないか。企業の事業活動や経済状況に関して21世紀の財務報告は，建物や機械あるいはのれんのような疑わしい資産に対して何年も前に支払が行われたものを報告するのではなく，こうした戦略的情報を体系的に伝達すべきではないだろうか。また，投資家だけでなく誰の資金が危うい状況にあるのか，もっと詳細に知らされるべきであろう。製鉄会社は一般の人々に海外企業に対する保護主義的防護策を支持するよう，しばしば嘆願するが，一般の人々もまた現在の US スチールが直面している課題について十分に理解すべきである。時代のなかで凍結されたものではなく，本当に有益な情報を含む財務報告書は投資家および一般の

1　同社は，2012年以降，低価格の輸入鉄鋼および高い年金費用に悪戦苦闘し続けていた。今や45,000人もの労働者を雇っているが，同社は142,000人の元従業員に対して年金を支払っている。公正を期すために述べると，US スチールは1902年において実質的に独占企業であった一方，2012年には激しい競争下にある数多くの製鉄会社の1つに過ぎなくなっている。しかしながら，一縷の望みは存在している。2015年8月24日の US スチールに関するバロンズ誌（Barron's）の記事 *U.S. Steel Shares Look Like a Steal* では，「安価な中国からの輸入品と石油業界における需要低迷による打撃を受けていた US スチールは最悪の時期を乗り越えた。安価な輸入品が陰りを見せ，鉄鋼価格が安定し，またマリオ・ロンギー（Mario Longhi）CEO による事業再構築が功を奏しはじめたことから，（中略）（同社の株価は）2016年末までに1株28ドルと60%以上も上昇するだろう」（p.23）と記述されている。

第 1 章　企業報告の過去と現在：「進歩」の世紀　◆　23

人々にとって必要不可欠なものなのだ。

■ 見つかった違い

　US スチールの財務報告書を 1 行ずつ詳細に見比べると， 2 つの損益計算書
は，売上高，売上原価，法人税費用などの表示項目が同じであることが明らか
となる。そのため，1902年の投資家と2012年の投資家 ―― 後者は非常に強力な
分析能力をもって代替的な投資案件や投資手法（複雑なリスクヘッジ手法，空売
り，プログラム取引）を有する ―― は間違いなく異なる人々であるが， 2 つの損
益計算書からは類似した情報を受け取っていたこととなる。貸借対照表に関し
て言えば，1902年にはなく2012年の財務報告書にのみ存在する項目としてのれ
んと無形資産がある。これらは，「現代」の US スチールが実行した M&A の結
果である。同社の創業者は，企業成長は特売品を買い漁るという外部企業の買
収によってではなく，技術革新や投資などにより内部で創出されるべきだと考
えていたに違いない。近年の研究によれば，M&A の多くは高値づかみと（ある
いは）戦略上不適合な企業を買収することにより失敗に終わっていることを実
証しており，創業者が正しかったことが証明されている[2]。以上のことから，の
れんという例外を除けば，これら 2 つの貸借対照表の読み手もまた等しい情報
を受け取っていたと言える。最後に，キャッシュ・フロー計算書 ―― 財務報告
書における 3 つ目の主要な構成要素 ―― は現在とは異なり，1902年当時では開
示が強制されていなかったが，US スチールはこれを公表していた（章末付録を
参照）。

　しかし，年次報告書には損益計算書，貸借対照表およびキャッシュ・フロー
計算書だけが記載されるわけではないと読者の皆さんは言うであろう。今日の
補足情報は 1 世紀前に比べてはるかに膨大なものとなっている。正解である。
2 つの報告書の純粋な大きさを見比べると，このことが証明される。すなわち，
1902年の US スチールの財務報告書は40ページとスリムな文書であるのに対し，
2012年のそれは複雑さと難読さの増大という良き会計の伝統のもとで174ペー

2　Feng Gu and Baruch Lev, "Overpriced Shares, Ill-Advised Acquisitions, and
　Goodwill Impairment," *The Accounting Review*, 86, 2011 : 1995-2022. を参照されたい。

ジの分厚い学術書のようになっている。まさに森林破壊者である。

　では，有用な情報という点において2012年の報告書は1902年のものに何を付け加えているのだろうか。もちろん，2012年の報告書には従業員，経営陣，そして顧客の笑顔を写した光沢のある写真が必須のものとして含まれているが，1902年にこれらはすべて存在しない。そういえば，われわれは J.P. モルガンや J.D. ロックフェラーの笑顔を写した写真をこれまでに見たことがない。当時の貧しい人々はまさに生活していくために日々の仕事をしていたのである。今日では楽しむことがすべてであるが。財務データに関する多くの色彩豊かなグラフや書類は，本日の日替わりスープ——環境問題に関する長ったらしい議論——と同様に2012年の報告書に彩りを添えている。また，無視できないことに，2012年の報告書には US スチールおよびその株主が直面しているリスク要因についてのお決まりのリストが12ページ（！）にもわたって記載されている。製鉄業が周期的であること，製鉄には環境に関する法令遵守リスクが伴うこと，原材料の価格が変動する可能性があること，また会社側が45,000人の労働者からの訴訟リスクに晒されていることなど，一体，誰が想像し得なかったというのだろうか。2012年のリスク要因に関する記述は，これで終わりではない。深刻なことに，財務報告書におけるこうしたお決まりのリスク要因や豪華な図表から価値のあることを学んだり，これらに基づいて意思決定を行ったという財務アナリストや投資家にまだ会ったことがない。笑顔の写真と同様に，これらは全く無視されているのである。

　対照的に，1902年の報告書におけるリスク，訴訟および環境問題に関する議論はもっと簡潔なものである。幸せなことに，こうした法や規制に関する問題は経営者の最たる懸念事項ではなかったためである。その当時，経営者は貴重な時間を弁護士やロビー活動家に費やすのではなく，ビジネスに集中することができたのである。このことは，1902年と2012年の US スチールの営業成績に大きな差を生じさせた別の要因とも言えるだろう[3]。

■ 見つかった真の改善点とは？

　2012年の報告書における財政状態および経営成績に関する経営者の討議と分析（Management Discussion and Analysis : MD&A）は有益な情報をもたらす可

能性がある。これは1990年代初頭に SEC によって強制されたものであり，その
なかで経営者は自社の直近の財務業績および経済状況に影響を及ぼす主な要因
について過去2年間と比較しながら述べることになっている。こうした経営者
による討議は1902年に強制されていなかったが，いずれにせよ，これはわれわ
れが焦点を当てる会計システムの範囲を超えるものである。

　会計という点において，1902年と2012年の報告書の主要な差異は財務報告書
に関する注記（註解）にある。1902年の報告書では注記はほんのわずかである
が，2012年の報告書では会計事項に関する説明および詳細が54ページ以上にわ
たって記載されている。これは間違いなく心が躍る読書となることだろう。注
記のなかには会計学入門を受講し覚えている人にとっては馴染みのある（そう
ではない人にとっては完全な謎である）会計原則を焼き直したものがある。たとえ
ば，連結報告書は US スチールおよびその子会社を含んでいること，報告され
る情報の多くは経営者の見積りに基づいていること，有形固定資産は取得原価
にて報告されていること，また年金費用も見積りに基づいていることなどであ
る。これらはすべてかなり退屈な情報である。

　製品別に分類したセグメント報告書は有益な情報となりうるが，その多くは
1902年においても報告されている。2012年の報告書における注記の4ページ分
が経営者と従業員に配られたストック・オプションに充てられている。かつて
の US スチールの経営者が，現在の経営者が要求する寛大なストック・オプショ
ンに基づくインセンティブや動機づけを持たずしていかに卓越した業績を生み
出すことができたのか，不思議に思う人もいることだろう[4]。2012年の注記は年

3　このことは，（「創造的破壊」で知られている）偉大な経済学者ジョセフ・シュンペーター
　の以下の言葉を思い起こさせる。すなわち，「現在の状況下において事業会社をうまく指揮
　することができるか否かは，ビジネスの能力というよりは，労働組合幹部，政治家および
　官公吏に対する交渉能力によるところが著しく大きい。（中略）それゆえ，あらゆることに
　ついて専門家を雇う余裕のある大規模企業を例外として，指導的地位は，『何かを生産す
　る人』ではなく，『フィクサー』あるいは『紛争調停者』によって占められることとなる」
　(Joseph Schumpeter, *Capitalism, Socialism, and Democracy* 3rd ed., (New York :
　HarperPerennial, 1950 : 386). より）。
4　興味深いことに，1902年の報告書には，US スチールの将来利益に与かることを目的とし
　た同社優先株式の取得に関する従業員の株式申込プランが記載されている。当初のプラン
　には100％を超える申し込みがあり，これが非常に成功したものであったことを物語ってい
　る。

金に関する多様な問題について12ページ，そして環境問題についてさらに4ページを割いている。最後に，注記の6ページ全部を使い，USスチールの過去5年分の財務データが再構成されているが，これらのデータはウェブ上で容易に利用可能であるため現在においては全く冗長である。

　近年の財務報告書における膨大な量の注記情報の開示は，もちろん，会計規制の急激な増加を反映したものである。財務会計基準審議会（FASB）──米国における会計基準設定主体──は，驚異的なスピードで新しい会計報告に関するルールを大量生産し続けている。FASBは40年間で（1973年に設立），時にはその解釈も含め何百ページにも及ぶルールや規制（基準および改正）を250以上も公表してきた。後に詳述するが，こうした規制が押し寄せた結果，企業は厳格なその遵守を，監査人はそれに注意を払うことが求められ，財務報告書の注記において，かつてないほど長い註解をもたらすに至った。USスチールの2012年における「重要な会計方針」に関する注記でさえ，7ページもあるのだ。概して，174ページにも及ぶ2012年の報告書が1902年に公表された40ページの報告書よりも実質的に有用な情報を提供しているかは疑わしいと言える。しかし，最終的な判断を下すのは経験的証拠に関する包括的な評価を終えてからにしておこう。

　それでもなお，過去1世紀にわたる企業戦略および事業組織の大きな変化が企業の財務報告書の構造に対して全く影響を及ぼしていないというのは驚くべきことである。とりわけ1902年には，たとえば現在，多くの企業（たとえば，シスコ（Cisco））で物的資産を取るに足らないものとさせているアウトソーシングが存在しなかったこと，20世紀初頭において情報技術が主要な資産ではなかったこと，提携やジョイント・ベンチャーが稀であったこと，そしてジャスト・イン・タイム戦略が棚卸資産の重要性を損なわせなかったことを考えると，まさに驚きである。同様に，財務情報に対する需要は過去110年間にわたり大きく変化してきたが，公開会社が公表する株主向け財務報告書における改善がこうした需要と呼応することはなかった[5]。投資家の洗練化（主に過去数十年間におけるヘッジファンドやプライベート・エクイティ），情報伝達技術における大きな進歩（XBRLやインターネット上のチャットルーム），投資家間競争の激化，さらには投資家にとって利用可能な代替的投資機会の世界的な増加があったにもかかわらず，財務報告書の進歩はこうした変化に適応してこなかった。後の章で実証し

第1章　企業報告の過去と現在：「進歩」の世紀　◆　27

ていくが，こうした情報開示の硬直化がもたらす当然の帰結とは投資家に対する財務情報の有用性の急速かつ持続的な低下なのである。

■ 悪魔の代弁者

　おそらく，読者の皆さんは，これは必然であると言うであろう。複式簿記が550年前にそうなったように企業の財務報告は110年前にその技術的な絶頂を極めたのであり，そこからさらに進歩するはずもなかった。これは1878年にレミントンNo.2というタイプライターで導入されたQWERTY配列のキーボードが今日でも使用されているのと同様である。不合理に聞こえるかもしれないが，会計を変革しようという試みが真剣になされ，しかし失敗に終わってきたのであれば，これは納得のいく話である。しかし，過去1世紀において会計構造に関する真剣な試行錯誤は全く行われてこなかった。優れた会計思想家でありカーネギーメロン大学教授であった井尻雄士は1989年に**三式簿記**を提案したが，こうした構造変化に関する価値のある提案でさえ，われわれの知る限り会計規制当局によって真剣に議論されることはなかった[6]。その本質を要約すれば，井尻は貸借対照表（資産と負債に関する静的な報告書）と損益計算書（期首

5　何が変わったかというと，それはもちろん公開会社に対する法的要求である。1933-1934年証券法の制定により，公開会社は定期財務報告書をSECに提出することが義務づけられた。また，改善とはいえないが，同じく変化したものとして監査報告書がある。プライスウォーターハウスクーパースによる1903年の報告書は，「われわれは，同社の貸借対照表は適切に作成されており，したがって同社の**真実な**財政状態を表示していることをわれわれの意見において証明する。（中略）そして，同社の損益計算書は純利益を**公正かつ正確に**表示している」（強調は著者による）と簡潔かつ明快に述べている。今日の監査人（プライスウォーターハウスクーパースはUSスチールの監査人であり，110年間も同じである！）は，**真実かつ正確な**報告書といった直接的かつ明確な表現を避けている。それどころか，監査人は，同社の財務報告書は「アメリカ合衆国において一般に公正妥当と認められた会計原則に準拠している」という文言の背後に隠れてしまうのである。もはや**真実な**ではなく，ひどく曖昧な一連の会計ルールに単に**準拠**するだけである。興味深いことに，エンロン破綻後，エコノミスト誌は，エンロンの真の不祥事とは同社が一般に公正妥当と認められた会計原則に準拠したことであったと断じた。やはり，会計原則はその程度のものなのである。

6　Yuji Ijiri, *Momentum Accounting and Triple Entry Bookkeeping* (Sarasota, FL : American Accounting Association, 1989).

から期末にかけて企業が旅してきた「距離」に関する報告書）に加えて，期中における売上高，費用および利益の変化速度を伝える営業活動の**加速度**あるいは**モメンタム**と呼ぶべきものに関する第3の報告書があってしかるべきだと提案したのである。ある四半期において2つの企業が同一の**総売上高**を有する可能性があるが，そのうち一方の企業は売上高を増加させ続けてきた（正のモメンタム）のに対し，もう一方の企業は四半期末に近づくにつれ売上高を減少させてきたとする。この場合，投資家はこうした異なる変化速度について強い関心を持つのではないだろうか。もちろん，投資家は関心を持つだろう。このような報告書は将来の企業業績に関する投資家の予測能力を大いに向上させるだろう。しかし，井尻が事業モメンタムの測定および報告に関する詳細な会計手続を提案したという事実があるにもかかわらず，三式会計のアイディアはその勢いを増すことはなかった。

公平を期すために述べておくと，財務報告書の構造は時代のなかで凍結されてきたが，伝達されるデータの意味および信頼性は改善されてきたのかもしれない。結局のところ，特定の資産，負債，収益および費用の測定ならびに報告に関する新たな会計手続は，何年にもわたって，とりわけ過去20年から30年間にわたって急激に増加してきた。こうした規制の実質的な増大は，公開会社が投資家や他のステークホルダーに伝達する情報を改善しようとする世界中の会計基準設定主体の誠実な試みを反映している。しかし，こうした規制の急激な増大がはらむ負の側面として，財務情報の複雑さが絶えず増大し，また主観的な経営者の見積りや予測にこれまでないほどに依存していることが挙げられる。これらを勘案してみると，本格的な実証分析のみが会計規制の利点と欠点を比較検討することができるのであり，だからこそわれわれは本書の分析に着手するのである。

■ 小　　括

驚くべきことに，情報技術，伝達手段および資本市場に影響を及ぼす投資分析における進歩，さらには事業戦略と活動に影響を与える大きな変化があったにもかかわらず，企業の投資家向け財務報告書の構造および内容は過去1世紀にわたり変化することはなかった。110年前の投資家は，現在の投資家が受け取

るものと同様の貸借対照表と損益計算書を受け取っていた。このことは，投資家の意思決定において財務情報が担う役割が絶えず損なわれ続けてきたことを示唆している。われわれは後の章でこの現象を経験的に実証することになる。

30 ◆ 第1章 企業報告の過去と現在：「進歩」の世紀

章末付録1.1

1．損益計算書

［図 A1.1a］ 1902年における US スチールの財務報告書の原本：損益計算書

US スチール社及び子会社

一般損益計算書

1902年12月31日（会計年度末）

総収益

総売上高		$ 560,510,479.39

製造及び営業費用

製造・生産費用及び営業費用			411,408,818.36
	残高		$ 149,101,661.03
その他の製造及び営業損益（純額）		$ 2,654,189.22	
受取賃貸料		474,781.49	3,128,970.71
	製造，生産及び営業利益合計（純額）		$ 152,230,631.74

その他の利益

所有不動産から得られる純利益	$ 1,972,316.45	
投資及び積立金から得られる受取利息・受取配当金	3,454,135.50	5,426,451.95
利益合計		$ 157,657,083.69

一般費用

販売費及び一般管理費（輸送会社に関するものを除く）	$ 13,202,398.89	
法人税	2,391,465.74	
販売促進費及び販売手数料	1,908,027.90	17,501,892.53
利益残高		$ 140,155,191.16

支払利息等

子会社の社債・譲渡抵当付債務に関する支払利息	$ 3,879,439.91	
子会社の仕入債務に係る支払利息及び他の支払利息	2,234,144.43	
支払賃貸料	732,843.10	6,846,427.44
当期純利益		$ 133,308,763.72

第1章　企業報告の過去と現在：「進歩」の世紀　◆　*31*

2．貸借対照表

[図A1.1b]　1902年におけるUSスチールの財務報告書の原本：貸借対照表

要約一般貸借対照表，1902年12月31日

資　産

固定資産勘定
　複数の企業により所有・操業される
　固定資産　　　　　　　　　　　　　　　　　　　　$1,453,635,551.37
　　子会社株式取得時（1901年4月1
　　日）の子会社剰余金　　　　　　$116,356,111.41
　　減価償却積立金及び消滅積立金へ
　　の組み込み　　　　　　　　　　12,011,856.53　　128,367,967.94　**$1,325,267,583.43**

営業活動に関する繰延資産
　改良費。将来の営業活動に負担させ
　るべき鉱山及び鉱区使用料に関する
　探索，採掘，開発費　　　　　　　　　　　　　　　　　　　　　　　　　　**3,178,759.67**

減債基金に関する信託資産
　社債減債基金として受託会社が保有
　する現金（受託会社保有の額面金額
　$4,022,000の償還社債は資産とし
　て取り扱わない）　　　　　　　　　　　　　　　　　　　　　　　　　　　　**459,246.14**

投資
　不動産及び他の固定資産　　　　　　$1,874,872.39
　保険基金資産　　　　　　　　　　　　929,615.84　　　　　**2,804,488.23**

流動資産
　棚卸資産　　　　　　　　　　　　$104,390,844.74
　売掛金　　　　　　　　　　　　　　48,944,189.68
　受取手形　　　　　　　　　　　　　4,153,291.13
　代理店勘定　　　　　　　　　　　　1,091,318.99
　市場性のある株式及び社債　　　　　6,091,340.16
　現金　　　　　　　　　　　　　　　50,163,172.48　　**214,834,157.18**
　　　　　　　　　　　　　　　　　　　　　　　　　　　　$1,546,544,234.65

32 ◆ 第1章 企業報告の過去と現在：「進歩」の世紀

［図 A1.1b］ 1902年における US スチールの財務報告書の原本：貸借対照表（続き）

負　債

US スチール社の株主資本
普通株式	$ 508,302,500.00	
優先株式	510,281,100.00	$ 1,018,583,600.00

子会社の株主資本（少数株主持分，額面額）
普通株式	$ 44,400.00	
優先株式	72,800.00	
スペリオル湖鉄鉱山（子会社）	98,714.38	215,914.38

社債及び無担保社債
社債（US スチール社）		$ 303,757,000.00	
減債基金信託として償還・保有部分		2,698,000.00	
債務残高		$ 301,059,000.00	
社債（子会社）	$ 60,978,900.75		
減債基金信託として償還・保有部分	1,324,000.00		
債務残高		59,654,900.75	
債務証書（イリノイ・スチール社）		40,426.02	360,754,326.77

子会社の譲渡抵当付債務及び買入代金債務
譲渡抵当付債務	$ 2,901,132.07	
買入代金債務	6,689,418.53	9,590,550.60

流動負債
買掛金	$ 18,675,080.13	
支払手形及び借入金	6,202,502.44	
従業員特別積立金	4,485,546.58	
繰延税金負債	1,051,605.42	
未払利息及びクーポン	5,398,572.96	
未払配当金（優先株式）	8,929,919.25	
未払配当金（普通株式）	5,083,025.00	49,826,251.78
資本及び流動負債合計		$ 1,438,970,643.53

減債基金及び積立金
減債基金（US スチール社社債）	$ 1,773,333.33	
減債基金（子会社社債）	217,344.36	
減価償却積立金及び消滅積立金	1,707,610.59	
改良積立金及び取替積立金	16,566,190.90	
偶発危険積立金及びその他積立金	3,413,783.50	
保険積立金	1,539,485.25	25,217,747.93

アクリーションを伴う減債基金（現金として表示。償還社債は資産として取り扱わない）	4,481,246.14

未処分剰余金（US スチール社及び子会社）
US スチール社設立時の資本剰余金	$ 25,000,000.00	
US スチール社設立以降にすべての会社によって蓄積されてきた剰余金	52,874,597.05	77,874,597.05
		$ 1,546,544,234.65

3．財務活動に関する要約（キャッシュ・フロー計算書に匹敵）

［図 A1.1c］　1902年における US スチールの財務報告書の原本：財務活動に関する要約

US スチール社及び子会社

すべての財産に関する財務活動の要約

1902年12月31日（会計年度末）

期中の純収支源及びその性質について表示

収入源			
損益勘定における当期利益剰余金			$34,253,656.75
減債基金，減価償却積立金及び改良積立金に係る収入（純額）		$27,814,389.47	
減債基金信託に係る支出	$3,604,064.43		
特別取替に係る支出	7,926,792.60	11,530,857.03	
		$16,283,532.44	
保険積立金及び偶発危険積立金に係る収入（純額）		804,319.35	
積立金勘定に係る収入残高			17,087,851.79
社債及び譲渡抵当付債務の発行による収入			2,370,338.35
その他の雑収入			5,920.98
純収入合計			$53,717,767.87
上記から生じた支出			
不動産及び建築物の追加的取得に係る支出		$16,586,531.77	
社債及び譲渡抵当付債務の償還に係る支出（減債基金による償還分は除く）		1,697,577.33	
買入代金債務，支払手形及び特別積立金に係る支出		13,652,367.94	31,936,477.04
下記によって説明される期中の純増減			$21,781,290.83
流動資産の増加			
有価証券及び投資の増加分		$3,193,604.83	
買掛金・支払手形の増加を上回る売掛金・受取手形の増加分		9,595,635.15	
棚卸資産及びその他の勘定の増加		12,625,946.02	
		$25,415,186.00	
期末における手許現金の前年度からの減少分		3,633,895.17	
上記残高		$21,781,290.83	

第2章

まだ利益が重要であると思っていたのか

本章でわれわれは企業の利益を予想し，またこの予想に基づいて投資意思決定や銘柄推奨 —— 証券の購入あるいは売却 —— をするという財務アナリストや投資マネージャーの昔ながらの作法がよりシンプルな投資方法に打ち負かされることを示すことで，「利益が市場を動かす」という神話を打ち破ることになる。さらに，われわれは，いまわしい利益予想コンセンサスを下回るのではないかという企業の不安もまた投資家にとって利益の有用性が失われたことを示す。本章で読者の皆さんは，投資家に対する財務情報の有用性が急速に失われつつあるという現象 —— 本書の主要トピック —— に初めて触れることになる。

富をもたらす利益予想

財務アナリストは，投資銀行や独立機関（セルサイド・アナリスト）あるいはヘッジファンドやプライベート・エクイティ・ファーム（バイサイド・アナリスト）のいずれに勤めていようとも，主として企業利益（所得）を予想しようと試みる。もちろん，財務（会計）情報は利益予想モデルにおける重要なインプットとなる。アナリストはこうした予想利益を顧客に対する銘柄推奨を選定するのに用いており[1]，これらの利益予想は企業業績を評価する際の主要なベンチマーク —— *コンセンサス予想* —— としての役割も果たす。そのため，アナリストの利益予想（推定）は，多くの投資家の株式投資意思決定に直接的および間接

36 ◆ 第2章 まだ利益が重要であると思っていたのか

的な影響を及ぼす。

　多くの企業経営者は，アナリストが売上高や利益を予想することを助けたり（導いたり）しており，その意味でアナリストの利益予想にあたって積極的な役割を果たしている。アナリストは利益予想モデルに用いられるインプットを熱心に探し求める。ここでは，具体例として，医薬品業界の最大手企業ファイザー社（Pfizer Inc.）のフランク・ダメリオ（Frank D'Amelio）CFOが2013年第3四半期のカンファレンスコールで行った2013年通期決算の見通しに関するアナリストへの説明について見てみよう。

　　　われわれは，（予想）報告収益の幅を508億ドルから518億ドルに設定することとした。（中略）さらに，（アムジェン（Amgen）との協力下にあるエンブレル（Enbrel）から得られる）ロイヤリティ収入は，エンブレルがもたらす利益の現在の水準をはるかに下回るだろう。（中略）さらに調整済み売上原価が収益に占める割合についてその幅は18％から18.5％に絞られる。調整済み販売費及び一般管理費についてその幅は142億ドルから147億ドルとなる。（中略）われわれは，潜在株式調整後の報告EPSを3.05ドルから3.15ドルの幅に下げることとした[2]。

　疑う余地もなく，精緻なモデルや多様なインプットをもとに行われる企業利益の予想は，広く普及し影響力のある投資メカニズムであると言える。

　たしかに，アナリストと投資家が利益予想に注力するのには，きちんとした理由がある。図2.1で示されるように，各産業に属する企業の年次利益を予想し，各社の利益公表日に先んじて利益が最も高い企業5社の株式を購入，そして利益が最も低い企業5社の株式を空売りした場合には，実際に過去25年間にわたって毎年市場リターンを容易に上回る投資成果をあげることができた[3]。金融危機後の2009年から2013年にかけては，平均して毎年27.3％も市場を上回る素晴らしいリターンを得ることができたのである（計算方法の詳細については

1　近年のアナリスト調査では，「アナリストの70％超は自身の利益予想は銘柄推奨を行ううえで非常に有用なインプットであることを示している」ことが報告されている（Lawrence Brown, Andrew Call, Michael Clement, and Nathan Sharp, "Inside the 'Black Box' of Sell-Side Financial Analysts," *Journal of Accounting Research*, 53(1), 2015 : 1-47.）。

第 2 章 まだ利益が重要であると思っていたのか ◆ 37

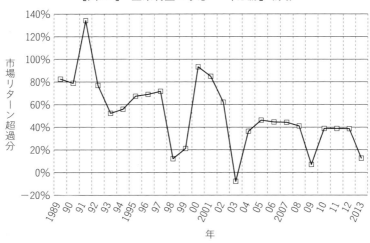

[図2.1] 企業利益の予想――「必勝」戦略

（注） 1989年から2013年における市場リターン超過分の年次平均。利益公表日に先立って，各産業において利益が最も高い企業5社の株式を購入し，利益が最も低い企業5社の株式を空売りした場合の市場リターン超過分。

2 なお，これはファイザーに限った話ではない。たとえば，2013年第3四半期のアナリストや投資家をまじえたカンファレンスコール（2013年10月15日）で，ジョンソン・アンド・ジョンソン（Johnson & Johnson）のCFOは，次のように述べた。「純支払利息は350百万ドルから400百万ドルの間としてモデルに組み込むことを提言したい。（中略）他の収益・費用については500百万ドルから600百万ドルの純増として2013年のモデルに反映していただければと思う。（中略）われわれは，2013年通期の実効税率について19％から19.5％としてモデルに組み込むことを提案する。（中略）営業収益成長率については6％から7％の間としていただければ幸いである。（中略）2013年通期のEPS予想値は5.44ドルから5.49ドルの間になると考えていただきたい。（中略）われわれは，（円安に伴う）向かい風から2014年の売上総利益に約60ベーシスポイントの負の影響が生じると見積もっている」。

また，2013年11月5日に行われたHCA（Hospitals Corporation of America, ホスピタルコーポレーション・オブ・アメリカ）のカンファレンスコールでは，「われわれは，この自社株買いが利益を増加させるものであると期待している。（中略）また，この（アウトソース・グループの）事業におけるマージンは最終的にはおそらく20％台のどこかに落ち着くだろうと予測している」との話があった。

3 空売りは証券価格が下落すると予想される場合に行われる。これは，今日（多くの場合，借りてきた）株式を売却しその後に低い価格で買い戻すことで行われ，価格差から利益を得るものである。

章末付録を参照）[4]。ヘッジファンドのマネージャーはこのリターンの半分でも得るためなら何でもしたであろう。そして，こうした話はヘッジファンドに限ったものではない。このような懸賞金がもらえるのだとしたら，企業利益の予想に注力しない人，あるいはこれに他者（財務アナリスト，投資アドバイザー）を従事させない人がいるのだろうか[5]。「利益が市場を動かす」というウォール街の言い伝えには，それなりの理由があるのだ。そのため，企業が報告する利益，ひいてはボトムラインを利益とする壮大な企業の会計報告システム全体が非常に重要なもののように思えてくるのだ。では，なぜわれわれは会計の有用性の喪失について語ろうとしているのか。会計士叩きなのか。

▌ 感情を抑えて

　われわれは25％以上の投資利回りをもって読者の注目を集めたが，読者が驚くようなプレゼントがまだあるのだ。利益の代わりにキャッシュ・フローを用いた場合，つまり，ある産業においてキャッシュ・フローの公表に先んじてキャッシュ・フローが最も高い企業5社の株式を購入し，キャッシュ・フローが最も低い企業5社の株式を空売りした場合，2009年から2013年の期間において利益に基づいた場合よりもさらに素晴らしい投資パフォーマンス ── 35.4％も市場リターンを上回る年次リターン ── を上げることができたのである[6]。したがって，2009年から2013年の期間にかけて企業のキャッシュ・フローを予測することは，利益を予測する場合と比較して8％も高いリターンを毎年もたらしたのである。また，本章の章末付録に記載しているように，キャッシュ・

4　この分析では規模が大きく異なる企業が含まれているため，また企業規模は利益に強く影響を及ぼすため，われわれは利益の絶対額ではなく株主資本利益率（利益を株主資本簿価で除したもの）という測定尺度を用いることで，分析における規模の影響をコントロールしている。われわれの分析は，利用するCompustatおよびCRSPデータベースに必要なデータが収録されている米国の公開会社すべてを対象としている。

5　もちろん，不可能でないとしても，各産業における企業利益を完璧に予想することは非常に困難である。したがって，図2.1は，利益予想から得られる利得の上限値を示す。完璧でないにせよ利益を正確に予想できるのであれば，図2.1における利得に近いものを得ることができるだろう。

6　企業規模の違いを考慮するため，再度，われわれは営業活動によるキャッシュ・フローを総資産で除した変数に注目している。

第2章　まだ利益が重要であると思っていたのか　◆　39

フローの予測は利益の予測に比してより簡単（より正確）である。いずれにせよ得する話なのだ。

　そのため，アナリストが利益予想モデルを構築し定期的に更新していく ── 企業の四半期財務報告書を分析し，鍵となる損益計算書の項目について経営者を質問攻めにし，利益の構成要素を予想する ── のに費やした膨大な時間と労力のすべては節約できたのである。キャッシュ・フローの予測は，利益の予測に比べて単純で時間もかからない。というのも，貸倒引当金，年金費用，株式報酬費用そして減価償却費といったように，利益に影響を及ぼす数多くの非現金項目（会計発生高）について予想しなくて済むからである。

　ただし，われわれがただ単純に1つの会計項目（キャッシュ・フロー）を他の項目（利益）の代わりとして利用しているわけではないことに留意いただきたい。キャッシュ・フローは利益とは本質的に異なるものである。キャッシュ・フローは，当該期間において顧客から受け取った現金とサービスの供給者（供給業者，従業員，公共施設など）に支払った現金の単なる差額である。利益に比べて，キャッシュ・フローはとてもシンプルな測定尺度であり，簡単に計算することができる。要するに，キャッシュ・フローとは「レモネード屋台」の測定尺度である。つまり，レモネード屋台の利益とは，その日の終わりまでに喉の渇いた顧客から受け取った収益から，濃縮原液，氷，および（最低賃金をしばしば下回る）アシスタントへの支払いに要した諸費用を差し引いたものとなる。

　これとは対照的に，現金を伴わない数多くの収益・費用ならびに ── 広範囲に及ぶ世界中の会計ルールおよび規制の大半を構成する ── 資産・負債の市場価格（公正価値）評価を伴う会計の現代的機構は，キャッシュ・フローという「原始的な」概念の改良を意図したものであった。このことは，米国における唯一の会計基準設定主体である財務会計基準審議会（Financial Accounting Standards Board；FASB）が公表した最初の概念フレームワークにおいて明言されている。

　　発生主義（非現金主義）会計に基づく企業利益に関する情報は，現金収支がもたらす財務効果に限定された情報に比べて，企業の現在および期待されるキャッシュ・フローを創出する継続的な能力についてより優れた表示を与えてくれる[7]*。*

われわれの分析が示したように，会計測定および評価手続の最終成果物である報告利益が，少なくとも投資リターンを創出する予測値という意味において，キャッシュ・フローよりも優れているわけではないことは明白である。

はっきりとさせておこう。本書の焦点はキャッシュ・フローには置かれていない。本書のそれはもっと野心的である。われわれは，投資家に対する有用性という点において，「レモネード屋台」の利益概念のような営業成績に関する最もシンプルな測定尺度でさえ，従来から高らかに唱われてきた「ボトムライン」を打ち負かすことを投資家に対して立証したかっただけなのだ。普遍的に利用される企業の会計報告システムがその有用性の大半を失い，ゆえに再生を真に必要としているという，われわれのメッセージを伝えるために，ここではキャッシュ・フローを便宜上のベンチマークとして使用したに過ぎない。

正直言って，こう述べてくると，読者の中には疑問を抱いている人もいるであろう。利益がキャッシュ・フローに劣るのだとすると，どうしてこのことをもっと早く耳にしなかったのか。利益の有用性が急激に低下している状況下にあって，なぜスマートで洗練された財務アナリストたちは皆，いまだに四半期および年次（さらには3年から5年後の）利益を予測し続けているのだろうか。これらの問いに対する答えは以下のようになる。すなわち，後で明示するように，報告利益の――そして，いわんや会計の――劣化は，これに気づいている人がほとんどいないほど比較的に最近の現象だからである。

■ 利益の栄光時代はもう終わった

図2.2は，以下に述べる利益とキャッシュ・フローに基づく投資戦略のそれぞれから得られる過去25年間の年次リターンを描いたものである。すなわち，年次財務報告書の公表に先んじて，当該産業において利益（あるいはキャッシュ・フロー）が最も高い企業5社の株式に投資し，利益（キャッシュ・フロー）が最も低い企業5社の株式を空売りするという投資戦略である。図2.1と同様に，この

7　Financial Accounting Standards Board, 1978, Statement of Financial Accounting Concepts No.1: Objectives of Financial Reporting by Business Enterprises (Highlights). この明快な声明文はその後の概念ステートメントの改訂において幾分か修正され曖昧になったように思える。

[図2.2] 利益に基づく投資戦略とキャッシュ・フローに基づく投資戦略の競争

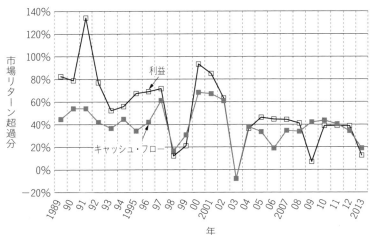

- ■ キャッシュ・フロー情報に基づく取引から得られる市場リターン超過分
- □ 利益情報に基づく取引から得られる市場リターン超過分

(注) 1989年から2013年における市場リターン超過分の年次平均。財務報告書の公表日に先立って、各産業において利益（キャッシュ・フロー）が最も高い企業5社の株式を購入し、利益（キャッシュ・フロー）が最も低い企業5社の株式を空売りした場合の市場リターン超過分。

分析を米国におけるすべての主要産業を対象に行う[8]。

過去四半世紀における最初の9年間，すなわち1989年から1997年において利益は投資リターンをもたらすという点でキャッシュ・フローをはるかに上回っていたことに留意されたい。ある特定の年（たとえば，1991年や1995年）では，利益に基づく投資戦略はキャッシュ・フローに基づく戦略の2倍以上のリターンをもたらしている。このことは，アナリストが利益を予想するために設計した複雑なスプレッドシートの存在意義を如実に表している。しかし，事態は世紀の変わり目の頃から変化する。本書第2部においてその理由について指摘する。すなわち，キャッシュ・フロー戦略に対する利益の優位性が著しく減少し，金融危機後の2009年以降キャッシュ・フローに対する利益の優位性が消滅するの

---

8 Compustatにキャッシュ・フロー計算書のデータが収録されはじめた1989年を起点としている。

である[9]。読者の皆さんはこれまでに聞いたことがあるであろう、「諸行無常」という言葉を。しかし、こうした事象にアナリストは気づいていないようだ。アナリストは利益に対する忠誠心を依然としてもち続けているのだ。

もはや利益はかつてほど市場を動かすものではないが、読者はこのことを聞かされてこなかったであろう。自分を責めないでほしい。金融危機の後遺症があり、読者は他のことに気を取られていたのであろう。しかし、今となっては、図2.2がもつメッセージを認識することが重要である。すなわち、過去数十年間において、他の情報に対する報告利益の有用性が持続的に衰退し、会計情報の有用性の大幅な低下を示す兆候があったのである[10]。本書の第1部において、われわれはこうした有用性の喪失を示す包括的な証拠を提示する。

■ でも待って，利益コンセンサスはどうなのか？

もちろん、読者諸氏は次のように尋ねるだろう。アナリストが公表する恐怖のコンセンサス予想を下回る利益を公表する企業、そして、こうした予想の未達がもたらす悲惨な帰結について、われわれは日々経済メディアを通じて見聞きしている。ならば、どうして報告利益はそれほど重要ではないと言えるのだろうか。コンセンサスを下回る四半期利益の公表に伴い、IBM の株価は2014年10月20日月曜日に7％下落したのではなかったか。利益は重要であるとは言えないのか。

しかしながら、IBM の事例に対する詳細な考察を述べると、同社の予想未達は株価の急落を引き起こしたバッド・ニュースのほんの序の口に過ぎない。まずもって、より重要である「トップライン」に関するニュースがひどいもので

9　2004年から2013年までの10年間において利益およびキャッシュ・フローに基づく投資戦略がもたらす平均年次リターンはほぼ同一であったが（35.1％対33.5％），後半5年間におけるリターンに関して述べると，特に2009年の分析結果から，キャッシュ・フロー（35.4％）は利益（27.3％）に対して優位に立っていたことがわかっている。

10　多くの銀行業およびその他金融サービス業の株価は2008年から2009年の金融危機の間に極めて異常かつ大幅な下落を経験し，またその後の期間において反発したことから，われわれはサンプルから銀行業およびその他金融サービス業に属する企業を除いたうえで図2.2を再検証した。2008年以前の期間に関する結果は全く変わらなかったが，2009年から2013年に関する分析結果は，キャッシュ・フロー情報に基づく投資戦略のリターンが利益情報に基づく場合のそれよりも毎年高くなることを示している。

あった。すなわち，四半期売上高は前年同期比で４％下落し（224億ドル対233億ドル），10四半期にわたって売上高が横ばい，あるいは下落傾向を続けていた。成長企業としてのIBMという理想像は，われわれの目の前から消え失せたのである。投資家の意識にことさら重くのしかかったのは，「ニューヨーク州アーモンクに位置する技術系最大手企業が，２名の最高経営責任者のもとで５年間維持してきた１株当たり20ドルの利益を次年度にもはや期待できないと語った」という記事が出たことだった[11]。改訂予想も公表されなかったことを踏まえると，こうした暗い見通しの予想こそがIBMの株価を７％下落させた最たる要因であったことは明白である。つまり，大局的に見れば，特にIBMの旧態依然としたビジネスモデルを再生することが急務なのであり，利益コンセンサスを下回ったことによる影響は小さいのである。

こうしたよくある不幸な事例を除けば，図2.3が示すように，利益コンセンサスを下回ることは，通常，それほど大した出来事ではないのである。アナリストによる四半期利益予想が実施される大規模な公開会社1,000社を対象とするこの図は，１株当たり利益（EPS）予想を１～３セント下回る場合，EPS予想を１～３セント打ち負かす（上回る）場合，および，利益コンセンサスとちょうど一致する場合のそれぞれについて株価の帰結を描いたものである[12]。図で利用しているデータは2011年から2013年までのものであり，四半期利益公表日を起点とする75日間の株価変動（市場全体の変動を控除した純株価変動）の平均値を示している。図中下部にある曲線は真に驚くべきものである。すなわち，利益予想の「悲惨な」未達は結局のところ全く悲惨ではないのである。換言すれば，予想を下回った企業は最初の１週間で平均して1.5％株価を下落させるが，これは株式モニター上の単なる一時点に過ぎない（月末までに株価は平均して２％下落するが，２カ月目には損失の半分を取り戻し，平均下落率は１％となる）。予想を１～３セント上回ること ―― 経営者が「利益調整」をしてでも達成しようとする，

---

11 "IBM Woes Point to a Fresh Overhaul"（*The Wall Street Journal*, 2014年10月21
日：p. 1）。

12 われわれは，最も規模が大きい企業1,000社に注目している。というのも，規模の小さい
企業の多くは財務アナリストによってカバーされていないためであり，また，１名あるい
は２名のアナリストによってのみカバーされていたとしても，そうしたコンセンサス予想
はあまり意味をもたないためである。EPSコンセンサスを下回った，あるいは上回った
ケースの約半数が１～３セントの範囲に収まっている。

[図2.3] コンセンサス利益予想を下回る，あるいは上回ることの帰結

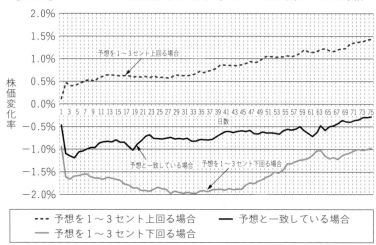

（注） EPSコンセンサスを1〜3セント下回った，あるいは上回った企業に関する利益公表日を起点とした75日間の平均株価変動（株式リターン）。データは2011年から2013年までである。

　誰もがほしがる結果——は，0.5％の株価上昇およびその後に1％のじり高をもたらす。そして，コンセンサスと一致した場合——真ん中の曲線——，投資家は大きなあくびをすることとなる。読者の皆さんはこれは新しい現象であるため，この事実をこれまで聞いたことがなかったであろう。なぜなら，アナリスト予想に対する利益サプライズは以前にはもっと重大なものであったからだ。というのも，以前は主として報告利益が事業のファンダメンタルズの実際の変化を反映しており，一時的で一度限りの項目が除かれていたためである。後述する理由により，今日では報告利益は現実から大きくかけ離れ，全く重要なものではなくなっている。このことを証拠をもって論駁することは困難だろう。

　以下，投資家に対するメモとして覚えておいてほしい。企業が利益コンセンサスを下回っても上回っても，これを深刻に捉えてはいけない。もっと重大なものは，新規顧客数や保険会社における契約更新数の減少，既存店舗の売上高の変化あるいは不良債権の規模など，事業のファンダメンタルズにおける変化である。こうした点については本書の第3部で詳述する。

■ 小　括

　本章では，企業の報告利益に関する2つの最も普遍的な利用方法を検討した。すなわち，投資意思決定を導く利益予想の形成，および（アナリストのコンセンサス予想に対する）利益サプライズによる企業業績の評価の2つである。どちらのケースにおいても，投資家にとって報告利益の有用性が失われてきたことを発見した。投資リターンの創出という点で利益はキャッシュ・フローに凌駕され，また企業業績の評価という点で利益サプライズに対する投資家の鈍い反応は報告利益の経済的意義に深刻な疑問を投げかけている。利益は精緻な会計測定・評価システムの主たる産物であることから，これらの発見事項は次に取り組むテーマをわれわれに予知してくれる。すなわち，投資家にとっての会計情報の有用性の低下を示す証拠がふんだんにあるということである。

46　◆　第 2 章　まだ利益が重要であると思っていたのか

章末付録2.1　　図2.1および図2.2における投資戦略の計算方法

　図2.1で描かれる年次平均市場超過リターン（yearly average above-market return)は，以下のように測定される。第 1 に，会計年度初め 3 カ月後から会計年度末 3 カ月後までの12カ月間における企業の株式リターンからS&P500指標に基づくベンチマーク・リターンを控除することにより，1989年から2013年までの企業・年ごとの市場超過（異常）リターンを算出する[13]。企業の年次決算の結果は会計年度末後 3 カ月以内に報告されることから，こうしたリターン計算の期間設定は企業の異常リターンが直近会計年度の決算結果を反映したものであることを保証する。第 2 に，各年の各産業において株主資本利益率（ROE)が最も高い 5 社およびROEが最も低い 5 社を選択する。その際，Fama-Frenchの48業種分類を用いて産業を定義している[14]。第 3 に，各年のすべての産業について，ROEが最も高い 5 社の株式をリターン累積開始時点で購入し，またROEが最も低い 5 社の株式を同じ時点で空売りすることから得られる年次平均市場超過リターンを計算する（これはヘッジ・ポートフォリオ・リターンとして知られるものである）。2 つのグループそれぞれから得られる平均リターンを各年で合計したものが，企業利益の完璧な予想から得られる平均年次リターンとして図2.1に描かれている。

　図2.2は，図2.1に記載されている年次平均市場超過リターンに加えて，各産業において（平均総資産で除した）営業活動によるキャッシュ・フローが最も高い 5 社の株式を報告書の公表に 1 年先んじて購入し，また各産業において営業活動によるキャッシュ・フローが最も低い 5 社の株式を報告書の公表に先んじて空売りすることから得られる年次平均市場超過リターンを追加したものである。キャッシュ・フロー予想から得られる平均市場超過リターンの計算手続は，図2.1における利益予想から得られる年次平均リターンの計算に用いたものと同じである。

13　たとえば，会計年度末が2012年12月31日である企業に関していうと，リターンを計算するのに用いられる12カ月は2012年 4 月 1 日から始まり2013年 3 月31日で終わるといった具合である。

14　産業内順位に意味をもたせるため，また主要産業に注目するため，われわれは各年において20社を超える企業を含む産業をサンプルとしている。

章末付録2.2　キャッシュ・フローは利益よりも予想しやすい

　われわれは，2つの検証を行うことで利益と営業活動によるキャッシュ・フローの予想誤差（正確性）を比較している。第1に，前年度の利益（キャッシュ・フロー）に過去3年間における利益（キャッシュ・フロー）の平均成長率を掛けたものを次年度の利益（キャッシュ・フロー）予想値として測定し，これを各企業について計算する（外挿予想モデル）。そして，利益（キャッシュ・フロー）の報告値と予想値の差の絶対値を利益（キャッシュ・フロー）の**予想誤差**とし，その報告値に対する割合を計算する。

　図2A.1は，1990年から2013年までのすべての企業における利益とキャッシュ・フローの平均予想誤差について各年の両者の差を示したものである。これを見ると，1990年から2000年までの期間において，利益はキャッシュ・フローよりも平均予想誤差が一貫して**小さい**ことがわかる（負の棒グラフは利益予想誤差がキャッシュ・フロー予想誤差よりも小さいことを示す）。しかしながら，その後の2001年から2013年の期間では，これと反対の結果となっている。すなわち，2007年を除き，利益予想はキャッシュ・フロー予想よりも精度が低くなるのである。この反転現象は，時間の経過とともにキャッシュ・フロー予想が利益予想に比してより簡単に（より正確に）なったことを示唆している。

　予想精度に関する2つ目の検証として，アナリスト予想を利用する。われわれは，

[図2A.1]　キャッシュ・フローの予想精度は利益のそれよりも高くなってきている

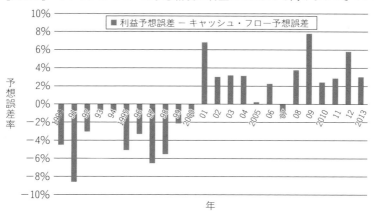

（注）次年度の利益と営業活動によるキャッシュ・フローに関する平均予想誤差の絶対値について各年の両者の差を表示したものである。データは1990年から2013年までである。

[図2A.2] アナリストは利益よりもキャッシュ・フローをより正確に予想する

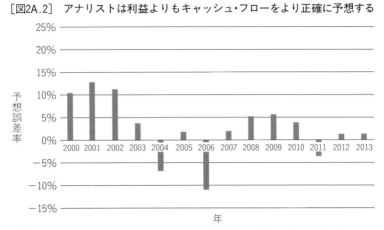

（注）利益とキャッシュ・フローのアナリスト予想誤差に関する両者の各年の差。

1株当たり利益（EPS）と1株当たりキャッシュ・フロー（CPS）に関するアナリスト予想誤差を比較する。EPSのコンセンサス予想と報告EPSの差の絶対値をEPSに関するアナリスト予想誤差と定義し，これが報告EPSに占める割合を計算する。CPSに関するアナリスト予想誤差についても同様の計算を行う。将来のEPSおよびCPSに関するアナリスト予想は，I/B/E/Sから取得している。その他のデータすべては，CompustatおよびCRSPデータベースから入手している。図2A.2は，2000年から2013年までのEPSとCPSの平均アナリスト予想誤差について両者の各年の差（異常値は排除）を表示している[15]。図から，調査対象である14年間のうち11年（79%）について，キャッシュ・フローに関するアナリスト予想が利益予想よりも誤差が平均して小さく（利益とキャッシュ・フローの予想誤差の差が正である），したがって，より正確であることがわかる。そのため，アナリストは利益よりも将来キャッシュ・フローの予想において成功していると言えよう。

15　2000年以降，キャッシュ・フローに関するアナリスト予想がより広く普及している。

事　実

50 ◆ 第1部 事　実

　本書の第1部では，投資家にとって会計・財務報告情報が急速に有用性を低下させている包括的で大規模な —— だが，直観的に理解できる —— 証拠を示す。ここで初めて包括的に示される過去50年から60年にわたる証拠は，複数の補完的な研究手法を基礎とし，最新の統計学的技法に基づいている。それらの証拠は，すべて1つの結論に帰結する。すなわち，投資家にとって企業の財務報告書は継続的かつ急速に有用性ないし価値関連性を喪失しているという結論だ。

　安心してほしい。本章は統計学者だけを対象にしているわけではない。取り上げた証拠はすべて完全に統計学に基づいているものの，どのような投資家，経営者，会計士にも理解できるようにしてある。読み出したら止まらないはずだ。期待に反したら，30日以内に返品してほしい。

第3章
財務情報と株価の乖離の拡大

　財務情報が有用であり，投資家の意思決定に影響を与えるのであれば，利益や売上，資産価値などの主要な財務指標は株価と関連しているであろう。利益水準が高い企業は株式時価総額も高い（アップルのことを考えてみよ）。これは事実だが，本章ではこの関係の強さが過去半世紀の間に著しく低下したことを明らかにする。このことは，投資家にとって財務情報の価値関連性が同様に著しく低下したことを示唆している。数十年前は，財務データが株価を決定していた。現在ではその優位性が低下し，よりタイムリーで意味のある情報源の方が勝っている。世界中の会計規制機関が多額の費用をかけて財務報告の有用性を高めようと絶えず努力を続けていることを考えると，このことは直観に反する。

■ 財務情報の有用性をどう測るか？

　企業の財務報告書情報の読み手はさまざまだ。企業と契約する第三者（貸し手やサプライヤー），労働組合，政府，そして規制当局などが挙げられる。しかし，間違いなく資本市場の投資家こそが財務情報の主要な利用者だ。このことは，1933年から1934年にかけて成立した証券取引法や証券取引委員会（SEC）の規則やそれを履行させる活動を見れば明らかである。それらは，企業の財務報告が投資家に情報を与えると同時に投資家を*保護する*よう担保する狙いがある。財務会計基準審議会（Financial Accounting Standards Board：FASB）—— 米国に

おける会計・報告ルールの設定主体——も同じ考えで，次のように述べている。

> *財務報告の一般的な目的は，現在および潜在的な投資家，与信者，その他の債権者が企業に資源を提供するかどうかについての意思決定を行うのに有用な財務情報を提供することである。そのような意思決定には，株式や負債商品の購入，売却，継続保有が含まれる*[1]。

これ以上に明快な記述はない。したがって，財務情報の有用性を検証するにあたって，主に投資家の意思決定に当該情報が果たす役割を検討することが適切である。

2012年の US スチール（US Steel）のアニュアル・レポートのように174ページもある文書の情報が数百万人の投資家にとってどの程度有用なものであるかを，どのように測定するのであろうか。それは非常に困難なことのように思えるが，実際には可能である。まず，一般に情報の有用性をどのように測定するのか。それは，パンやシリアルなど，あらゆる製品と同じように測定すればいい。すなわち，その製品に対する消費者の反応をもって測定するのだ。古くなったパンや美味しくないシリアルは，消費者に嫌がられて棚に残ったままになるだろう。情報も同じである。古くて有用ではないメッセージは投資家に無視されるのに対して，有用性の高いタイムリーな情報は投資家の意思決定を誘発し，それが結果として株価と取引高に影響を与える。たとえば，2015年7月28日に四半期決算で売上高成長率が低迷し，コアユーザーがほとんど増えていないことが明らかになったことがきっかけで Twitter の株価は数時間の間に11％も下落した。Twitter の四半期の売上情報は明らかに投資家にとってきわめて有用性の高い情報で，この情報をきっかけに多くの投資家が株を売り，最終的には株価の暴落につながった[2]。

このように，株価は投資家に伝達された情報に対する投資家全体の反応を反映する。したがって，株価を財務情報と関係づけることは，この情報が投資家

1　FASB, 2010, Statement of Financial Accounting Concepts No. 8, Conceptual Framework for Financial Reporting, Chapter 1, Introduction.

2　Yoree Koh, "Twitter Ad Woes Subside but Growth Stalls," *The Wall Street Journal* (July 29, 2015), B1. を参照。

にとって有用性の高いものかどうかを評価するわかりやすい方法なのである[3]。それはまた，他の代替的な情報源の**ランク付け**も可能にする。たとえば，営業利益は業績の測定指標として純利益よりも優れているのだろうか。各指標の長所について不毛の議論をしたり，調査を行う代わりに，営業利益と純利益の発表に対して投資家の反応がどのように異なるのかを検証すればいい。株価の変化（株式リターン）または取引高の変化のいずれかで測定した場合に，最も強い反応を引き起こす指標は一貫して株価に反映され，それゆえ投資家にとってより有用である。それは実際に投資家がその指標を**より広範囲に使用してきた**からである。

　別の例を取り上げてみよう。数年前までは，企業の利益がアナリスト予想のコンセンサスを破った（上回った）とき，投資家がグッド・ニュースに勢いよく反応して，予想を上回った企業の株価が大幅に上昇した。しかし近年では，そういう「コンセンサスを上回った」企業の多くは，コンセンサス予想を操作する（経営者による利益予想を下げることで「アナリスト予想を下方に誘導する」）か，または報告利益を「管理」しているという事実に投資家は気づいた。そうでなければ，上場企業の約70％が四半期利益のコンセンサスを上回るという事実を説明できない[4]。これは，2011年にアトランティックシティのカジノでドン・ジョンソン（Don Johnson）がブラックジャックで15百万ドルを稼いだことより，もっと理屈に合わない事態と言える。このようにコンセンサス達成（発表された利益がコンセンサスを上回ること）は，ほとんどの場合，投資家にとって

3　生活のいろいろな場面で頻繁に見られる研究調査や世論調査に慣れてきた読者の中には，財務情報の有用性についてなぜ投資家を直接調査しないのか疑問に思う者がいるかもしれない。そうしない第1の理由は，われわれの主な目的は，半世紀以上にわたる有用性のパターンを調べることであり，それには1960年代・1970年代から一貫して調査を継続する必要があるからである。そのような調査が不可能なことは明らかである。第2に，ノーベル経済学賞受賞者のミルトン・フリードマン（Milton Friedman）がかつて，著者のうちの1人が受講した授業で，「［有価証券の評価など］複雑な意思決定が関わっている場合には，人々にどのようにしてその意思決定に至ったのかを尋ねるよりも，人々の行動そのものを観察する方がよい」と述べている。経験，直観，そして運さえもが投資家の意思決定に関与しているが，これらを明確にするのはきわめて困難である。株価に反映された投資家の意思決定を観察する方が，情報の有用性を評価する方法としてはより信頼性の高い客観的な方法なのだ。

4　Marcus Kirk, David Reppenhagen, Jennifer Wu Tucker, W, "Meeting Individual Analysts Expectations," *The Accounting Review*, 89 (2014): 2203-2231.

有用性の低い情報になった。実際，近年ではコンセンサス達成が株価の反応をもたらすことはほとんどない（第2章図2.3参照）。こうして株価を財務情報と関連づけることが，会計情報が投資家にとって価値関連性ないし有用性をもつか否かを測る強力な客観的判断基準になるのだ。

縮む会計

　過度な疑念をもたれることがないよう，われわれの発見を先に示そう。図3.1をみると，企業の時価総額のうち利益と純資産が寄与する割合は1950年代の90％以上から（過去60年にわたる横軸の目盛りを見てほしい）現在では約50％に一貫して低下しており──ほぼ約半分に落ち込んだ──，企業の財務情報は投資家にとって価値関連性の高いものではなくなってきていることがはっきりと見て取れる。投資家がどこでも入手可能な情報源──会計と財務報告──の価値が凋落したのだ[5]。きっとこういう疑問を抱く人がいるだろう。どのようにして情報の有用性の低下をこれほど正確に判定したのか。どうすれば情報の価値関

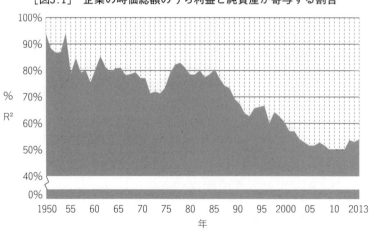

[図3.1]　企業の時価総額のうち利益と純資産が寄与する割合

（注）　企業の時価総額を報告利益と純資産に回帰した調整済 R^2，1950年～2013年。

---

[5]　検証期間は短いが，同じような分析が過去にも行われている。たとえば，Baruch Lev and Paul Zarowin, "The Boundaries of Financial Reporting and How to Extend Them," *Journal of Accounting Research*, 37 (1999): 353-385. である。

第3章 財務情報と株価の乖離の拡大 ◆ 55

連性をこれほど正確に判定できるのか。このまま読み続けていただきだい。きっ
とそうするに値するだろう。

■ 一握りの有用な項目

　まず150ページから200ページにも及ぶ企業の財務報告書の情報内容をどのよ
うにして把握するのか。もちろん，かなり取捨選択しなければならない。これ
らの報告書に含まれている「情報」の多くは，いつも笑顔の経営者や従業員，
顧客の写真や，その企業の製品や数々の善行に関する長い説明文のように，投
資の決断には全く不要であるか，ネットで容易に手に入るかのどちらかだ。リ
スクファクターや過去の株価データについての詳細な記述にも同じことが言え
る。しかし，同時に，売上高や売上債権，売上原価，利益など，一見すると有
用性の高そうな財務項目も多数存在する。明らかに，そのすべてが統計学的に
検証できるわけではない。そして，財務報告書の核心を要約的に反映する**一握
りの指標**を賢く選び出せれば，それらは必要ない。

　われわれは最初の研究のために，ある企業の事業と経済状況を示すのに最も
幅広く使われている2つの指標を選んだ。稼得利益（純利益）と純資産，あるい
は持分（貸借対照表の資産から負債を引いた額）である。前者は当該期間の企業の
業績を反映し――収益からすべての費用を引いた額であり――，後者（純資産）
は経済状態，つまり期末の正味価値を表す。後者は，**資金の使途**（当該企業が利
用するさまざまな資産）に関して当該企業の基本的な外部**資金の源泉**（借入金そ
の他の負債）を表している[6]。このように，稼得利益と純資産は重要な財務情報
項目のほんの一部であり，投資家が意思決定をする際に常に真っ先に考慮する
ものである。

　投資家が稼得利益と純資産の情報を利用するかどうかを調べる際に，企業の
会計年度終了から3カ月後（この間に年次報告書を公表しなければならない）の

6　純資産を財務の健全性を表す指標として用いているのはわれわれだけではない。ウォー
　　レン・バフェット（Warren Buffett）は，株主向けの名高い年次報告書で，バークシャ・
　　ハザウェイ（Berkshire Hathaway）の純資産（持分）の変化に焦点を当てている。バフェッ
　　トは純資産の変化を業績の指標と考えている。この変化は，主に内部留保から生じ，会計
　　ベースの株主価値の成長を反映している。

株価に注目することで，検証する2つの財務諸表項目に含まれる最新情報が確実に株価に織り込まれるようにした。そのうえで，過去60年間にわたって毎年，必要なデータの存在する米国の全上場企業の時価総額（株価に発行済み株式数を掛けた額）と，各企業の最新の利益と純資産との関連を統計学的に検証した（この分析に関する正式な説明については章末付録を参照されたい）。もちろん，企業の時価総額（企業の価値）には，企業の稼得利益と純資産に加えて，金利，業界の状況（たとえば，金融危機の際は不動産業は不況に陥った），さらには金融政策（FRBの量的金融緩和政策）など，複数の情報源が反映されている。したがって，われわれの統計学的手法（回帰分析）によって，以下の問いに答えを出すことができる。企業の時価総額（株価）に反映されているすべての情報項目の中で，企業の稼得利益と純資産はどの程度寄与しているのか？　この答えが**図3.1**で示されている。その寄与度は1950年代と1960年代は約80〜90％だったが，今日では50％に低下しているのだ。

■ 次は直観で

　図3.1の数値が50％へ低下した事実がもつ意味を十分に認識するには，これらの数字から導かれることを直観的に理解しなければならない。先にわれわれは回帰分析を適用すると述べた。では，この回帰分析とはいったいどういうものなのか。回帰とは相関に似た統計的手法で，1つの変数，つまり指標（従属変数）を，他の複数の変数（説明変数）に関連づけ，次の問いに答えを出すために用いられる。一連の説明変数はどの程度前者の変動（われわれのケースでは企業の時価総額の変化）の原因となっているのか，ないしは，どの程度前者の変動に寄与しているのか。われわれのケースでは，企業の稼得利益と純資産はどの程度時価総額の変化の原因となっているのか。この問いの答えが，回帰の調整済み決定係数，つまり R^2（以下，R^2 と表記）である。R^2 は**図3.1**の縦軸に表示されている。主に業績（稼得利益）と財政状態（純資産）が企業の時価総額の変化に寄与しているのなら，R^2 の値は高くなる（100％に近くなる）のに対し，株価を決めるうえで他の要因の方が大きな役割を果たしているのなら，R^2 の数値は低くなる。**図3.1**からわかるように，1950年代と1960年代，さらには1970年代においても，重要な財務報告変数である稼得利益と純資産は，投資家が企業を評価する

うえできわめて重要であったのに対し，それ以降は投資家にとってこれら2つの変数の有用性と価値関連性はかなり低下したのである[7]。

きわめてよく知られている状況における回帰分析の簡単な例を挙げて，理解を確かなものとしよう。医学研究者が（あなたのコレステロール値が高い理由を探るために）人によるコレステロールレベルの違いの主な原因を突き止めたいと願っているとしよう。研究者たちは，年齢・体重・教育レベル（健康に対する意識に影響する）がコレステロールレベルに影響を与えるのではないかと考える。これらの影響を数値化するために，まず，たとえばサンプルとして500人のコレステロールレベルを測定し，各人の年齢・体重・学歴（われわれが扱う稼得利益と純資産に相当する）をもとに，測定された500のコレステロールレベル（企業の時価総額に相当する）の回帰を実施する。この回帰の測定された R^2 が35％だったとしよう。これは，ある人の年齢・体重・教育レベルを*組み合わせた*影響が，人々のコレステロールレベルの差異（の2乗）の約3分の1を占める（原因となっている）ことを意味する。それはつまり，研究者はまだコレステロールレベルの決定要因の約3分の2を把握していないということになる。食品摂取や両親のコレステロールレベルなど，その他のコレステロール決定因子の調査を継続しなければならない。これであなたも統計の達人となって，われわれの経験的発見事項を正しく理解するはずだ。稼得利益と純資産 —— 重要な財務指標 —— が株式評価において果たす役割は，過去半世紀の間に約50％低下したのだ。

■ 犯人は誰だ —— 稼得利益か純資産か？

図3.1は稼得利益と純資産を*合わせた*価値関連性の低下を表している。会計基準設定主体は貸借対照表重視から損益計算書重視へと変更（会計の主な目的として利益測定に注目する）したり，逆にしたり（利益よりも資産と負債を重視する）

7　1960年代と1970年代には企業価値の変動の80～90％に財務情報が寄与していたという事実は，きわめて高い価値をもつと思う読者がいるかもしれない。われわれは，その当時，企業の時価総額の変動が主に発表済みの稼得利益と純資産を反映していたことは驚くべきことではないと考える。近年，株価に影響を与えている多くの情報源，たとえばアナリストの利益予想や経営者のガイダンス，自動プログラム取引などは，半世紀前には存在していなかったので，稼得利益や純資産などの財務変数が現在価値の変動の主な決定要因となっていたのだ。

することがあるので，損益計算書のきわめて重要な「ボトムライン」である稼得利益の価値関連性と，企業の資産と負債に関する貸借対照表の情報を反映している純資産の価値関連性について，時間の経過に伴う変化を**それぞれ別々に**検証するのが有益である。

　図3.2と図3.3は先に述べたものと同じ調査方法を用いて，投資家にとって稼得利益と純資産のそれぞれがもつ価値関連性のパターンを表している。数字を見れば，2つのパターンがよく似ていることは明らかだ。1950年代から1980年代初期は比較的安定していて，稼得利益に関しては80～90％，純資産に関しては70～80％の範囲に収まっているが，それ以降は急速に低下している。したがって財務情報の価値関連性の低下に影響を与えている原因（結論の項（訳者注：「どうしてこうなるのか？」の部分）で論じる）は，稼得利益と純資産にも同じように影響を与えている。考えてみると，これは驚くべきことではない。会計手続の構造によって，損益計算書に影響を与えるものは貸借対照表にも影響を与えるし，また，その逆のことも言える。たとえば，研究開発の即時費用化は，稼得利益（損益計算書）だけでなく，資産と自己資本の価値（貸借対照表）も低下させる。良かれ悪しかれ，会計は閉鎖的なシステムなのだ。

[図3.2] 企業の時価総額のうち稼得利益が寄与する割合

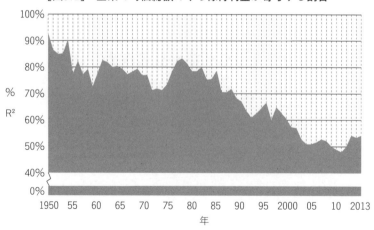

（注）報告された稼得利益へ企業の時価総額を回帰した調整済 R^2，1950年～2013年。

[図3.3] 企業の時価総額のうち純資産が寄与する割合

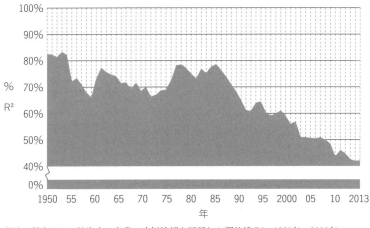

（注）報告された純資産へ企業の時価総額を回帰した調整済 R^2, 1950年〜2013年。

われわれは会計に対して公正なのか？

　そうではない。われわれはたった2つの財務諸表項目と株価の関係性を調べただけで，かなり断定的な結論——投資家にとって会計情報は価値関連性のほとんどを失ってしまっている——を導き出した。重要であるとはいえ，たった2つの項目のみに基づいて結論を出すのはあまりにも性急すぎるのではないか。同僚の1人が指摘してくれたように，指標のうちの1つ——企業利益——はきわめて変動が大きく，それゆえ信頼に足る測定値とは言いがたい。おそらく，売上高（収益）のようなより安定した数値を含む，より多くの財務指標を考慮に入れれば，有用性が失われたというわれわれの見解は変わってくるのではないか——その点には同意する。それゆえ，指標の数を3倍にして行った再分析を示しておこう。

　図3.4は，分析に必要なデータが入手できる米国の全企業に関して，企業の時価総額（価値）と6つの重要な財務指標，売上高，売上原価[8]，販管費（販売費

8　売上高と売上原価を回帰することで，われわれは必然的に，売上総利益（売上高－売上原価）も考慮していることになる。売上総利益は，ほとんどのアナリストが最も重要な事業上の指標の1つと考えている。

[図3.4] 企業の時価総額のうち複数の財務指標が寄与する割合

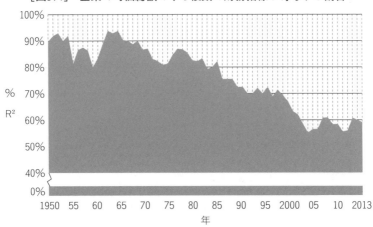

(注) 売上高,売上原価,販管費,純利益,総資産,総負債への企業の時価総額を回帰した調整済 R^2,1950年〜2013年。

及び一般管理費),稼得利益,総資産,総負債との関係性を示している。間違いなく,これらは業績・財政状態に関する重要な指標を網羅している。しかし,見てほしい,図3.4のパターンは図3.1のパターンに非常によく似ている。図3.1と同様に,図3.4のより多くの指標で構成されたグループの寄与度を反映するカーブは,R^2 が1950年代の90%以上から始まって,最近は約50〜60%へ低下し続けるという見慣れたパターンを示している。このように,財務指標を3倍に増やしてもおおむね同じ結果が得られたのだから,財務報告書からさらに項目を積み重ねたからといって異なるパターンが得られるとはまず考えられない。われわれは普遍的な現象を発見したようだ。企業の株式時価総額と最近報告された財務(会計)情報との関連性が過去半世紀にわたって継続的に低下し,1980年代後半からそれが加速したという現象である。

重要なメモがある。財務データの価値関連性が継続的に低下したのは,最近になって新しい小規模な企業が市場に参入したからだと主張する人がいるかもしれない。こういう認識を排除するために,われわれは図3.1と図3.4の分析を最も規模の大きな1,000社について再現した。これらの企業のほとんどは長期にわたって事業を続けてきた。安心してほしい。(1965年から始まる)この分析結果は,図3.1と図3.4の結果とほぼ同じである。90%から50%に低下したのだ。

どうしてこうなるのか？

　過去半世紀の間に，特に1973年から会計規則を制定しはじめた財務会計基準審議会（FASB）によって，会計規制が前例のないほど拡大されたにもかかわらず，投資家の意思決定における**報告された**財務情報の役割は一貫して，かつ急速に減退した。会計の有用性の低下というこの直観に反したトレンドの原因は何か。本書の第2部で証拠を基礎にすべてを説明するが，以下にその一部を紹介する。

　なぜ会計が価値関連性を失ったかを理解する手掛かりは，図3.4を詳しく調べてみることから得られる。カーブは1950年代から1970年代半ばにかけてわずかに低下しているが，本格的に低下しはじめたのは1970年代末からだ。そのころに財務情報を現実（株価）からますます乖離させる何かが起こったのだ。経済を鋭い目で観察している者なら誰でも，その原動力を容易に推測できる。1980年代には，無形（知的）資産が経済的役割を果たすようになり，その役割が急拡大したのだ。経済と企業が産業化時代から情報化時代へと移行するという革命的変化は，1980年代に企業のビジネスモデル，事業，価値観に根本的な影響を与えはじめたが，驚くべきことに会計には全く変化を生じさせなかった。ソフトウェア，バイオテク，インターネットサービスを含む，大部分は無形の産業（**概念産業**とアラン・グリーンスパン（Alan Greenspan）は呼んだ）はすべて，1980年代から1990年代にかけて生まれた。そして，他のすべての企業にとっても，主な価値の源泉は建物，工場，機械，棚卸資産から，特許，ブランド，情報テクノロジー，人的資源へと移行した。後者のグループは，会計専門家が無形投資を定期的な支出（賃金や金利）と同じように扱ったために，あらゆる企業の貸借対照表には含まれず，その結果，貸借対照表と損益計算書の**両方**を歪めてしまうこととなってしまったのである。企業の業績と価値創造における無形資産の重要性が高まり続けてきたのに，会計と財務報告の実務では軽視されてきたがゆえに，財務情報がますます価値関連性を失ってしまったのだ。われわれは実際に，このことを第8章で経験的に実証する。

　しかし，会計の有用性を低下させた要因は無形資産の登場だけではない。その後の会計規制が，財務諸表項目（資産の評価引き下げ，資産と負債の公正価値評

価)の算定における経営者の主観的見積りや予測の余地を拡大させ，それがさらに財務情報の完全性と信頼性を低下させ，その結果，現実から乖離させてしまったのだ。有名な話だが，ウォーレン・バフェット（Warren Buffett）は市場取引されていない資産/負債を時価評価せよという要求を皮肉って，「これは時価評価（marked-to-market）ではなく，神話による評価（marked-to-myth）なのだ」と喝破した。これでもまだ足りないというのなら，開発中の製品の成功や失敗，重要な技術革新，親和性の低い買収など，増える一方の重要なビジネス事象は（的確ではないが）即座に株価に影響を与えるが，財務変数に影響が及ぶのはずっと後のことなのである。これら３つの要因 —— 無形資産，経営者の見積りの蔓延，そして重要なビジネス事象の認識の遅れ —— この数十年に生じた要因すべてが合わさって，現在報告されている財務情報からその価値の多くを奪ってきたのだ。このことは第２部で詳述する。**稼得利益，資産，費用**という用語は50～60年前と変わらないが，投資家にとってその価値関連性は大きく低下している。

■ 小　括

　投資家にとっての財務（会計）情報の有用性は，重要な財務変数と企業の株価との関連性に反映される。本章では，この関連性が過去半世紀の間に著しく損なわれたという証拠を包括的に示した。これは会計の価値関連性が失われたことを示す明らかな兆候である。このことは困ったことだが，現実はさらに悪い。本章では簡単な研究手法 —— 財務情報と株価を相関させる —— を用いたため，次章で立証することになるより深刻な有用性の低下はまだあらわになっていない。財務情報の有効性は高まっていると頑なに信じている頑固な会計専門家は，この低下から目を背けてしまっているのだ。

章末付録3.1

図3.1で示された各年度の調整済 R^2 は，サンプル企業の最近報告された純利益（NI），自己資本簿価（BV），そして発行済み株式総数（NSH）に基づく年ごとの時価総額（MV）のクロスセクション回帰から得られた[9]。回帰モデルは以下のとおりである。

$$MB_{it} = \alpha_{1t} + \alpha_2 NI_{it} + \alpha_3 BV_{it} + \alpha_4 NSH_{it} + e_{it},$$

この式で，i と t はそれぞれ企業と年を表す下付文字だ。時価総額が稼得利益と純資産に関する最近の情報をすべて反映するようにするために，企業の稼得利益と純資産を得た会計年度末の3カ月後の時価総額を使用している[10]。

同様に，図3.2と図3.3に示された各年度の調整済 R^2 は，年度ごとにサンプル企業の時価総額を会計上の稼得利益（あるいは純資産）と発行済み株式総数に回帰分析して得られた。図3.4に示された各年度の調整済 R^2 は，年次ごとにサンプル企業の時価総額を売上高，売上原価，販管費（SG&A），純利益，総資産，総負債に回帰分析して得られた。すべての回帰分析のサンプルには，1950年～2013年の Compustat と CRSP のデータベースの共通部分から検索され，必要なデータを有する米国の全上場企業が含まれる。

9　このアプローチは，Mary Barth and Sanjay Kallapur, The Effects of Cross-Sectional Scale Differences on Regression Results," *Contemporary Accounting Research*, 13(2) (1996)：527-567. に従っている。

10　この回帰は，複数の変数（時価評価額，稼得利益，純資産）の**水準**に関して行った。**変化**についての回帰からも同じような結果が得られる。アナップ・スリバスタバ（Anup Srivastava）は，年度ごとの株式リターンを稼得利益の水準と変化に回帰して，「新規企業部門の……」調整済 R^2 は「1970～1974年の期間から2005～2009年の期間に20.4%からわずか2.6%に低下したのに対し……歴史ある企業の平均利益の価値関連性は20.1%から14.4%へとさほど急激には低下していない」と報告している。Anup Srivastava, "Why Have Measures of Earnings Quality Changed over Time?" *Journal of Accounting and Economics*, 57 (2014)：196-217. を参照。

◆ 65

第4章
一見以上にもっと悪い

　われわれはより洗練された研究手法を用いて，財務情報が投資家にどの程度寄与しているかを探るために，情報の意思決定有用性に着目し，かつ財務報告書を投資家が利用可能な代替的な情報源と比較しながら検証を行う。財務情報の有用性をこうして正確に読み解くことで，きわめて驚くべき，もしくは落胆すべき結果を導く。すなわち，企業の四半期または年次報告書で伝えられる価値関連性の高い情報は，現在では投資家が利用している全情報のうちの5～6％にすぎないのである。これは会計の価値関連性が大きく低下している事実を示している。

■ メッセージはどんな場合に情報価値が高いのか？

　ある批評家が，かつてリヒャルト・ワーグナー（Richard Wagner）の音楽について次のように語った。「実際に耳にするほど悪くはない」と。ところが，会計が価値関連性を失った程度（図3.1で示した）に関しては，その逆なのだ。実際には低下の度合いは見かけよりひどいものなのだ。図3.1と図3.4を見ると，財務情報は今日，投資家が利用する情報の約40～50％を伝えているという印象を受けるかもしれない。これは確かに，半世紀前の80～90％より少ないが，それでもかなりの割合を占めている。結局，1960年代と1970年代には，投資家が得られる情報としては，財務報告書が唯一無二のものだったが，今日では，多数のバイサイド・セルサイドの財務アナリストと，洗練されたオンライン投資家

サービスが，証券の価値評価に関する大量の情報を提供している。財務情報市場の競争は激しく，投資家のニーズの40〜50％を提供しているのは大したものだ。会計は今でもきわめて高い価値関連性を有しているように思われる。だとしたら，何が問題なのか。

残念ながら，これは幻想だ。実際には，今は企業の財務報告書で伝えられる**新しい**または価値関連性の高い情報は，40〜50％をはるかに下回り，5％程度なのだ。そう，5％。それを理解するために，われわれはまず，前の文で「新しい」を強調して書いた理由を説明しなければならない。なぜ「新しい」なのか？　それはひとえに，情報の有用性に関しては，**新しく，適時的であること**がきわめて重要だからである。これは微妙な論点なので，詳しい説明が必要だ。

以下の簡単な解説を許してほしい。これは，**情報（コミュニケーション）**理論の中心をなす重要な情報原理を明らかにすることが狙いだ。この理論は1940年代にクロード・シャノン（Claude Shannon）とウォーレン・ウィーバー（Warren Weaver）が構築したもので，コンピュータとコミュニケーションシステムの発達に重要な役割を果たした[1]。それは1つのメッセージで伝えられる情報量の測定基準を提供する。たとえば「明日午後3時に雨が降りはじめるでしょう」。この基準は，当該メッセージが受け手にとってどのくらい**サプライズ**だったか，あるいは**予想しない**ものだったかをもとに判定する。たとえば，今いる場所が11月のシアトルで，それまで1週間ずっと雨が激しく降っていたのなら，明日も雨が続くという予報はそれほど驚くべきものではないので，「明日は雨」という予測は情報内容が乏しい。これに対し，午後3時から雨という予測が，中東のような乾燥地域の夏に出されたのなら，同じ予測でもとても驚くべきもので，それゆえきわめて情報価値が高く，有益だ（求められる行為。今日，種まきをする）。このように情報内容は，メッセージのサプライズ，つまり新しさが受け手に与える作用である[2]。以上，説明終わり。

前章の図3.1と図3.4の根底にあるきわめて簡単な統計学的手法では，財務報告書に含まれている情報が投資家にとってどの程度新しい（驚くべき）ものなのかは決定できない。検証された情報（売上高，稼得利益，資産など）が株価に織

1　Claude Shannon and Warren Weaver, *The Mathematical Theory of Communication* (Champaign-Urbana : University of Illinoi Press, 1949).

り込まれた情報とどの程度**一貫しているのか**を測定するだけである。この違い
は大きい。たとえば，ある企業の損益計算書で，稼得利益が前年から20％増加
した —— 健全な利益成長率だ —— と示されているとしよう。これは間違いなく
投資家にとって重要な情報だ。しかし，この企業をフォローしているアナリス
トが，業界のトレンドや類似企業の利益成長に基づいて，その企業の財務報告
書の発表より前に20％の利益成長率を**予想していた**（コンセンサス評価）とした
らどうだろうか？　その場合，発表されたばかりの損益計算書は，実は投資家
にとって重要なイベントではない。それは単に，すでに期待していたことを裏
づけただけのものなのだ。覚えていてほしい。サプライズがなければ，何の情
報ももたらさないのだ。実際に，調査によって，アナリストの期待を裏付ける
だけの報告利益は大幅な株価の反応を引き起こさないことが示されている（第
２章図2.3の真ん中のカーブ）。なぜなら，株価はすでにアナリストの期待を織り込
んでいるからである[3]。別の言い方をすると，先に挙げた例の20％の報告利益成
長率は後出しの情報であるため，大抵の場合，投資家の意思決定には関連がな
いのである。

　しかし，重要なことがあるので注意してほしい。株価の上昇を引き起こした
のは利益報告そのものではなく，その前のアナリストの予測だったという事実
にもかかわらず，われわれが挙げた20％という報告利益の成長率はなお株価と
相関するという点である。これは，図3.1や図3.4における最近の価値関連性を
示す40〜50％という数値と同じだ。この数値は必ずしも，財務報告書が株価に
影響を与えたことを示しているわけではない。このように，図3.1と図3.4は情
報がタイムリーであること —— 最初に市場に届いていること —— という重大な
問題を反映してはいない。これらの数値が実際に語っているのは，稼得利益，
純資産，その他の重要な財務指標は現在，株価に反映されている情報の約半分

2　数学的には，1つのメッセージが伝える情報の量は，コミュニケーション理論では当該
　　イベント（たとえば，明日の午後3時に雨が降る）発生の事前確率（メッセージが受け取
　　られる前の確率）と事後確率（メッセージが受け取られた後の確率）の比率の対数で測定
　　される。したがって，私が明日の降雨確率を，たとえば30％と考えていたのに，雨の予報
　　を受け取った後は90％に修正した場合，天気予報の情報量は $\ln(0.9/0.3)=1.10$ である。た
　　とえば，私が天気予報を信用しておらず，確率をわずか50％に修正したにすぎない場合は，
　　天気予報の情報量は $\ln(0.5/0.3)=0.51$ と50％以上減少する。

3　アナリストは「期待は株価に焼き固められた」という表現をよく使う。

（80〜90％から低下した）と**一貫している**ということにすぎず，そういう財務指標**が投資家に開示されたとき**，実際にはどの程度利用可能なのか，つまり市場を動かし得るニュースであるのか，は述べていない。たとえば，もし財務報告書よりもアナリストの予想，経営者のガイダンス，産業トレンドなどの情報源が先に出ていたら，財務報告書はたいていの場合，投資家にとって情報価値が低いのだ（わずかな確認効果はあるが，この点に関しては後に触れる）。これまで論証してきたように，財務情報の有用性はタイムリーかどうか，すなわち新しさで決まる。

■ 先取り公表

2014年1月21日，通信業界の巨人ベライゾン（Verizon）が2013年第4四半期の業績を発表した。1株当たり利益（EPS）は1年前の同四半期から73.7％増で，収益は対前年比で3.4％増だった。確かに，素晴らしい業績だった。しかし，投資家は素晴らしいニュースを大あくびで迎えた――ベライゾンの株価は公表の前後でほとんど変わらなかったのだ。いったい，どうしてこんなことになるのか。73.7％のEPS成長率では二流だというのか。そんなことはない。だが，投資家はこの第4四半期の朗報に全く驚かなかった。この財務報告書は，ベライゾンをフォローしていたアナリストに完全に先を越されていたのだ。報告書の発表に先立つアナリストたちの利益予想のコンセンサスは，ベライゾンの実際のEPSよりわずか1ペニー少ないだけだった。それゆえに，財務報告書の情報は本当に素晴らしいものだったが，アナリストがその衝撃を盗み取っていたのだ。つまり利益報告は後出しの情報だったのである。したがって，投資家にとって財務情報が本当はどの程度寄与しているかを判定するためには，会計情報と株価の相関関係――われわれが先に行った分析――だけにとどまらず，財務報告情報が投資家の決定に与える影響を，競合する情報源と**比較して**検証しなければならない。そのような分析をこの後に行うことにしよう。

■ 財務報告書がタイムリーかどうかの測定

財務情報がタイムリーかどうか――新しい情報内容を含んでいるかどうか

―― を測定するためには，投資家にとっての主な情報源を考えて，これらの情報源 ―― すべてが企業の業績と価値を扱う ―― に対する**投資家の反応**に焦点を当てる。投資家の反応は，情報が発表された前後の株価の変化で判定する[4]。われわれが調べた業績関連情報は以下のとおりである[5]。

1. **財務報告書**：四半期および年次利益発表と，SEC への10-Q（四半期）および10-K（年次）報告書の提出[6]。したがって，この章では財務報告書に含まれるすべての情報を考慮に入れ，前章のように選択した項目だけに絞ることはしない。

2. **企業のその他の SEC 提出書類**：インサイダー取引を明らかにする 4-K のように，（会計以外で）企業が提出を求められる書類。そして，重要なビジネス事象に関して新開発（新製品，新契約，取締役の変更など）を公表する 8-K[7]。

3. **アナリスト予想**：アナリストが行う稼得利益や売上高の予想とその修正。

4. **経営者予想**：経営者が利益公表の前に出す予想と，将来の企業業績に関するガイダンスで，財務報告書とは別に発表されるもの。

これらは，株価に影響を与える企業関連の 4 つの主な情報源である。これ以外で株価に影響を与えるもののほとんどは，金利やインフレ率の変化予想や，規制の変更，急な経済の減速など，企業に直接関係するものではない。したがっ

---

4 幅広く使われているこの調査手法は「イベントスタディ」と呼ばれ，前章で実施された関係分析よりも，情報が受け手に与える影響をはるかに重視する。

5 同じようなアプローチを使用したのが，Anne Beyer, Daniel Cohen, Thomas Lys, Beverly Walther, "The Financial Reporting Environment: Review of the Recent Literature," *Journal of Accounting and Economics*, 50 (2010): 296-343. である。この研究で扱われている期間は1994年～2007年だが，われわれの研究では1993年～2013年である。

6 いくつかの企業は，利益の公表とともに将来の利益や売上高の予想（ガイダンス）を提供する。こういう予想は株価に重大な影響を与えるのが普通であり，利益公表そのものよりも影響が大きい場合も多い。会計情報（利益公表）と会計以外の情報（予想）を経験によって分離することは不可能なので，予想と一緒に公表される利益公表はこの分析から除外した。

7 財務報告（会計）情報を伴う提出書類はこの範疇から確実に排除して，カテゴリー1と明確に区別した。

て，ここで問われるべきは，会計以外の（財務諸表の情報源にとどまらない）経営者やアナリストの予想およびSECに提出する会計以外の書類と**比較して**，1年の間に財務報告（会計）情報が投資家の意思決定に与える固有の寄与とは何だったのか，である。たとえば前節のケースのように，利益公表の前にアナリスト予想があれば，投資家は予想の修正には反応する（修正前後で株価が大幅に変化する）が，その後の業績発表に対する反応は弱い（株価に変化はない）だろう。したがって，われわれの分析においては，情報として寄与したのは財務報告書（カテゴリー1）ではなくて，アナリスト予想（上のカテゴリー3）なのだ。

われわれは，この固有の情報寄与を1993年～2013年の21年間にわたって検証した。1993年からにしたのは，それ以前はアナリスト予想がほとんどなかったからである。必要なデータを備えた米国の上場会社はすべて，われわれの検証に含まれている。要約すると，上で述べた4つの情報源それぞれの有用性は，情報発表日を含む前後3日間の株価の変化で測定する。情報価値の高いメッセージは株価の大きな変化を引き起こすのに対し，情報価値の低いメッセージはほとんどの場合，株価を変化させない。こうした株価の変化についてサンプル企業の平均値を出すことにより，情報がタイムリーかどうか（投資家の意思決定との関連性）に焦点を当てた，当該情報独自の有用性の判定が可能になる。

ここでは前章で取り上げた問いよりもさらに深い問いを投げかけているので，財務報告書**固有の寄与**を，競合する情報源を考慮に入れて評価するため，必要となる統計学的手法はより複雑で，一定の統計学的知識を必要とすることになる。そのため，われわれが使う手法の技術的説明はこの章の章末付録に提示してあるが，以下の説明は一般読者にもわかりやすいものにしているので，どうぞご安心を。

■ 時間を巻き戻せ

図4.1では，先に述べた4つの情報源のうち3つ（経営者予想は図を乱すのを避けるために表示から取り除かれている）が投資家にどれだけ寄与しているかを提示している。グラフの縦軸に表示されたパーセンテージは，該当年に投資家が利用した全情報に対して各情報源が独自にどれだけ寄与しているかを示している。したがって，たとえば，グラフの左側（1993年）では，一番上の点は10％を

[図4.1] 投資家の情報に対する独自の寄与度：財務報告書，アナリスト予想，会計以外のSEC提出書類

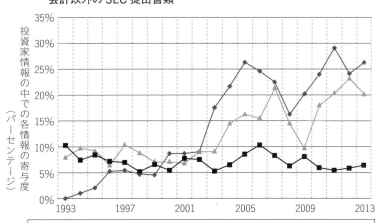

(注) 投資家が利用する全情報のうち，財務報告書，アナリスト予想，会計以外のイベントが寄与する割合（パーセンテージ）。全企業，1993年～2013年。

指し示し，情報源ナンバーワンの財務報告情報はその年の投資家の情報のうち独自に10％寄与していたことを意味している。これは比較的高い寄与度だ。なぜなら，他の2つの情報源（アナリスト予想とSECに提出する会計以外の書類）はグラフの初期にはほとんど存在していなかったからだ。しかし，図4.1で明らかになった最も注目すべき発見は，アナリストとSECに提出する会計以外の書類の情報寄与度が過去20年間に著しく高まった（2013年には，SEC提出書類とアナリスト予想は，それぞれ投資家が利用する全情報の25％と20％に寄与していた）のに対し，財務報告書（利益発表とSECに提出する四半期及び年次書類を含む）の寄与度は約半分に（10％から5～6％に）低下したという事実だ[8]。少なくとも会計士とわれわれのように会計学を教える者にとっては，実に悲しい事態である[9]。

図4.1で，特に2000年代初めから，投資家にとってアナリスト予想とSECに

---

[8] 図4.1の上から2つのカーブが示す2007～2008年ごろの落ち込みは，金融危機が原因である可能性が高い。当時はほぼすべての株価が暴落し，ファンダメンタル情報との密接な関係が断たれていた。

提出する会計以外の書類の有用性が高まっていることに注目してほしい。アナリストの予想は，主に SEC のレギュレーション FD（公平開示規則）（2000年に採用された）のおかげで，重要性を増して幅広く行われるようになった。レギュレーション FD により —— 特権を有するアナリストだけでなく —— 幅広いアナリストが直接企業情報を入手できるようになったからだ。この規則はアナリストの数を増やし，アナリストの提供する情報の質を高め，結果，アナリスト予想に対する投資家の信頼を高めた。図4.1はそのことを示している。企業の（会計以外の）SEC 提出書類に関していうと，SEC が公表を要求する重要なビジネス事象（新しい契約，取締役の異動など）の範囲を拡大したのに伴って，とりわけ 4-K と 8-K の提出書類の数と影響が格段に高まった。企業関連の情報が株価に与える影響はますます大きくなっているが，財務（会計）情報は，よりタイムリーで有用性の高い競争相手に対して劣勢になりつつあるのだ。

会計の寄与度を矮小化していないか？

われわれは，アナリスト予想と企業の SEC 提出書類が投資家に相当の情報を与えていて，その後の利益発表に取って代わることも多いことを示した。これは，初期の草稿を読み，アナリストのメッセージをその後の利益発表と切り離すことはできないと主張する人々から反対された。なぜなら，報告された利益に照らし合わせて予想の正当性を実証できてはじめて，予想は有用なものになるからである。言い方を変えると，利益を公表しなければ，いくら予想者が誠実であっても，ほとんどの場合，アナリストの推定は有用でなくなるだろうというのだ。この主張にわれわれは賛成しかねる。投資家がアナリストの予想と予想の修正の**公表**に強く反応するという事実は，投資家がアナリストを企業の将来の事業についての情報に通じた専門家と考えていることを意味している。天気予報 —— 嵐に襲われる心配のある避難すべき地域 —— に対する人々の反応にも同じことが言える —— これは後で嵐が実際に襲うかどうかとは関係ない。

9　同じような結論に，Ray Ball and Shivakumar Lakshmanan, "How Much New Information Is There in Earnings?" *Journal of Accounting Research*, 46 (2008): 975-1016. が達している。「われわれは，平均的な四半期発表は，すべての年次［投資家］情報の約1％から2％と関連していると結論づける」。

たとえ四半期報告書が廃止されても，年度の進行に伴って企業の事業についての情報を投資家に与えてくれる専門家（たとえば，アナリスト）に対する需要は確実にあるだろう。どちらかといえば，四半期報告書がなくなれば，この需要はより大きくなるだろう[10]。

　財務報告書が現在寄与しているのは，主に投資家の情報を**更新する**という点だ。すなわち，予想と現実の違いを際立たせるのだ。EPSが1.80ドルという予想コンセンサスに対して，発表されたEPSが2.00ドルなら，投資家たちは当該企業の業績評価を上方修正する必要があると知る。それこそが，利益発表によって与えられる情報である。しかし注意してほしい。われわれはサプライズをもたらした利益発表の前後3日間の株価の反応を判定することでこの情報の寄与を完全に把握して，それを**図4.1**でカテゴリー1 —— 財務（会計）情報の寄与 ——に当てはめた。だから，われわれは会計を正当に扱っており，それ以上でもそれ以下でもない。われわれの分析で把握できないのは，財務報告書のややとらえどころのない「背景としての役割」だ。これらの報告は当該企業の財務的な歴史を提供し，投資家が他の情報項目（たとえば，新しい契約など）をより正しく解釈できるようにしてくれる。だから，財務（会計）情報の実際の寄与度は，5％よりも多少高いかもしれないが，この情報の重大な欠点を考慮すると（本書の第2部参照），大きく上回ることはないと，われわれは考えている。

■ 小　括

　この章で使用した調査方法によって，競合する情報源に対する財務報告書独自の情報寄与 —— 報告書のメッセージに含まれる，意思決定のきっかけとなる新しい内容 —— に焦点を当てることが可能となった。驚くべきことに，企業の事業に関連する情報（SEC提出書類など）が投資家の意思決定に対してますます大きな影響を与えるようになっているのに対して，その情報に企業の四半期・年次報告書が寄与している割合はごくわずかであることが判明した。確かに，会計の影響力は弱まっている。

10　報告された利益は，投資家が個々の予想者の正確性を評価できるようにするという点で有用である。

章末付録4.1

1993～2013年の各年に関して，図4.1は，投資家情報に対して企業関係の３つの情報源が独自にどの程度寄与しているかを示している。(1)財務会計報告（四半期利益発表，10-K書類，10-Q書類，及び関連書類），(2)企業の会計以外のSEC提出書類，(3)アナリスト予想。経営者予想（経営による利益ガイダンス）は分析には含まれていたが，図4.1には表示されていない。ある暦年の特定の情報源独自の寄与度は，当該年のその情報源に関連づけられる部分的なR^2で測定される。財務（会計）報告──情報源(1)──に関する部分的なR^2を算出する手順は以下のとおりである。

第１に，各四半期に関して，ある企業の株を四半期間にバイアンドホールドした場合の企業の株式の異常リターン（CAR）を，以下の３つのタイプのイベント（情報源）のそれぞれと関連づけ３日間バイアンドホールドで運用した場合の異常リターンへ回帰する。その３つとは，企業の会計以外のSEC提出書類（CAR_SEC），アナリスト予想（CAR_AF），経営者予想（CAR_MF），つまり当該四半期に起こった会計以外のイベントだ。クロスセクション回帰モデルは以下のようになる（当該年の四半期をプールして分析）。

$$CAR_{jt} = a_t + b_t CAR\_SEC_{jt} + c_t CAR\_AF_{jt} + d_t CAR\_MF_{jt} + \varepsilon_{jt}, \tag{4.1}$$

ここでjとtはそれぞれ，企業と年を表す下付文字だ。この回帰の残差がε_{jt}である。

第２に，当該暦年の間に発表された当該企業の財務会計報告書と関連した３日間，バイアンドホールドで運用した場合の異常リターン（CAR_FAR）を，会計以外の３つのイベントに関連する異常リターン（企業の（会計以外の）SECへの提出書類（CAR_SEC），アナリスト予想（CAR_AF），経営者予想（CAR_MF））へ回帰する。回帰モデルは以下のようになる（当該年の四半期をまとめてある）。

$$CAR\_FAR_{jt} = \alpha_t + \beta_t CAR\_SEC_{jt} + \chi_t CAR\_AF_{jt} + \delta_t CAR\_MF_{jt} + \rho_{jt}, \tag{4.2}$$

この回帰の残差はρ_{jt}である。

最後に，年ごとに最初の回帰の残差（ε_{jt}）を，第２の回帰の残差（ρ_{jt}）へ回帰する。

$$\varepsilon_{jt} = \kappa t + \gamma \rho_{jt} + \theta_{jt} \tag{4.3}$$

この回帰のR^2（式（4.3））が，特定の年に企業の財務報告書が投資家情報に独自に寄与する割合であり，図4.1の一番下の折れ線で表示されている。企業のその他の情報源──企業のSEC提出書類，アナリスト予想，経営者予想──が独自に寄与する割合も

同じように算出され，**図4.1**に表示されている[11]。

　ある情報源が第1四半期の間に複数のイベントを含んでいたら（たとえば，特定の四半期に経営者が2つ以上の利益ガイダンスを発表する），この情報源に対する異常リターンは，個々のイベントすべてに対する異常リターンの合計である。特定の情報源に対しては，他の情報源のイベントと同時発生していないイベントのみが含まれている（たとえば，四半期利益の公表と同じ日になされた経営者予想は排除されている）。**図4.1**に含まれているサンプル企業はすべて，必要なデータがある米国の上場企業で，Compustat，CRSP，I/B/E/S First Call，S&P SEC Filings Database から抽出されている。

11　経営者予想の寄与は，表示を乱すのを避けるために，図には表示していない。

第5章

投資家のせいか，会計のせいか？

前章までは，財務報告情報の価値関連性が急速に失われていることを述べた。しかし，そのためになぜ会計が非難されるのだろうか。もしかすると投資家側の洗練さや合理性が徐々に失われ，気まぐれや興奮に支配されるようになり，それゆえに潜在的には有用な会計情報がないがしろにされているのではないのか。したがって，本章では投資家と資本市場から切り離して会計の有用性をテストすることで，会計そのものにスポットライトを当てる。投資分析において報告利益の主要な用途が将来の企業業績の予想であるという前提のもとで，われわれは以前に報告された利益によって将来利益を予想できる正確性を検証する。その結果，正確性が継続的に失われていることを発見した。それは，企業業績を予想するための報告利益の力が顕著に劣化していることを意味する。価値関連性は再び失われた。

■ 投資家は非合理か？

前章までの検証から判明したことは，以下のとおりである。①過去60年にわたり，株価形成に対する利益，純資産，その他の主要財務指標の役割は急速に縮小した。②情報の適時性や投資家の意思決定への有用性という点で，財務報告情報（利益や純資産にとどまらず）はより即時的で適切な情報源によって徐々に取って代わられた。財務報告書が公表された時にはすでに情報としての輝きを失っていた。

78 ◆ 第1部 事　実

　大規模な経験的データにきちんと基づいているにもかかわらず，株価と財務情報という2つの変動する要素から導かれているため，われわれの結論は批判にさらされるかもしれない。われわれが本来示してきたことは，この2つの関係性が過去半世紀にわたって深刻に侵食されてきたということである。これは会計情報と投資家の意思決定との間の溝が急速に広がったことを意味している。それで，われわれは財務情報の有用性の低下を堂々と非難しているのである。しかし，われわれに疑問を呈する同僚もいる。もし，株価が犯人だったらどうするのか。投資家が心理要因，ムード，気まぐれといったものに徐々に影響されるようになり，だんだんと合理的でなくなり洗練さが失われてきているのではないのか。1990年代後半のITバブルは，そうした投資家の非合理性の典型的な例ではなかったか[1]。おそまつなビジネスモデルに基づいた何百ものITベンチャー（dot. com startup）が，投資家から何十億ドルもの資金を集め，その後ほどなくして消え去っていった[2]。このような投資家は，ファンダメンタルズ（売上やビジネスモデル）に基づいてITベンチャーの将来性を評価するのではなく，膨れ上がる損失や架空の資産といった固い（hard）事実に目をくれず，「クリック数」や「閲覧数」といった立証されていない尺度に依拠していた。このことは投資家側の明白な非合理性の証拠にはならないのか。そして，最近の何百ものバイオベンチャーが現預金を急速に費消し，深刻な損失を計上しているにもかかわらず，何十億ドルもの時価総額がついている事実はどうだろうか。もし，実際に投資家が徐々に非合理的で皮相的，妄想的になってきているのであれば，たとえ最高の情報システムであっても株価とのリンケージの悪化は避けられないであろう。それなのになぜ会計がやり玉にあげられるのか。

　もちろん，われわれの得た証拠をこのような投資家の非合理性で説明することには明らかに欠陥がある。特定の投資家が時に非合理的であり愚かであったとしても，それだけではわれわれが主張するように株価と財務情報の関連性が*劣化*してきていることの説明には不十分である。投資家の何人かは確かにそうであろう。しかしながらこの関連性が劣化してきていることを示すには，投資

1　2013年にノーベル経済学賞を受賞したロバート・シラー（Robert Shiller）は，投資家の合理性に関する研究が主な受賞理由となった。詳しくは著書 *Irrational Exuberance* (Princeton University Press, 2005). を参照。

2　ITバブルは2000年に崩壊し，NASDAQは50%下落し，その影響は2002年まで続いた。

第5章 投資家のせいか，会計のせいか？ ◆ 79

家が過去半世紀にわたって徐々に非合理で洗練さが失われてきていることを示さなければならないだろう。1950年代や1960年代よりも1990年代の方がより非合理的であり，1990年代よりも2000年代の方が洗練さが失われていなければならない。このような継続的な非合理化を示す証拠はあるのだろうか。それは存在しない。逆に，教育と経験からの学びによってすべての過程は統制されていることはよく知られていることであり，投資行動もこのような過程に含まれることは明らかである。したがって，それによって意思決定は時とともに改善され(学習曲線の上昇)，悪化することはない[3]。実際に，1990年代のITベンチャーへの熱狂は，2000年代のいわゆるソーシャルメディア企業や代替エネルギー企業に対しては繰り返して起きることはなかった。注目を集めたフェイスブック(Facebook)の上場（2012年）の時であれ，投資家は深い懐疑心を抱いて対応し，株価は下落した。財務報告情報を利用する投資家の能力が大きく劣化しているわけではないなかで，財務報告書情報がその有用性を維持していることはまずあり得ないのである。

　しかしながら，問題の大きさからして，情報利用者の一部の集団の行為を理由とせず，財務情報の有用性のすべてを網羅したより実感のある証拠を提供することはわれわれの責務である。以下では，財務情報の主要項目である利益(純利益）に焦点を当て，これを試みる。

3　投資家が失敗から学ぶことは多くの証拠が示唆しており，したがって資本市場の効率性と合理性とは向上する。たとえば，1990年代に，キャッシュ・フローに比べて報告利益が高い（会計発生高が大きい）企業に投資家が広く浮かれたことがあった。高い利益に夢中になった投資家はこのような企業に多額を投資したが，たった1年か2年で投資先企業の株価は下落し，このような利益が脆弱（しばしば操作されていたり，巨額の特別項目を含んでいる）なものであることが明らかとなった。しかしながら，このような投資家の明らかな失敗──スローン教授（UCバークレー）のいう「会計発生高アノマリー」──は2000年代に改善され，巨額の会計発生高（利益がキャッシュ・フローよりも高い）は投資家にとってもはや魅力的ではないという証拠が示されている（Jeremiah Green, John Hand, and Marl Soliman, "Going, Going, Gone? The apparent Demise of the Accruals Anomaly," *Management Science*, 57 (2011): 797-816. を参照）。

80 ◆ 第1部 事　実

■ 将来に目を向ける

　ビジネスについて豊かな造詣を兼ね備えたヘンリー・フォード（Henry Ford）が「歴史は多かれ少なかれホラ話だ」と言ったことは有名だ。そうだとすれば，なぜ企業の財務報告書に誰もが興味を持つのか。結果として，それらは完全に歴史的な情報であり，完璧に正確でもなくきわめて適時的というわけでもなく，過去の年度または四半期での企業の業績（売上，利益）と財政状態（資産，負債）を描写しているにすぎない。企業の将来キャッシュ・フロー，製品，市場シェアといった未来の業績に基づいて行われる投資家の意思決定のために，そのような過去志向情報はどのようにして有用性をもつのだろうか。2012年初めから2013年終わりにかけてアップル（Apple）の株価は40％近くも下落したが，それは依然として輝いている過去または直近の業績が悪化したことによる反応ではなく，むしろ，革新性の継続やスティーブ・ジョブズ（Steve Jobs）によってけん引されたアップルのイノベーション，サムスン（Samsung）をはじめとした競合他社による侵食への懸念によってである。過去の財務報告に対するアナリストの分析ではなく，彼らの*予想*が市場を動かしている。

　では，失望する利益公表に株価が反応することに象徴されるとおり，なぜ投資家は財務報告書に興味を持つのだろうか。その答えは，ヘンリー・フォードの言葉とは裏腹だが，ある一定の範囲で過去の業績はそれが繰り返される傾向があると人々が一般に信じているからである[4]。だから，過去の売上や利益から，将来の企業業績について知ることができるのである。事実，いくつかの説明によってこのような考え方を正当化できる。制度と同様に，政府や営利企業といった社会的組織の多くはある種の「経路依存性」を有する。すなわち，制度や組織の進化は，部分的にではあるが，自らがやってきた道とその過程で起きた変化の大きさ（大型のM&Aなど）によってできあがった自身の歴史に依存する[5]。言い換えれば，経路依存性とは，歴史が将来の進化に影響を与えるということである。歴史は重要である。

　大手石油会社のエクソン（Exxon）を例にとってみよう。同社の2012年の449

4　「歴史は繰り返さない，歴史学者だけは繰り返す」と皮肉を込めて言う人もいるが。

億ドルという驚異的な純利益は114の国連加盟国の2011年のGDPよりも大きかったが，それは見せかけではない。エクソンは何十年にもわたり，世界中の純利益額ランキングのトップに位置している。なぜか。その主たる理由は経路依存性である。2012年のエクソンの約450億ドルの利益は，創業者のジョン・D・ロックフェラー（John D. Rockefeller）のビジネスの才覚，何十年にもわたる石油の探索と掘削への巨額の投資，熟練した従業員，政府や高い満足度をもつ顧客や信頼してもらっている投資家との世界規模の関係性を地道に築いてきたことの産物である。過去の物的，人的資本への投資はすべて，永続的に持続することが期待できる同社の発展と成長への道を開いてきた。たとえ，エクソンバルディーズ号石油流出事故（1989年3月）のような大規模な自然災害があっても，振り返ってみれば同社の強固な成長の経路のなかでは，しゃっくり程度のことであった[6]。

　すべての営利企業の進化において一定の経路依存性があるとすると，過去の財務報告書は将来業績の予想のための基盤を提供する——もちろん経済の状況（リセッション）と環境（大規模リストラクチャリング）の予測可能な将来変化を考慮したうえで——。体系的な投資研究の「父」と呼ばれており，コロンビア大学でウォーレン・バフェット（Warren Buffett）を指導したベンジャミン・グラハム（Benjamin Graham）は，古典的著作『証券分析』（Security Analysis : Principles and Techniques）の中で，「将来への示唆がないなかにおいて，われわれは過去の（利益の）実績を少なくとも将来判断のための出発点として受け入れている」（1951年，425ページ）と述べている。ウォーレン・バフェットはこのアプローチを洗練させ，過去の利益の長期平均値は一時的な変動が平準化されているため，企業の将来利益の予想のより良い指標になると主張している。

5　たとえば，Kenneth Arrow, "Path Dependence and Competitive Equilibirium," in *History Matters : Essays on Economic Growth, Technology, and Demographic Change*, ed. William Sundstrom, Timothy Guinnane, and Warren Whatley (Stanford, CA : Stanford University Press, 2003). を参照。

6　ブリティッシュ・ペトロリウム（British Petroleum : BP）に何百億ドルもの損失を与えた2010年のメキシコ湾での原油流出事故のようなより深刻な事故でさえ，同社を世界の主要石油会社のグループから引きずり下ろすことはなかった。本書を執筆している2016年の過剰供給による原油価格の下落は，石油会社にとっては，よりゆゆしき事態となるかもしれない。

もし読者が今どこに向かっているのか，わからなくなっても安心していただきたい。われわれは，将来の企業業績を予測する際に利益を用いることを正当化する経路依存性の道の上を進んでおり，それは財務情報の有用性の次なるわれわれの検証の基礎を提供する。以下では，過去半世紀にわたる，将来の企業業績を予想するための報告利益の能力を検証する。それは会計情報の有用性の代替的な検証であり，株価形成における投資家の合理性と洞察力とは独立した，つまり資本市場と距離を置いた検証である。

■ 企業利益を予想する

いま2012年1月の初めで，新年の抱負を達成するために，読者の皆さんは自身の投資ポートフォリオを見直しており，とりわけエクソンへの重点投資を考えているとしよう。すでに最近の原油価格の大幅な値動きについては学習しており，当然のこととしてエクソンの将来業績への影響について懸念している。まず手始めに，エクソンの2012年通期利益の妥当な予想値と同社の正常・株価収益率（P/E ratio）を使って年末の株価を予想したいと考えている。グラハムとバフェットの手法（前述）に従えば，2012年のエクソンの妥当な予想利益額は，最新の2011年の報告利益410.6億ドルであろう。しかしながら，読者の皆さんはそれ以上に良い予想ができることを知っている。他のほとんどの大規模な公開会社と同様に，エクソンもこれまで成長を続けており，2011年のエクソンの利益額に過去5年の平均利益成長率である3.6%を加味することで，単純な前年の利益に比してより良い予想を立てることができるだろう。したがって，2012年のエクソンの利益は，2011年実績の410.6億ドルに3.6%の成長を加えた425.4億ドルと予想できる。

実際，エクソンの2012年の利益は予想よりやや上振れした448.8億ドルとなった。しかしながら425.4億ドルという予想には先見の明があった。実際，実績利益との誤差はたったの5.2%（（448.8億ドル−425.4億ドル）/448.8億ドル）であった。単純な予想としては上出来である。エクソンは17名のアナリストがフォローしており，そのすべてがエクソンと石油・ガス業界の専門家だが，2012年1月時点での年間利益の彼らの予想の平均値（コンセンサス）は462.7億ドルであり，実績利益を3.1%ほど上回っていた。驚くなかれ，読者の皆さんは専門家たちと

同じリーグに属しているのだ。

　もちろん，昨年の利益に平均成長率を加味するという上記の方法に比してより洗練された利益予想のモデルを考案する人もいるだろう。連邦準備銀行による量的金融緩和政策の打ち切りによる利子率の上昇や，差し迫った企業買収といった予想される出来事を考慮に入れることで，予想の正確性は改善するだろう。しかし，本章でのわれわれの目的は最高の利益予想モデルを開発することではなく，むしろ将来の利益を予想するための報告利益の能力または有用性に焦点を当てることである。この特別な目的のためにわれわれの検証は設計されている[7]。

　長期間での報告利益の有用性の評価という目的に戻ろう。われわれは，半世紀にわたって必要なデータが入手できる米国の数千の全上場会社の大規模サンプルを使い，上述した利益予想モデルを用いて投資家が過去の利益から将来利益を予想する際の報告利益の有用性の変化を検証する。われわれは全サンプルにおける年間の予想誤差率（報告利益から予想利益を控除し，報告利益で除したもの），つまり前のエクソンの例であれば5.2％に焦点を当てる。ここで技術的ではあるが深刻な問題に直面する。たとえば，1,000社の平均利益予想誤差を計算する場合，正（下振れ予想）と負（上振れ予想）の企業ごとの誤差がそれぞれ広範囲に打ち消し合ってしまうのである。よって，大きな正と負の予想誤差を生み出してしまう貧弱な予想モデルは，各企業の予想誤差が全サンプルで平均的である時にのみ有効である。そこで，個々の企業の誤差の「絶対値」を考えた方が賢明である。いわば，符号を取った誤差である（＋5.2％と－5.2％を単に5.2％として分析に用いる）。符号の向きにかまわず，利益誤差の*程度*に焦点を当て，全サンプルの予想誤差の絶対値を平均するのである[8]。これがわれわれの採用し

7　余談だが，他の予想項目（たとえば量的緩和政策打ち切り後の利子率の期待上昇率）を考慮に入れた予想モデルは，それらの予想項目の誤差から生じる追加的な不正確さに左右されることになる。つまり，調整済みの報告利益にのみ依拠するわれわれの予想モデルは，それらの“より洗練された”モデルと比べて当てはまりが勝っているかもしれない。たとえば，Joseph Gerakos and Robert Gramacy, *Regression-Based Earnings Forecasts*, working paper (Chicago : University of Chicago, 2013). を参照。

8　よく研究者に用いられる代替的手法は，「二乗平方根」の計算である。つまり誤差の二乗を計算し，それらを平均し，そして平均値の平方根を求める方法であり，これもまた誤差の符号を除去できる。

た方法である。

■ そして結果は……

　図5.1は，最終利益と，より意味のある ROE（return on equity）という，広く使われている2つの業績指標の年間予想誤差の絶対値の中央値を示している。ROE はサンプル企業の規模の違いを考慮に入れた指標である。要約すると，個々の企業の翌年の利益（または ROE）は，前年の利益（または ROE）に過去3年の平均成長率を加味して予想する。1954年から2013年までの各年で，全サンプルの企業ごとの予想誤差の絶対値の中央値が計算され，図5.1での各点が導き出される。われわれは3年平均成長率をもとに作成した図5.1を，3年平均とは大きく異ならない5年平均成長率によって計算した予想誤差でも作成したが，図5.1と全く異ならない結果を得た。

　図5.1の意味は読み違えようがないだろう。年間予想誤差の中央値は，利益とROE ともに過去半世紀にわたって急激に，そして継続的に上昇している[9]。たとえば，図5.1での利益の予想誤差の中央値（左軸）は，9％から20％へとほぼ倍増している。9％の予想誤差（実績利益から予想利益を控除し，実績利益で割っ

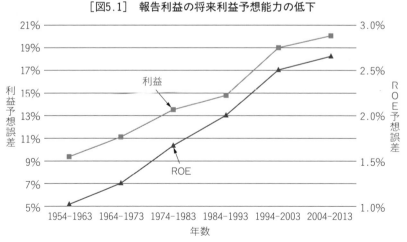

[図5.1] 報告利益の将来利益予想能力の低下

（注）全企業の1954年から2013年までの，過去の報告利益から推測される1年後の利益（またはROE）の予想誤差の絶対値の中央値。

たもの)は，過去の報告年間利益のみから計算された12カ月先の予想値としては理にかなってよく予想できていることを示唆している。20％の誤差は予想ではなく，むしろ信頼性に劣る。ROE 予想（右軸）はより一層の正確性の悪化を示している。結論は，投資家による利益の主要な利用方法である将来の予想において，報告利益の有用性は徐々に失われてきている，ということだ[10]。この利益有用性の低下の証拠は前章までの証拠と明らかに一貫しているが，重要なことは，本章で行った予想に依拠した証拠は投資家の理解度や財務情報の利用の適切性に依拠していないということである。つまり，3つの全く異なる研究手法（2つは第3章と第4章で，1つは本章で）を用いても，財務報告書の有用性の喪失について同様の結果を得たことになる。

■ 理由はどこに

　報告利益による企業業績の予測能力が急速に悪化している理由を読者の皆さんが理解したがっていることをわれわれは知っている。企業の業績を反映するよう会計規制機関が利益の質の向上にいろいろと資源を投入し，かつ報告利益の健全性（誠実性）を高めるために規制機関（SEC，PCAOB）が強制履行を義務づける行動を取っているにもかかわらず，主たる財務項目である利益の有用性はどうして劣化するのであろうか。皮肉にも，こうした極めてまっとうな努力に，利益の予想能力の悪化の主たる理由が潜んでいるのである。まさに意図せざる結果なのである。

　本書の第2部において財務情報の有用性が喪失した理由を完全に説明する前に，まずは読者の興味を満たすために，利益の予想能力の劣化の主たる理由を

9　年ごとの予想誤差の変動を平準化するために，1954年から1963年，1964年から1973年といったように連続した10年間でそれらを平均した。それを示したのが図5.1である。創業から日が浅かったり，変動が激しい企業といったような信頼性の劣る予想を全体的に排除するために，年間利益成長率が＋15％から−15％の間の企業に各年のサンプルを制限している。

10　キャッシュ・フローは会計利益よりも企業業績の予想に資する，という驚くべき事実はいろいろな実証研究で明らかにされている。その結果は，ここでのわれわれの発見と一貫している。Baruch Lev, Siyi Li, and Theodore Sougiannis, "The Usefulness of Accounting Estimates For Predicting Cash Flows and Earnings," *Review of Accounting Studies*, 15 (2010)：779-807. を参照。

86　◆　第 1 部　事　　実

　かいつまんで説明すると，それはいわゆる **一時的項目** の激増である。それら
は，四半期または年次の利益に含まれた，来期以降には発生することのない収
益と，とりわけ費用項目である。それらの散発的だが，しばしば報告利益に大
きな影響を与える項目が，過去の利益による将来利益の予想能力を失わせてい
るのである。それはまるで，大規模な人口変動や悲劇的な出来事にしばしば影
響され，過去の選挙結果が将来のそれの予測のためには役立たなくなってしま
うのと同様である。たとえば，防衛・宇宙事業を手がけるユナイテッド・テク
ノロジー（United Technologies）は，業績改善を狙った製造部門の統合と人員削
減に起因して発生した258百万ドルの構造改革費用を2012年の第 4 四半期に計
上した[11]。この構造改革費用の計上によって，2012年第 4 四半期の利益は前年同
期比で27％減少した（EPS で1.44ドルから1.05ドルへ）。明らかに，この尋常でな
い低い利益額は将来のユナイテッド・テクノロジーの利益の指標としてはおそ
まつであり，構造改革の努力が同社の業績の向上に結びついた場合には，なお
さらそうである[12]。

　ここ数十年間にわたる会計規制は，貸借対照表の資産と負債の評価の改善を
志向して，たとえば資産やのれんの減損処理や資産と負債の市場価値評価を義
務づけることによって利益や損失が発生し，その結果，企業の利益のなかに多
くの一時的な臨時項目が含まれることへとつながった。こうした規制が広がっ
たことで，報告利益が企業業績を反映し，将来利益の予想に資するという能力
に大打撃を与えてしまったのである[13]。ユナイテッド・テクノロジーの例のよう
に，これらの項目は報告利益のボラティリティを高め，それによって将来予想

11　構造改革費用とは，従業員のレイオフ，部門閉鎖，損失を伴う資産売却といった事業の
　構造改革に伴って生じた費用のことである。
12　これと関連して，最近の研究では会計発生高（利益の非現金項目）とキャッシュ・フロー
　の関連が過去半世紀で劇的に低下しており，最近ではほとんど消失している，と報告され
　ている。この理由として，著者は「一時項目と営業外項目の増加をわれわれは発見してお
　り……会計発生高とキャッシュ・フローの関連性の減少のうちの約63％をこれによって説
　明できる」と序章で述べている。Robert Bushman, Alina Lerman, and Frank Zhang,
　The Changing Landscape of Accrual Accounting. working paper (Chapel Hill :
　University of North Carolina, 2015). を参照。
13　こうした報告利益の「ダメージ」の多くは，1980年代の FASB による資産と負債の公正
　価値（時価）による評価を会計の主たる目的とする，いわゆる「貸借対照表アプローチ」
　によってもたらされた。

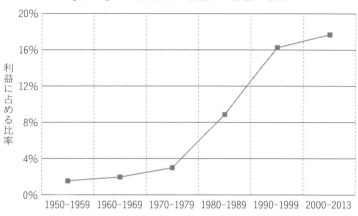

[図5.2] 一時的項目の利益への影響の増加

（注）1950年から2013年までの，純利益に対する損益計算書の「特別・臨時項目」の平均比率。

能力を侵食した。もし，あなたが「一時的」項目が有害な潜在力をもつことに疑問を持つならば，図5.2を見てほしい。図5.2は，黒字を計上したすべての米国上場会社を対象に，ほとんどの一時的項目が計上されているカテゴリーである損益計算書の「特別・臨時項目」の利益に対する比率の平均を示している。利益に対して 2 ％以下だったものが17％へときわだって上昇している。これは報告利益に対する一時的項目の影響度が継続的に上昇していることを鮮明に示しており，将来業績の予測指標としての利益の有用性を失わせている[14]。もちろん，一時的項目は利益の有用性を悪化させる唯一のものではないことは第 2 部で示すつもりでいるが，それにしても大きな悪影響を与えている。

投資家や債権者などが，「利益は市場を動かす」として明らかに重要だと思っ

---

14 われわれに対して規制当局者はこう反論するだろう。「もし一時的項目が利益の有用性を悪化させているのなら，投資家はそれらの項目を*除去した*利益を計算しているはずである。何が一体問題なのだ」と。言うは易し行うは難し，である。多くの一時的項目やそれらの構成要素は，他の損益計算書項目に「埋められて」おり，投資家が利益からそれらの一時的項目をすべてきれいに分離することはほぼ不可能である。たとえば，ギリアド・サイエンス（Gilead Sciences）の2013年第 2 四半期の報告書には通期業績のガイダンスが記載されており，研究開発費と販売費及び一般管理費の中に買収関連費用と構造改革費用といった一時的項目が含まれていると説明している。しかしながら，ほとんどの企業は損益計算書項目に含まれている一時的項目を開示していない。

ていたボトムラインという指標の有用性が，このように大幅に低下したことの
もつ意味は重大である[15]。

■ 投資家への警鐘：会計上の損失の意味は以前とは異なる

「損失は利得よりも力強く現れる」とエイモス・トベルスキー（Amos Tversky）
とノーベル経済学賞を受賞したダニエル・カーネマン（Daniel Kahneman）が述
べたことは有名だが，それは人々は利得を得ようとするよりも，極度に損失を
恐れるという意味である[16]。それで損失を計上することは企業とその構成主体
にとっては重大事であり，したがってそれは企業が問題を抱えていることの信
頼できるシグナルであって，誤報ではない。さらに驚くべきことに，企業によ
る損失報告のほとんどは会計手続によって生じており，企業のファンダメンタ
ルの恒常的な悪化を真に反映したものではないということだ。このことは投資
家に対する偽りを含んだ高価な警鐘である。

　では，どのようにしてこれを知ったのか。過去50年間にわたり毎年，われわ
れは米国の規模で上位1,000社を ROE（純利益÷純資産）によって順位づけし，
損失を計上するきわめて悪い業績の企業が占める第1十分位（10%）に焦点を
当てた。読者の皆さんはこのゾーンには入りたくないだろう。そのゾーンでわ
れわれにとって最重要なサンプルを用いて説得力のある検証を行う。もし貧弱
な利益が本当に企業のファンダメンタル（営業の失敗，陳腐化した技術）によっ
てもたらされていたら，それらは通常はすぐには変わらない（ブラックベリー
（Blackberry）やノキア（Nokia），コダック（Kodak）といったような，現実に倒産

15　報告利益の有用性の低下を指摘している研究者はわれわれだけではない。会計規制に示
　唆に富む批判を加えているエモリー大学のイリア・ディチェブ（Ilia Dichev）教授は，「利
　益は，会計システムの最も重要な産物の1つである。したがって，直感的には，財務報告
　の改善は利益の有用性の改善へとつながらなければならない。しかしながら，（FASB によ
　る）貸借対照表アプローチの継続的な拡大は，正常な営業利益を導き出す過程において明
　らかにノイズとなるさまざまな資産再評価の影響を主として通じて，将来志向の会計の有
　用性を徐々に破壊している」と述べている（"On the Balance Sheet-Based Model of
　Financial Reporting," Occasional Paper Series, Center for Excellence in Accounting
　and Security Analysis, Columbia Business School, 2007, p.2.）。

16　Daniel Kahneman and Amos Tversky, "Prospect Theory : An Analysis of decisions
　Under Risk," *Econometrica*, 47(2) (1979) : 263-292.

する前に何年ももがいていた企業を想像してほしい）。ゆえに，ある年に最低の十分位に順位づけされた企業は，翌年も最も収益性が低い十分位にとどまっている傾向が見て取れるだろう。人生と同様に，企業においても本当の弱者は弱者のままであり続ける。逆に，もし利益が企業のファンダメンタルとは離れて偶然，または会計規則によって大きく影響されていたら（無形資産投資の費用化），ある年に最低の十分位に順位づけされた企業の多くは，翌年以降にはこの不名誉な位置づけから脱しているかもしれない[17]。

　われわれの分析では，1950年代および1960年代には，ある年に最も収益性が低い十分位に順位づけられた企業の60%はその後の期にも同じ十分位にとどまっていた。この残存率は1970年代には50%に低下し，1980年代には45%にまで下がり，現在では40%となっている。つまり，近年では損失を計上した企業の60%は実際の損失計上ではなく，したがってその後の期には業績は回復し，わずかな損失または利益を計上しているのである。つまり，読者の皆さんが投資している企業が損失を計上した時は，狼狽したり落ち込む前にその損失の理由を注意深く確認した方がよい。それらは費用処理，会計処理変更の影響，または単に運が悪かったという一時的なものであろう。

■ 小　　括

　投資家は企業の利益に注目する。なぜなら，それらが将来業績の前兆であると広く信じられているからだ。それこそが，利益が「市場を動かす」といわれるゆえんである。本章で行った検証はこの信念を葬り去ってしまった。報告利益はもはや将来の企業業績を予想するための信頼できる基盤を提供しておらず，それは複数の再現性のない臨時項目によって利益を汚染させる一連の会計規制に起因している。全くのノイズである。計上された損失は，深刻な営業上の問題の信頼できる指標であった過去の損失とはもはや別のものである。教訓は，企業業績を評価したり，企業の将来を予想する際には，投資家は利益ではなく，

17　もちろん，これは「平均回帰」というよく知られた現象の結果であり，つまり，ある期の外れ値はその後の期には平均値に近づく傾向がある。このような平均への回帰へのスピードは，観測対象（われわれの場合は利益）への利益獲得の機会や臨時項目の影響を受けることを示唆している。

第3部で提案されているようなより信頼できる他の指標を用いるべきである。この教訓は，投資意思決定に際して，主として利益と PER といった少しだけの要約指標に頼ってしまいがちな個人投資家にとってはとりわけ重要である。

第6章
結局，やはり確信がない

　財務アナリストが分析している会社の将来予想に対する確信のなさ，または曖昧さをわれわれが測定したところ，それらはこの30年間で拡大してきた。この興味深い事実は，少なくとも部分的には，アナリストが頼りにしている主要な情報源である企業の財務報告書の質の悪化に起因している。このことは財務情報の有用性の低下に関する，われわれのこれまでの検証結果を補完するものであり，財務アナリストという資本市場の主たる専門家にさえも影響を与えていることを意味している。

■ されど会計は複雑だ

　われわれが前章までで行った会計の有用性に関する一連の検証について，最後によく耳にしてきた批判を一言で要約すれば，「会計は複雑だ」ということだろう。世界に展開し，激しく競争し，変化が速く，そして革新的な現代の企業の事業と財政状態を描写するためには，高度に洗練され，繊細で複雑な情報システムを必要とする。ほとんどの投資家と債権者にとって，この情報システムは本当に曖昧で，混乱させるものですらあるかもしれず，さらにわれわれが実証したように株価と財務情報との間の亀裂は広がってきている。企業の複雑性を投影する必要性から，財務報告の多くの情報は専門家のみを対象とするしかないとも論じられてきた。実際，資産と負債の公正価値（その何が公正なのか），のれんの減損，オフバランス資金調達，特別目的会社やその他の近年の財

務報告規制に特徴的に表れる会計専門用語を，専門家以外の誰が理解できるというのだろうか。この複雑な情報に対する平均的な投資家の反応を検証することは本質的洞察を欠いており，だからこそ議論が必要なのだ。

　われわれは会計の有用性の探求において1つでもやり残したくないため，資本市場の主たる専門家である財務アナリストに関するこの最後の価値関連性の検証に焦点を当てる。これらの専門家は，企業の財務報告書の分析と会計情報の複雑性を理解するための特別な訓練を受けている。業界の専門家であれば，彼らはもちろん財務情報の経済的背景を完全に把握しており，予想のための方法論も容易に使いこなすことができる。より重要なことは，彼らが自身の顧客の利益のために財務報告書を徹底的に詳細に分析することで得られるあらゆる利点を手に入れようとする強いインセンティブをもっていることである。なぜなら，彼らの賞与と昇進がそれにかかっているからである。だからアナリストは会計の複雑性にたじろぐことはない。困難な問題に直面した時，カンファレンスコールを通じて経営者に直接問い合わせたり，企業のインベスター・リレーションズ担当者に質問したりする。財務報告書の中に企業の将来業績と経済環境について真に洞察が得られる手がかりがある限り，躊躇することなくアナリストはそれらを知るための努力を惜しまないだろう。それゆえ，われわれは次のような検証を行う。会計情報に信頼を置く財務アナリストの成果物は時間とともに改善しているのか。基になっている情報の質と価値関連性の改善は，気象データと計測機器の改善が天気予報を改善させるように，アナリストの成果物の質の向上に反映されているはずであり，逆に，成果物の質が低下しているようであれば，会計情報の質は低下しているはずである。

■ 専門家の働き

　金融機関と独立系リサーチ会社によって雇われている何千人ものセルサイド財務アナリストが，海外企業と並んで米国の公開企業をフォローしている[1]。アナリストは通常は産業ごとに特化しており，一般的にはある産業内の10〜15社のグループを分析している。彼らは定期的に産業と企業の分析と株価推奨，そして利益・売上予想を特定の顧客とより大きな投資業界向けに提供している。こうした情報仲介者たちは，彼らが担当する業界の専門家であると広く認識さ

れている。彼らとそのサポートチームは，企業とその他の情報源（産業動向，技術進展）から得られる広範な情報を分析しており，企業のカンファレンスコールや投資家ミーティングに参加し，しばしば彼らが分析する企業の顧客や供給業者にも取材をかける。アナリストが収集して使用する情報で最も重要なのが，企業の定期的な財務報告書である。

決算発表後のカンファレンスコールや投資家説明会，役員との頻繁なワン・オン・ワン会議に参加することで，アナリストは財務情報を解釈するうえでの独自の視点と文脈を得る[2]。それゆえ，複雑性や曖昧さに関わりなく，証券分析に最適な多くの財務報告書情報がアナリストの成果物には反映されているだろうと安心して信じることができるのである。

■ 曖昧な情報と意見の相違

投資家集団が2つのメッセージを受け取ったとしよう。1つめのメッセージは，企業の顧客会員数（ネットフリックス（Netflix）のエンターテイメントコンテンツなど）が20%増加したというものであり，2つめのメッセージは，その企業の利益が前年比で10%増加したというものである。前者は事実を伝えており，解釈が異なる余地はない。それゆえに企業の顧客会員数のこのような大幅な増加の解釈をめぐって，投資家間に高い水準での**合意**が形成されるだろう[3]。

次に，10%の利益増加のメッセージを考えよう。企業の利益は，会員数のような単なる事実ではない。むしろ，ある特定の事実（売上増加），経営者の主観

---

[1] 通常はセルサイドとバイサイドのアナリストを区別する。前者は金融機関と独立系リサーチ会社によって雇われており，これら企業の顧客と一般的な投資業界向けに情報を提供している。一方で，後者（バイサイド）はヘッジファンド，プライベート・エクイティと資産運用家のために働いている。われわれはここではセルサイドアナリストに焦点を当てる。なぜなら，彼らの生産物である利益予想と株価推奨は公開されているため，研究に使用できるのに対し，バイサイドアナリストの生産物は所有権があるからである。重要なことは，機関投資家にとってもセルサイドアナリストのリサーチはとても価値があることが近年の研究で報告されていることである（Lawrence Brown, Andrew Call, Michael Clement, and Nathan Sharp, "Inside the 'Black Box' of Sell-Side Analysts," *Journal of Accounting Research*, 53 (2015) : 1-47.）。

[2] アナリストと企業の役員との特権的なミーティングについては，Eugene Soltes, "Private Interaction between Firm Management and Sell-Side Analysts," *Journal of Accounting Research*, 52(1) (2013) : 245-272. を参照。

的推測（翌年に支払いを行わないような悪い顧客による注文量など），幸運と不運そのもの（特許侵害訴訟での勝訴），時には経営者による，ある程度の利益操作でさえもが結合した複雑なものである。したがって，10％の利益増加というメッセージが投資家に対して意味するところはかなり曖昧である。将来利益を増加させるような実質的要因による利益増加はどの程度なのか，その多くが分析に適切でない臨時項目はどの程度なのか，利益の前提となっている経営者による多くの見積りや予想はどの程度信頼できるのか，といった点で意見は異なるだろう。何よりも，利益が「操作」されているかどうかについて見方が異なる。それゆえに，将来利益を予想し投資意思決定をするうえで，10％の利益増加という報告がもつ意味について投資家間で相当の意見の*相違*があるであろうことは，驚くことではない。主に臨時項目や操作によって利益増加がなされたと疑うのであれば，その数字を無視するだろうし，そうでなければ株式購入という行動に移るであろう。

　一般的に，メッセージの正確性が劣り，さまざまな解釈ができるほど，それは真実から遠いことを意味し，それが大きければ大きいほど意見の相違がより拡大するだろう。留意すべき重要な点は，意見の相違はメッセージの曖昧さと不正確さの指標であり，それが取りも直さずメッセージの有用性または価値関連性を指し示すものだということである[4]。このことは以降で行う財務情報の有用性の最終の検証の基礎となる（ああ，ホッとした）。

■ 意見の相違の定量化

　ほとんどの公開企業は数名の財務アナリストによってフォローされているとすでに指摘した。大きな会社はしばしば20～30名のアナリストにフォローされている（2015年12月末時点でヤフー・ファイナンス（Yahoo＠Finance）を確認したところ，グーグル（Google）は40名，エクソン（Exxon）は20名であった）。その企

3　20％の会員増加が良い情報か悪い情報かは投資家の事前の期待に依存する（もし彼らが30％の増加を見込んでいたら悪い情報となる）。しかし，事前の期待がどのようなものであれ，このメッセージとその解釈とは明白である。

4　もちろん意見の相違はメッセージを受け取った人が持っている他の情報（前後関係）によっても影響を受ける。

業をフォローしているアナリストのそれぞれの利益予想の**分散**または差異は,その企業の将来業績に関するアナリスト間の意見の相違の信頼できる指標である。たとえば3人のアナリストがA社をフォローしており,次期四半期のEPSをそれぞれ2.50ドル,2.60ドル,2.75ドルと予想していたとしよう。同業のB社のEPS予想は−0.75ドル,2.0ドル,3.75ドルだったとしよう。後者の方が明らかに前者よりも予想の分散が大きく,B社のアナリストのうち1人は赤字とさえ予想している[5]。B社での予想の分散の程度が高いということは,将来の企業業績に関するアナリスト間の意見の相違,確信のなさ,さらには曖昧さの程度が高いということを明らかに意味している。同業種の(同じようなリスクと経済環境)の2つの企業の比較によって,A社についてアナリストがもっていた情報——恐らくその多くを財務報告書を通じて入手したであろう——は,B社に関する情報よりもより正確性が高く曖昧性が低いものであったことは明らかである。それゆえ,予想の分散は情報の質の重要な尺度である。このことは次に行う有用性の検証の基礎となる。

われわれは過去35年間の各年で,2人以上のアナリストにフォローされているすべての企業の利益予想コンセンサスに含まれる個々のアナリスト予想の分散(標準偏差)を記録した[6]。予想の分散の5年間の中央値を示したのが**図6.1**である(平均値であってもほとんど同一の形状である)。もしアナリストの情報が時間とともに改善していたのであれば,彼らがフォローする企業の将来予想についての彼らの確信のなさの程度の**低下**が観察されるはずである。しかし,**図6.1**は逆の結果を示している。時間とともに継続的に上昇しており,このことは財務アナリストの意見の相違や,または彼らがフォローする企業の将来業績についての確信のなさが持続的に拡大していることを示唆している。そこで,次章では事業環境の変動がまさにより一層大きくなり,予想を困難にさせている可能

5　分散の程度を測る標準偏差は,A社では0.126で,B社の予想では2.268とより大きい。

6　各企業のアナリスト予想の分散はI/B/E/Sから入手した。年度の第4四半期(したがって前年の年次報告書は公表済)における各社の年次利益予想の最初のコンセンサス予想に対する分散である。企業規模を調整するために,標準偏差をそれぞれの企業の予想の平均値で割っている(これは「変動係数」として知られている尺度である)。なお,分母がマイナスになることを避けるために予想の平均値は絶対値を用いている。そして,サンプル企業の各年の測定値を算出し,そこから5年間での中央値を計算した。この中央値を示したのが**図6.1**である。

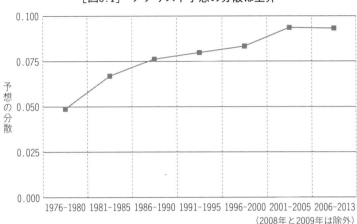

[図6.1] アナリスト予想の分散は上昇

(注) 1976年から2013年まで（2008年と2009年は除外）の，コンセンサス予想に対するアナリスト予想の分散（標準偏差）の5年間の中央値。

性を排除したうえで（なお，図6.1では，われわれは予想を困難にさせると考える2008〜2009年の金融危機の年のデータを取り除いている），アナリストの確信のなさの増加の主たる理由が，彼らが入手可能な情報，とりわけ財務報告書情報の質（正確さ，的確さ）の持続的な低下によるものだろうということを示す[7]。財務情報が漠然として不確かなものになりつつあるというメッセージはアナリストの利益予想の曖昧さを拡大させており，これは回避することのできない現象なのである。

■ 小　括

本章では，投資家の意見形成に最も影響を与える資本市場の主要な専門家であるセルサイド・アナリストに対する財務情報の有用性について，独自の視点を提供した。すなわち，情報の価値関連性を企業の将来業績に関するアナリスト間の合意（コンセンサス）の程度の上昇と捉えた。この大規模な検証によっ

7　予想の分散化に影響を与える要因はほかにもあるだろうが，予想の前提となる情報の質は疑いなく最も主要な要因である。

て，財務情報の有用性の持続的な低下が明らかとなった[8]。とりわけ，われわれが本章とそれ以前の3章で行ったすべての検証の結果が一致した今，この事実を疑いようがない。

　以上から，投資家と経営者にとって以下のような重要な教訓が得られるだろう。図6.1に示されたアナリストの意見の不一致と当惑の拡大は，アナリストの利益予想をそこまで深刻に考えるべきではないということを示唆する。コンセンサス予想を達成できなかったとしても，それは経営者にとって世界の終焉を意味しないし，投資家が株式を売却するほどの十分な理由とも程遠い。企業業績の評価は，単にコンセンサスを上回ったか下回ったかを基準にして行うべきではなく，むしろ，われわれが本書の第3部で述べるような，企業のビジネスモデルとその執行についてのもっと根本的な考察に基づいて評価するべきである。

8　財務報告書情報はアナリストが使う唯一の情報源ではない。最近の研究 (Lawrence Brown, Andrew Call, Michael Clement, and Nathan Sharp, "Inside the 'Black Box' of Sell-Side Analysts," *Journal of Accounting Research*, 53 (2015)：1-47.) では，たとえば，企業経営者から直接に受け取った情報をアナリストは高い順位に置くと指摘している。ただし，企業経営者が個別面談においてアナリストを誤導させようと*徐々に*変化してきたとは考えにくく，やはり図6.1で示した会計情報の質の低下が依然として重要な要因であろう。

◆ 99

第7章

一体全体それは何を意味するのか

本章に先立つ4つの章では，投資家に対して財務情報の価値関連性が低下してきていることを示す包括的な証拠を提示してきた。この低下の理由に光を当てる前に，先を見据えて，われわれはこれに直接関係する2つの疑問を投げかける必要がある。1つめは，会計の価値関連性の低下について投資家は本当に心配するべきなのかである。今日では会計情報の代替情報源が十分あるのではないか。そして2つめは，われわれが明らかにした価値関連性の喪失はすべて，会計側の失敗に起因して生じたものなのか，それとも，どのような情報システムでも捉えることが困難な経済の変動性の増加のような外部要因の結果に起因するものなのか。これらの疑問に対するわれわれの証拠に基づいた回答にあなたは驚きを覚えるだろう。

■ 要 約

われわれは本書の第1部において投資家にとって財務（会計）情報の有用性が継続的かつ急激に低下していることを明らかに示す包括的な証拠を示した[1]。この証拠は，大多数の米国公開企業から成る大規模サンプルを用い，過去半世紀を対象にし，そして以下の4つの異なる視点からの情報有用性の検証に基づいたものである。

■投資家の投資意思決定において，売上高，売上原価，販売費及び一般管理

費，利益，資産，そして負債といった主要な財務報告書指標が果たす役割。

■投資家に開示される財務情報の適時性（意思決定への有用性）。

■報告利益の将来企業業績の予想能力（資本市場にとらわれない検証）。

■アナリストの成果物の基礎となる財務情報の質。そこには，将来企業業績に対する財務アナリストの確信のなさが反映される。

　われわれの発見事項について驚くべきことは，4つの異なる研究手法を用いたにもかかわらず，情報有用性という視点でそれらの結果が完全に一致していることである。それらはすべて，企業財務報告書とそこに含まれる会計情報が，その情報の主たる利用者にとってその有用性が大きく失われてきているということを示している。投資家や債権者は，もはやそれらが高い有用性をもつとは考えないだろう。疑いの余地なく，われわれの発見事項で最も「衝撃的」なのは，大変な費用をかけて作成されるこれらの財務報告のうち，近年では投資家に活用されているのは情報のごくほんのわずか，およそ5％程度にすぎないということである。世界中の規制当局や会計基準設定機関が財務情報の有用性の向上のために多大な努力をしていることを考慮すると，正直に言ってとりわけこれは悲しいコメントである[2]。なぜ会計の有用性が喪失してしまったのか。その理由を十分に把握する前に，回復させるための行動を取る前提として，われわれは2つの障害を克服する必要がある。1つめは，良心が痛む問いだが，もし財務情報がその価値をほとんど失っていたとして，だからどうだというのか。

1　会計情報の有用性に疑義を呈しているのはわれわれだけではない。たとえば，大手コンサルティング会社マッキンゼー（McKinsey）の2人のシニアコンサルタントは，損益計算書の改善提案の序文において，「もし企業と投資家の双方がGAAPによる報告利益が有用でないと判断するなら，新しいアプローチを考えるとてもよい時期だ」（Ajay Jagannath and Tim Koller, "Building a Better Income Statement," McKinsey Company, *Corporate Finance*, November 2013.）と書いている。同様に，160カ国に14万人の会員を有するイングランド・ウェールズ勅許会計士協会（ICAEW）は，企業報告の現状と改善のための提言に関する広範囲にわたる考察を公表した。この80ページにわたる考察は以下の序文で始まっている。「財務報告の開示は改訂が必要であると広く信じられている。何が本当の問題なのかについて意見は分かれてはいるが，現状に満足している人はほとんどいないだろう」（ICAEW, Financial reporting disclosures: Market and regulatory failures, 2013）。よく言われている批判とわれわれのそれとの違いは，第1にわれわれは会計の価値関連性喪失という批判を支持する，新しくて包括的な証拠を提示しており，第2に（本書第2部において）われわれの発見事項の理由を完全に説明できていることである。

会計専門家を除いて，このことを誰が懸念しているのか。今日では情報があふれ，洗練された資本市場があり，投資家は確実に十分な代替情報源を持っている。2つめは，会計情報の有用性の喪失の理由のすべてが会計の失敗のせいではない，ということをわれわれは考慮すべきだろうか。一層激しさを増す政治と経済の環境変化こそが，物事にとって有意義であろうとするいずれの情報システムにも決定的な影響を与えているかもしれない[3]。環境の困難さが増すなかで，会計専門家は最善の努力を行っている。読者の皆さんの頭からきっと離れないこれらの興味深い疑問のそれぞれに簡潔に回答していこう。

本当に投資家は心配しているのか？

投資家に対する財務（会計）情報の有用性がほとんど失われてきたとして，だからどうだというのか。パンはつい最近までは主食であったが，今では先進国における食生活のほんの一部となっている。それについて誰も文句は言わない。投資家も同様で，情報源のうちの1つである会計がその有用性を失ったとしても，確実に他の優れた代替情報源がある。そうであるならば，会計専門家（と会計教育者）を除き，とりわけ投資家は，どうしてわれわれの発見に懸念を抱かなければならないのか。

簡潔に回答するならば，もし財務情報に代わる優れた情報源があるのならば，前章の**図6.1**で示した結果をわれわれは観察することはできなかったであろう。企業財務報告書以上に有用性があり，適時性のある情報があれば，確実に財務

2　正直に言うと，投資家にとって財務情報の有用性や価値関連性が**上昇している**ことを示す，つまりわれわれの結果を否定する包括的な研究をわれわれは認識していない。われわれは，利益発表に対する投資家の反応が増加してきていることを示すいくつかの研究があることを認識しているが，この主たる理由は利益の有用性の向上によるものではなく，むしろ，四半期利益公表に合わせて経営者業績予想（ガイダンス）を公表する企業数が増えているからである（今では30%以上）。もちろん，経営者予想は強い投資家の反応を引き起こす。

3　これと関連する会計の擁護論では，ここ十数年に資本市場に参入した企業がこれまでと異なるビジネスモデル（無形資産を軸とした）を持っているために財務報告の価値関連性が失われている，とするものがある。しかし，この主張は多くの企業のビジネスモデルの劇的な変化（産業型から知識型へ）に適合できなかった会計の失敗を別の言い方で表現したものにすぎない。これも価値関連性の喪失である。

アナリストは企業の将来の見込みについて，***確信がますますもてなくなり***，曖昧さを感じたりはしなかったに違いない。会計情報に代わる質の高い情報源はこれら専門家の生産物の質の低下どころか，質の向上につながっていたであろう。

　しかしながら，財務報告書情報に代わる優れた情報源がないことを示しているのはわれわれの研究だけではない。われわれの発見事項は，株価の***情報性***，すなわち株価に反映された情報に関する最近の包括的な研究によっても実証されている[4]。投資家が企業の財政状態や将来予想について十分な情報を得ている場合，彼らはこの情報を用いて取引を行う（魅力的な潜在成長力をもった株を買い，「負け組」を売却する）。このような取引を通じて株価は投資家の情報を反映する。結果的に，十分に情報が織り込まれた株価は企業の将来業績の優れた指標となるだろう。逆に，情報の織り込みが不十分な株価（つまり，企業の誤った情報によって誤導されている投資家に起因した）は，企業業績の予測が不正確であることを意味する。これは，1960年以降の米国の株価の情報性の変化を決定づけるためにバイ（Bai），フィリッポン（Philippon），サボブ（Savov）が採用した主要なテストである。

　彼らは初めに財務アナリストによって広く分析対象とされているS&P500銘柄のうちの非金融機関，おおよそ大企業400社（米国の全公開会社の10%以下）に焦点を当てた。彼らは，これらの企業の株価情報性はこの半世紀にわたって改善していると報告している。もちろん，これらの一流の，露出度も高く，複数の財務アナリストが分析対象とし，洗練された機関投資家に主に所有されている企業の株価情報性が改善していることは驚くには値しない。しかし，全公開企業の90%以上に上る残った企業にこそ興味深い発見を見出せたのである。つまり，過去半世紀にわたり，情報集積技術は革命的に進歩したにもかかわらず，これらの企業の株価情報性が明らかに***低下している***ことを彼らは発見した[5]。ほとんどの公開企業にとっては，会計の代替情報源は，われわれが実証してき

4　Jennie Bai, Thomas Philippon, and Alexi Savov, *Have Financial Markets Become More Informative?* working paper (Stern School of Business, New York University, 2015).

5　彼らはこの低下傾向を企業の構成の変化，つまり市場に中小型企業や技術依存型の企業が参入してきたことに起因すると結論した。しかし，これはまさしく，会計と財務の報告がこれら21世紀企業には完全に不十分である，というわれわれの主張である。

た企業の財務報告書の情報有用性の低下を補完することができていないことをこの検証は示唆している。したがって，十分に情報を得ていないのは，**図6.1**で実証したアナリストだけではなく，他の投資家も同じである。そして，情報の質の劣化は，投資意思決定の質を低下させ，投資家にとって損失を生じさせることを意味する。このため，投資家である読者の皆さんは，われわれの発見事項に十分に注意を払うべきである。

ではなぜ，有用性に問題を抱える財務（会計）情報に代わる優れた情報源がないのであろうか。その理由は単純で，主にウォールストリートでの調査によって生み出される代替情報源への投資が際立って先細ってきているからである。**ウォールストリート・ジャーナル紙**が伝えるところによると，投資銀行のリサーチに投じられた費用の総額は，2007〜2009年では年間80億ドルを超えていたが，2014年には40億ドルをわずかに超えただけであり，この減少傾向は続くと予想している[6]。財務報告書の有用性の低下と相まって，適切な情報源の探索のための費用が50%削減されたことで，確実に株価に対する情報有用性は低下した。投資調査にかけることのできる資金の急激な減少は，雇用と成長のメインエンジンである中小企業に主に影響を与えた。なぜなら，これら企業の株式売買は相対的に低調であるために投資銀行は調査費用を穴埋めすることができず，近年はこれらの企業のほとんどが調査のカバレッジを失ったからである。結果的に，少数の十分に恵まれた投資家のみが質の高い調査を行うことができ，他方でほとんどの投資家はそれをできずにいる[7]。ゆえに彼らは，われわれがすでに述べてきたように，投資意思決定にあたって，有用性を失った企業財務報告書に頼らざるを得ない状態がほとんである。

たとえば十分な調査資金があったとしても，信頼できる企業財務情報は他の代替情報源を常に圧倒するであろう。なぜなら企業経営者は外部者よりも自社について確実によりよく知っているからである。さらに言えば，企業はたった

6　Margot Partick, Juliet Samuel, and Alexandre Scaggs, "Banks Forced to Shake Up Analyst Research Business," *The Wall Street Journal* (February 10, 2015, p.C1). リサーチの減少の理由は，株式リサーチ機能の財源となる銀行とブローカーの証券取引手数料収入が2007〜2008年の金融危機以降，急激に落ち込んでいるからだという。エコノミスト誌（*The Economist*）によれば，2009年から2013年にかけて株式取引手数料の合計額が，米国では139億ドルから93億ドルへ（33%減），欧州では42億ユーロから30億ユーロへ（29%減）減少したという（"Analyze This," *The Economist* (September 21, 2013), p.79.）。

１つの声で語りかけるので，１つの報告書ですべての関係者に情報を伝えるが，情報ベンダーや財務アナリスト，オンライン投資サービスといった企業に関する代替情報源はあらゆる種類の繰り返しと過剰性をもって，多様な言葉で語りかけてくる。それゆえに，このような情報源は，たった１つの企業財務報告書という倹約的なものに比べて，一層費用がかかり，さらにしばしばより混乱を来すことになる。そして，それらの信頼性(読者の皆さんのオンライン投資サービスはどれだけ頼れるか) は，独立性のある監査を受け経営陣がその健全さに法的責務を負っている企業財務報告書と比べて，相当に問題を抱えており信頼性を確かめることに費用がかかる。よって，有用で情報力を備えた財務報告書は，費用対効果と信頼性という観点から，代替情報源よりも常に優越したものとなる。これこそがわれわれが企業報告を見放さない理由であり，第３部で提案するように，むしろその再構築のために努力を惜しまない。

■ 会計の最後の抵抗

　われわれの発見事項の根拠を解き明かす前に，この発見を伝えた何人かの同僚から聞かされた批判に終止符を打たねばならない。彼らが言うのは，利益の予想能力の低下とアナリスト予想の確信のなさの拡大というわれわれの発見(第５章，第６章)は，財務情報の有用性の低下というよりもむしろ，企業経営を取り巻く外部環境の変動性と不確実性の増大によって主として生じている，という指摘である。つまり，会計のせいではなく，ビジネス環境のせいだと言うのである。ざっくばらんに言えば，このことは，接近する嵐に対する注意喚起に失敗した天気予報士が，精度の悪い予想の理由は自分の失敗ではなく気候変動（もちろん，地球温暖化）の増大によるものだ，とよくわれわれが耳にする正

7　エコノミスト誌（September 21, 2013, p.79）は，いくつかのヘッジファンドが入手した革新的だが非常に費用のかかる情報の例を以下のように提示している。「ヘッジファンドはアフリカでの掘削または石油プロジェクトの進捗について，その評価をより厳密に行うために現地調査のためのリサーチ費用を投じている。その他は空に向かう。衛星情報プロバイダーのアールエス・メトリックス（RS Metrics）は空中イメージングサービスの金融機関からの需要がとても強いと報告している。投資家ミーティングで企業経営者が真実を操作しているかどうかを検証するために元情報機関職員を雇用するファンドすらある」。しかしながら，ほとんどの投資家にはこのような費用のかかるリサーチを行う余裕はない。

当化と同じように聞こえる（この天気予報士の言うことをあなたは聞き続けるか）。それでもなお，われわれはこの批判に完全に回答できるだろう。証拠に依拠する，という本書でのわれわれのアプローチに忠実ならば，繰り返しになるが，読者の皆さんはこの証拠に大いに驚くだろう（実際にわれわれも大いに驚いた）。実際，広く信じられていることとは逆に，ビジネス環境の変動性は全く拡大してきていないのである。こうした変動性が会計情報とアナリスト予想を阻害しているという，まことしやかな言い分は，もはや神話にすぎない。

■ 経営の変動性の低下

　2007～2008年に起きたような偶発的な金融危機と，それにまつわる評論家の仰々しい説明（「大恐慌以来の最悪の危機」とそのたびに言われる）は，経済的な混乱と変動性が絶えず拡大しているという認識を助長している。しかし，この認識は全くの間違いである。ウォールストリート・ジャーナル紙の意見欄に掲載された，2014年10月の市場変動（2014年10月中旬にS&P500が6％低下したが，月末には史上最高値をつけた）に関するコメントを読者の皆さんは思い起こすだろう。

　　　　……マクロ（現実）経済の変動性は非常に低い……ビジネスサイクルの全体像をもう一度振り返れば，過去4年間のGDP成長の変動は，以前の二度のビジネスサイクルの拡大と類似したものである。1990年代の同様の現象を取り上げるならば，約10年前にエコノミストたちが大いなる安定という用語を造り出し，それが今日に再び使われはじめている[8]。

　したがって，われわれは混乱の増大よりもむしろ大いなる安定を経験している。

　もちろん，経済全体の変動は事業会社の変動性の主要な決定要因である。過熱と破綻の間での経済的な揺らぎは，消費者の需要，資源価格，そして最終的

8　Jason Cummins, "Wall Street Volatility Doesn't Shake Main Street," *The Wall Street Journal* (December 1, 2014).

106 ◆ 第1部 事　実

には企業の経営に影響を与える。そうなると，何が経済の変動性を決めること
になるのか。一言で言うならば，それは減少である。長い間にわたり，Blanchard
and Simon（2001）のような著名なエコノミストたちが，「過去半世紀にわたり
米国の産出物の変動性の低下は長期化し，かつ拡大化している」と指摘してい
る。とりわけ，1980年代中ごろに経済活動の安定化に向けた変化があったとエ
コノミストたちは記録している。1984年以降，GDP 成長の分散（変動性の統計的
尺度）は驚くべきことに50％も減少している，と推定されている。この現象の包
括的な解明に向けた検証は現在進行中だが，企業による在庫管理の改善，情報
技術によってもたらされた企業の経営管理の向上，危機時のより賢明な政府介
入，財務安定化の革新（リスクヘッジ）の企業への一層の導入は，変動性の減少
要因としてすでに認識されている。されど，2007〜2008年の危機によって引き
起こされた深刻なビジネス崩壊についてはどうなのだ，と読者の皆さんは問う
かもしれない。ささいなことである。ファーマン（Furman）の2014年の研究に
よれば，危機前の変動性の減少は財務危機後も続いているという（「……全体的
な変動性は過去と比べて依然として低い水準にあると思われる」）[9]。したがって，わ
れわれが指摘する財務情報の有用性の低下は，ビジネス環境の混乱の拡大のせ
いにすることはできない。どちらかと言えば，この環境は段々と落ち着きつつ
ある。

　全般的な経済活動（いうなれば GDP 成長）は企業の変動性の主要な決定因子で
はあるが，企業の大混乱に影響を与える唯一の要因ではない。業界固有の破壊
的技術の登場，資源価格の変化，消費者需要の気まぐれな変化，その他の要因
はビジネス変動性の一因である。もしかすると，これらのミクロ変動要因が会
計の有用性を失わせているのではないか？　この懸念に向き合うため，われわ
れは企業の売上高に焦点を当て，企業活動の*ミクロ*の変動性を検証することに
しよう。企業の変動性の重要な変化は，「トップライン」である売上高に現れる
はずである。そこで，われわれは過去60年間にわたる米国の規模上位1,000社の
売上高変動性を測定した[10]。その結果を示したのが図7.1である。あらためて，

　9　本節で言及する研究は以下を参照。Olivier Blanchard and Jon Simon, "The Long and
　　 Large Decline in U.S. Output Volatility," *Brookings Papers on Economic Activity*, No.
　　 1, Brookings Institution. Jason Furman, 2014, Whatever happened to the Great
　　 Moderation? Remarks at the 23rd annual Hyman P. Minsky conference, April 10, 2001.

第7章　一体全体それは何を意味するのか　◆　*107*

[図7.1]　時系列での企業売上高変動性の低下

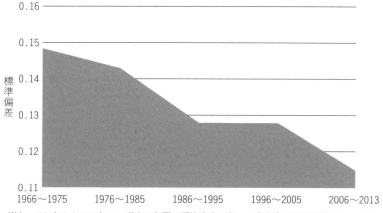

(注)　1966年から2013年の，過去5年間の平均資産で割った売上高の標準偏差によって測定した売上高変動性の規模上位1,000社の平均値。

(会計の終焉の原因とされる)変動性は緩和されている。1984年以降，変動性の減少は加速していると指摘する前述のマクロ研究と同様に，1966年から2013年にかけて企業売上高の変動性が**減少しつつある**のは明らかである[11]。マクロ経済研究とわれわれのミクロ経済研究（図7.1）の双方によって示された，1984年以降の変動性の低下は，1980年代中ごろから加速化した情報技術革新によって主としてもたらされた経営管理のシステム（「ジャスト・イン・タイム」の在庫削減管理）の改善が主たる要因といえるだろう[12]。

10　具体的には，各年(たとえば1995年)の各企業に対し，過去5年間(この例では1991～1995年）の売上高総資産比率（企業の規模の違いを考慮するため）の標準偏差を使って変動性を測定する。次に，当該年の1,000社のこの標準偏差（変動性）の平均値をとる。これらの年平均売上高変動性をプロットしたのが図7.1である。図7.1は，年次変動を平準化するため，1966～1975年，1976～1985年といった変動性の10年間の平均値で示している。規模上位1,000社に限定しない全企業の売上高変動性は，1966～1975年から1976～1985年にかけて上昇し，その後，2006～2013年にかけて低下している。

11　われわれは企業の売上高の**成長性**（前年比変化率）の変動性も検証したが，図7.1と同様の結果を得た。

12　確かに，過去20年間にわたり，**報告された**企業利益の変動性は拡大してきているが，経済変動性の影響というよりもむしろ，第5章で示したように，利益項目の中の一時的（臨時）項目の頻度を高める資産の費用処理や時価会計といったようなさまざまな会計規則が主な理由となっている。

最終的に，会計の最後の抵抗はもろくも崩れ去った。経済全体においても個別企業の経営においても変動性または混乱は実際には減少してきており，それゆえにこれまで指摘してきたような財務報告書の有用性の低下やアナリストの確信のなさの増大の根拠として非難することはできない。会計の有用性喪失の理由は，会計システム以外に見出すことはできなかった。むしろ，簡潔に示すように，それらは会計手続や規制に深く根付いている。全く自ら招いた災いなのである。

■ 小　　括

重要な結論が2つある。1つめは，会計の有用性低下は，まことしやかに主張されてきた経済混乱の増幅や投資家の非合理性の拡大といった外部要因に帰すことはできないということである。会計の有用性の低下は，この情報システムに固有のものであり，したがって正体はつかめた。2つめは，ほとんどの企業において株価の情報性が低下しているという証拠から，有用性があり信頼できる財務報告書情報に代わる優れた情報源を投資家は持ち合わせていないということである。それゆえに，解決策は企業報告を適切に調整することであり，それを破棄することではない。

有用性がなぜ喪失したのか？

110 ◆ 第2部　有用性がなぜ喪失したのか？

「嘘には3種類ある。嘘，大嘘，そして統計だ」。これは，マーク・トゥエイン（Mark Twain）が数字の使い方，特に弱い論証を支えるために用いられる統計的証拠を指して述べた言葉だ[1]。本書の第1部で示した，企業財務（会計）情報の有用性が急速に低下していることを示す大量の統計的証拠はきわめて直観に反するもので，財務情報を使う多数の投資家を否定するものであるから，統計の誤認性を述べたトゥエインの一節を思い起こさせるかもしれない。そこでわれわれは，第3部で提案する救済策に向けた礎を築くため，統計的証拠に意味づけを行いながら，会計がなぜ凋落したかという**理由**を慎重に識別し記述するのが当然であろう。理解されない数値は，ただの数値でしかない。われわれが第2部で行うことはまさにそうしたことである。すなわち，多くの経験的証拠に基づきながら，投資家やその他のステークホルダーに対する財務情報の価値関連性ないし有用性が低下し続けている主な要因を注意深く要約することにしよう。読者諸賢に過度な不安を抱かせないよう，ここでは，会計が価値関連性を失った3つの主な要因をかいつまんで示そう。

1. **無形資産の不可解な会計処理－企業価値の主たる創造因子**　過去40年間に驚くべきことが米国経済に起き，他の先進国との類似性の度合いが変わった。米国の有形資産（建物や工場，機械，商品など手で触れられるもの）に対する総投資額は3分の1超**減少**した一方，無形資産（特許，ノウハウ，ブランド，情報およびビジネスシステム，人的資本）への企業の投資額は約60%増加し，総付加価値に占める割合は9%から14%へと上昇した。無形資産に対する企業の投資は今や物的資産への投資をはるかに凌ぎ，その差は広がり続けている。理由はこうだ。過去数十年間，無形（知的）資産は企業価値と競争力をますます高めている一方で，有形（物的）資産は本質的に「コモディティ」であり，すべての競合他社が等しく利用可能で，さらに言えば重要な価値を創り出したり競争上の優位性を与えたりすることはできない。機械や物的な施設や商品ではなく，アップル（Apple）やファイザー

1　マーク・トゥエイン（Mark Twain）自身は，これを，19世紀の英国首相ベンジャミン・ディズレーリ（Benjamin Disraeli）（1804~1881）のものだとしていたが，Wikipediaによれば，この一節はディズレーリの現存するどの著作にも見つからず，この一節が最初に登場したのはディズレーリの死後である。

（Pfizer）の特許，コカ・コーラ（Coca-Cola）やアマゾン（Amazon）のブランド，ウォルマート（Walmart）やサウスウエスト航空（Southwest Airlines）が持つ効率性の高いビジネスプロセス（組織的資本）が，こうした企業の成功を促進した。企業資産における無形資産の優位性の増大は広く認識されており，この無形資産の反乱を不思議なことに無視し続けている会計士を除いて，結果として「ナレッジ・エコノミー」として知られるようになっている。

　それ自身では実質的な価値を創り出すことができない物的投資や金融投資が，貸借対照表に満額で認識されるのに――ファイザーの成長予測に対する在庫や短期投資の「貢献」を考えてみてほしい――，特許，ブランド，ノウハウといった自己創出される無形資産――強力な価値創造主体――が即時に費用化される。つまり，損益計算書のなかで，将来ベネフィットのない経常的な費用（給与や賃借料など）として処理されていることは，なんと皮肉なことだろう。さらに不可解なのは，コカ・コーラのようにブランドを育てた場合，一般に公正妥当と認められた会計原則（GAAP）のもとでそれは資産ではないが，そのブランドを購入した場合は，貸借対照表に誇らしげに計上されるのだ。会計によって作り出された誤った経営者のインセンティブ――育てるより買ってきた方がよい――を考えてみてほしい。財務諸表上の無形資産に関するこのばかげた会計処理は，貸借対照表と損益計算書の**両方に**かなり複雑に悪影響を与え，投資家を非常に混乱させている。無形資産集約的な事業の資産価値と株主持分価値はかなり過小評価されるが，その企業の収益性指標（ROE，ROA）はしばしば過大評価され，他方で無形資産が全額費用処理されるがために，無形資産への投資増加に伴い企業の利益は消える。無形資産に関するこの時代遅れの，産業革命時代のような会計処理によって，財務報告のあらゆる面が悪影響を受けている。われわれが次章で示すように，これが会計の有用性の低下をもたらした主要な原因だ。そして，無形資産が企業価値創造において果たす役割がますます高まり続けることを考えれば，財務報告の有用性の低下が今後も続くことはほぼ確実である。

2.　*会計はもはや事実に関するものではない*　　これを会計士ではない人々

に言うといつも驚かれる。彼らは，会計がかなり退屈なもの（われわれから教わるとき以外は！）だと聞いているか，個人的に経験したことがあるが，会計は少なくとも事実に基づいた正確なものであると確信している。結局，会計という言葉は，お金や，在庫や，売却済みの製品単位を数えるというように，**数える**が由来ではないのか，と。しかしながら，これは神話だ。実は，会計はもはや事実に関するものではなく，むしろ経営者たちの主観的な判断や見積り，予測に依拠している。損益計算書のほとんどすべての項目と貸借対照表のほとんどの価額は見積りに基づいている。すなわち，資産は見積られた減価償却額と無形資産償却額を差し引いた純額で貸借対照表上に表示される。売上債権は貸倒引当金（繰り返すが，これも見積りだ）を控除した純額で表示されるし，市場性のない資産や負債の認識された公正価値に依拠することから年金費用と株式報酬費用は複数の見積りに基づいていて，貸借対照表と損益計算書の両方に影響する。たとえば株式報酬費用のように，複数の見積りは，しばしば相互に積み重なって財務諸表項目を形成している。

　こうした会計上の見積りには２つの重大な問題がある。①すべての見積りは誤差の影響を受け，さまざまな収益と費用の見積りに関連する多数の誤りが，最終的には利益に埋め込まれ（累積し），この重要な業績評価指標の信頼性に悪影響を与える。さらに悪いことに，経営者と投資家のどちらにも，どの程度の影響が出るかわからない。考えてみてほしい。企業の報告利益のいくらが見積りなのか——もしくは全くの推測なのか——そして，どの程度真実なのか，本当に知っている人は誰もいない。恐ろしいことだが，ほとんどの投資家がいとも簡単に見落としている考えだ。②会計上の見積りは時に経営者が「数字を作り込む」（コンセンサス予想を達成し，経営者報酬を増やす）ために操作される。というのも，誤った見積りについて加害者にその真相を突き止めることは減多にないからである。たとえば，不良債権の見積りが全くの的外れだと後でわかったとしても，経営者は，**その当時**，最善の情報に基づいて見積りを作成したと毎回主張できる。これを反証できるものならしてほしい。以降，第９章で示すように，会計上の見積りの流行が絶えず進んでおり，信頼性のある見積りに対するこれら２つの問題が財務報告書の有用性を大きく侵食し，それらによって伝えられ

第2部 有用性がなぜ喪失したのか？ ◆ _113_

る情報を真実から遠ざけているのだ。

3．*簿外事象が企業価値にますます影響を与える* 会計記録(「悪名高い」借方と貸方)とその結果としての財務報告書は，多くの場合，売買取引，給与や利子の支払い，株式発行と自己株式取得といった第三者との***取引***に端を発する。そうした取引は会計システムによって体系的に記録され，報告される。しかし，***取引のないビジネス事象***も，ますます企業価値に影響するようになっている。たとえば，開発中の医薬品あるいはソフトウェア製品の実現可能性試験の成否，既存企業を混乱させるような競合他社の新製品や新戦略，環境事故，新規契約の調印もしくは契約破棄，企業の戦略転換(リストラ，新規製品・サービスの立ち上げ)，あるいは企業に影響する新しい規制である。これら多種の重要なビジネス事象は実質的に企業価値や企業成長に影響するが，会計システムではそれらが起きるまで記録されないし，もしくは記録されても，偏って(たとえば構造改革費用は全額記録されるが，期待ベネフィットは記録されない)反映される。こうした会計で記録されない事象の発生は，一般的に株価に即座に大きな影響を与える (たとえば，臨床テストの失敗は株価に影響する)が，会計システムへの反映は，それらが売上や利益に影響を与えるまで，ときに数年間後のこととなる。これは，株価に反映される企業価値と財務データの間の溝を広げる——この溝は，部分的には，第1部で示したような財務情報と株価の関連性の低下の原因となる。

　ここで概説した，会計情報の有用性を低下させた3つの要素は推測ではないし，ましてや憶測でもない。以下では，これら3つの要素あるいは原因——無形資産，会計上の見積り，簿外ビジネス事象——が，財務情報の有用性の低下の主な原因であることを，初めて経験的に証明しよう。また，すでに報告されている財務情報の有用性低下を考慮に入れながら，この3つの要素それぞれの影響度が時間とともに増大していることも示そう。重要なことは，これらの障害の克服が本書の第3部で提案する情報システムの基礎を提供することになるのである。

◆ *115*

第 8 章
無形資産の台頭と会計の凋落

　財務（会計）情報の有用性が低下している第1の理由は，無形（知的）資産（特許，ブランド，IT）が急増し，事業の第1の価値創造主体になったことである。われわれは，会計システムが無形資産価値を財務報告書に反映できず，無形資産が企業の営業活動に与える影響を適切に説明できず，無形資産が侵害ないし破壊にさらされる脅威に関する情報を投資家に提供できなかったことが，会計の有用性が失われた主な原因であることを証拠を用いて実証する。企業成長や競争優位にほとんど関係がない資産 ── 棚卸資産，売上債権，あるいは工場・機械設備 ── がいまだに企業の貸借対照表の目立つところに表示される一方で，特許，ブランド，IT，あるいはユニークな事業プロセスが会計上，行方不明者（MIAs）になっていることはとても皮肉（あるいは残念）なことである。

■ 無形資産の急増

　図8.1は過去40年間における米国企業の有形資産と無形資産への投資額の推移を示したものだが，きっと読者の皆さんは驚かれることだろう。皆さんが見ているのは，まさに構造的な経済変化なのである。

　いまだに多くの人々が**実物資産**だと考えているもの ── 物的資産 ── への投資割合は時が経過するなかで35％下落し，他方で無形資産 ── アラン・グリーンスパン（Alan Greenspan）（訳者注：第13代 FRB 議長）が**概念資産**と呼ぶもの

[図8.1] 無形資産の革命

(注) 1977〜2014年の米国における民間セクターの有形資産および無形資産への投資（対総付加価値）。

(出典) Carol Corrado 教授、Charles Hulten 教授より提供いただいた。ここに記して感謝する。

——への投資はほぼ60％増加し、なお増え続けている。特に注目すべきは、無形資産投資の増加と有形資産投資の減少の*乖離*が広がりはじめたのが、1990年代半ばであることだ。これは米国だけのことではない。「ドイツ企業は、危機の最中、機械投資を節約する一方でR&D費は増やし続けた」[1]。事業セクターにおける生産資源のこうした劇的なシフトの背景には、まさに差し迫った要因があった。つまり、企業価値と企業成長は無形資産によってもたらされているが、物的資産（工場や、機械や、在庫のような）は手段——コモディティ——でしかなく、すべての競合他社が利用可能で、それゆえに企業価値や競争優位を創り出すには限界があるからだ。株式や債券のような金融資産も同様である[2]。価値は今やアイディアとスマートな実行[3]によって創られる。ウォールストリート・ジャーナル紙によれば、アマゾン（Amazon）、グーグル（Google）、アップル（Apple）、フェイスブック（Facebook）、ギリアド（Gilead）、ウォルト・ディズ

1　Nina Adam "Business Investment Changes Its Stripes," *The Wall Street Journal*, August 17, 2015, p.A2.
2　物的資産と金融資産の非関連性については、Geoff Colvin, "Heavy Hitters Travel Light," *Fortune*, February 1, 2016, p.20. 参照。

ニー（Walt Disney）の6社は，「S&P500企業の時価総額の上昇分1,990億ドル以上を占めている」（2015年時点）[4]。これらの企業に共通するものは何か。それはビジネスモデルが無形資産（特許，ブランド，映画の版権など）に完全に依拠していることだ。

　無形資産が，ハイテク事業やインターネット事業，医薬品事業ばかりで価値を生み出しているわけではないことを知ることは重要である。消費者向け商品を扱う企業は，巨大な製造拠点や流通設備の管理ではなく，独自のブランドや商標を育み活用することで競争優位を獲得している。金融業は，大規模な資本や，伝統的に価値を生むとされていた資源ではなく，イノベーション（オールステイト（Allstate）のオンライン保険イーシュランス（Esurance））や特定の顧客ニーズに合わせてカスタマイズした独自のサービスで成功している。小売業のような物的資産集約型の企業は，ウォルマート（Walmart）の独自のサプライチェーンや，フェデラル・エクスプレス（Federal Express）の信頼性の高い流通チャネル，アマゾンの顧客推奨アルゴリズムのように，事業プロセスの継続的な改革によって競争優位を獲得している。コカ・コーラの主要な資産は高付加価値なブランドであり，ゴールドマン・サックス（Goldman Sachs）が投資銀行界で支配的なのはそのユニークな人的資本と顧客との関係性があるからだ。つまり，どの業界でも成功企業は，当然のことながら無形資産を豊富に保有している。価値創造手段と競争優位の主要なドライバーとして無形資産が君臨することが，米国だけではなくすべての現代経済の特質である。近年，中国政府が自国企業の取得特許数の増加を政策として宣言している[5]。そこで，ここでは確実に世界中に広がり続ける事象を取り上げる。

　読者の中には，企業価値の圧倒的な創造因子としての無形資産の劇的な隆盛

3　米国公開会社の2011年における無形資産の総額は，総株式市場価値17.4兆ドルのうち8.1兆ドルだったと推定されている。Kevin Hassett and Robert Shapiro, "What Ideas Are Worth : The Value of Intellectual Capital and Intangible Assets in the American Economy," Sonecon, LLC (2011). 参照。

4　Dan Strumpf, "The Casino's Last Stand－Six Stocks Account for All of S&P Gains This Year," *The Wall Street Journal* (July 27, 2015), p.C1.

5　政策は確かに成功している。中国企業は米国企業の2倍の特許を登記している。しかし，中国の特許の質についての疑いは消えないままだ。"Patent Fiction," *The Economist* (December 13, 2014). 参照。

は，会計に実質的な変化を生み，企業の財務報告書に完全に反映されると思う向きもあるかもしれない。その可能性はゼロだ。実は**図8.1**で描いた変化にもかかわらず，会計システムには，無形資産の隆盛に適合するような大きな変更も修正も行われなかった。つまり，ソフトウェアやバイオテク，通信，そしてインターネット——すべて事実上の無形資産——が隆盛する40年前に，時代遅れで根拠薄弱な会計基準が成立し，いまだに米国における研究開発をめぐる会計と財務報告を規定している[6]。不思議なものである。

無形資産会計，その矛盾と不透明さ

米国の会計ルールは明確である。内部で創出された無形資産，たとえば研究開発（特許や商標），マーケティング（ブランド，顧客との関係性），開発（事業プロセス）あるいは研修（人的資本）はすべて，経常的な費用のように扱われる（即座に収益から控除される）。他方，同じ無形資産であっても，特許やブランドのように直接購入したか，あるいは企業買収を通じて取得したものなら（インプロセスR&D，顧客リスト）資産化され，減価償却の対象となる[7]。なぜ違うのだろうか？　なぜなら，会計基準設定者の主張によれば，取得した無形資産の価値は独立的である取引において売り手との間で直接決定されているが，企業によっ

6　米国財務報告審議会，ASC730（1974）。この基準はR&Dの即時費用処理を強制していて，株主価値を減じるFASBの基準のなかでも上位に入る。Urooj Khan, Bin Li, Shivaram Rajgopal, and Mohan Venkatachalam, *Do the FASB's Standards Add Shareholder Value?* working paper (Colombia Business School, 2014). 参照。

7　資産と費用の会計上の区別は明確だ。工場あるいは証券のような資産は将来ベネフィットを提供し，他方，給与あるいは賃借料のような費用は過去の役務に対する支払いで，将来ベネフィットはない。つまり，費用として無形資産投資を会計処理することは，無形資産が信頼性のある将来ベネフィットを提供しないことになる。マイクロソフト（Microsoft）（2015年の研究開発費は120億ドル），あるいはIBM（2014年の研究開発費は54億ドル）に，あなたたちの研究開発の努力はいかなる将来ベネフィットも生まないと言えばよい。学術研究は，研究開発と株価あるいは継続的な売上成長との間にある統計的に有意な相関を示すことによって，この会計ルールに反論している。たとえば，「……回帰分析によって，IE（イノベーション効率，研究開発費1ドル当たりの特許）指標が高いほど，総資産利益率やキャッシュ・フロー……ならびに将来の株価リターンが有意に高いと予測されることがわかる……」（David Hirshleifer, Po-Hsuan Hsu, and Dongmei Li. "Innovative Efficiency and Stock Returns," *Journal of Financial Economics,* 107 (2013): 632-654.）。

て内的に自己創出された無形資産は —— 研究開発プログラムは失敗するかもしれないし —— 不確実で，貸借対照表に計上される資産としての資格をもたないからだ[8]。

　この区別とその根底にある正当化は理屈に合っていない。第1に，特許のような購入した無形資産は，開発やマーケティング段階において失敗する可能性がある。これはまさに内的に自己創出された無形資産と同様である。2011年，ヒューレッド・パッカード（Hewlett-Packard）が英国のオートノミー（Autonomy）を100億ドル以上かけて買収した。この買収の大部分は，オートノミーの無形資産であるクラウドソフトウェアと，開発中のプログラムであった。1年後，HP は100億ドルのほぼ90％の減損を計上した。買収した無形資産の「確実さ」とは何だったのだろう。第2に，取得した無形資産が「独立的である」という性質については，内的に自己創出された無形資産の主な費用要素 —— 研究者の給料，あるいはブランドのための広告支出 —— も，たとえば科学者と広告代理店といった第三者との独立当事者間取引において決定される。したがって，他社から直接無形資産を取得する場合（資本化）と，開発のために第三者のサービスを取得する場合（費用化）の違いは何だろうか。もちろん違いはない。それぞれのケースで，企業は第三者と取引している。つまり，自己創設の無形資産と，取得した無形資産の間にある会計処理の不一致は，違いのない区別である。自己創設の無形資産と取得した無形資産は，両方ともリスク資産を作り出し，リスクにさらされていることは，これらの資産を無視（たとえば費用化）することを正当化しない。米国企業が年間1兆ドル以上を無形資産に投資している事実は，無形資産が実質的な将来ベネフィットを生み出す本当の資産であり，無形資産が会計システムにおいてそのように取り扱われるべきだという事実を証明している[9]。

8　欧州ならびに他国で使われている国際的な会計基準は，厳密な状況下であれば内部的な研究フェーズにまたがる開発費用の資本化（資産として認識）を許可している。しかしながら，この状況というのはかなり厳しく，多くの企業はこうした費用を資本化しないか，しても非常に少額であるかのどちらかだ。米国については，ある特定のソフトウェア開発費用は資本化できるが，そうする企業は比較的少数だ。

9　1年当たり1兆ドル以上の支出。「……われわれの推測からは，無形資産への支出は，1990年代後半には，毎年 GDP の13％以上である約1.2兆ドルだったことが示唆される」（p.30）（Carol Corrado, Charles Hilton, and Daniel Sichel, in *Measuring Capital in the New Economy*, (Chicago : University of Chicago Press, 2005), pp.11-45.）。

最悪なのはここから —— 誤解を与える情報

医薬品業界の巨人であるファイザー（Pfizer）は，近年ブロックバスター医薬品（リピスター（Lipistor））の特許が切れ，また開発パイプラインからは同程度にベストセラーとなる医薬品が生まれず，結果として売上の低下に苦しんでいる。ファイザーを分析するために投資家が会計指標に頼っても，このすべてはわからないだろう。2013年のファイザーの株主資本利益率（ROE）は実に28％であった。これほど高いROEを誇れる巨大優良企業はほとんどない（エクソン（Exxon）の2013年における19％とウォルマートの21％くらいだ）。困難に直面していたファイザーはどのようにして28％ものROEを獲得できたのだろう。ご想像のとおり，無形資産会計の「魔法」によってである。ROEの分子（利益）は過去の医薬品開発と効率的な販売力がもたらしたベネフィットを完全に反映しているが，分母 —— 純資産（株主持分）—— は，そのベネフィットを生み出している資産（特許，ブランド）を反映していない[10]。なぜなら，研究開発やブランド，従業員研修にかけた支出は，はるか昔に費用化されている（収益から控除された）からである。つまり，ROE28％のトリックは縮小化された分母にある。

しかし，会計の不合理に注意してほしい。もしファイザーが薬の特許を開発したのではなく買収したとしたら，株主資本（ROEの分母）は取得特許の減価償却後の価額を完全に反映したであろうから，ROEは実質的により低くなっただろう。同じ企業，同じ資産なのに，報告される業績が大きく異なる。明らかに，会計ルールは，無形資産を内部創出するか取得するかという，異なるイノベーション戦略を持つ同一業界内企業について収益性の比較を不可能にしている。いったい何人の投資家やアナリストが，会計のねじれを知らずに，日常的にそのような比較を行っているだろうか。しかし待ってほしい。会計を使った策略は厚みを増している。

無形資産投資の費用化は，収益性指標の分子（利益）と分母（株主持分または総資産）に影響を与える。利益は，たとえば研究開発費によって減らされ，株主

---

10 ファイザーの研究開発費は2011年から2013年の間，減少していたため，研究開発費からの現在利益への「影響」（hit）はその前の期間よりも小さい。

持分もまた研究開発資本の不在によって過少評価される。残念ながら投資家にとって，収益性指標が受ける影響全体は複雑で，企業がライフサイクルのどこにいるかで変わってくる。ファイザーは研究開発を**減らしている**成熟企業である[11]。そうした企業にとって，無形資産の費用処理が ROE の分子に与えるネガティブな影響は，分母への影響よりも小さく，したがってファイザーの ROE は高くなるのである。無形資産投資を増やしているグーグルのような成長企業にとっては，会計の影響はこれとは反対で，無形資産の費用処理は ROE や ROA（資産利益率）のような収益性指標を押し下げる[12]。これは非常にトリッキーであり，きっとほとんどの投資家とアナリストは知らない。無形資産会計のねじれはあまりにも大きく，われわれはいま1つ暴露せざるを得ない。

　ボーイング（Boeing）とその競合ロッキード・マーティン（Lockheed Martin）は，異なるイノベーション戦略をとっている。ボーイングは技術のほとんどを内部で開発している——2012年の売上高に占める研究開発費の割合は4％であり，資産に占めるのれんの割合は同社の技術買収の程度を反映して5.7％だった。対照的に，ロッキード・マーティンは主に技術買収に頼っている。同社の2012年の売上高に占める R&D の割合はわずか1％だが，資産に占めるのれんの割合は26.8％で，ボーイングのほぼ5倍であった。ボーイングは研究開発費とその他の技術支出について即座に費用処理している——ファイザーとは違い，これらの支出は増加している——ので，ボーイングの2012年の ROA は押し下げられ，4.6％対7.2％で，事実ロッキード・マーティンよりも低い。だが，本当にボーイングの収益性はロッキード・マーティンよりも低いのだろうか。その可能性はかなり低いだろう。さまざまな要素が ROA に影響を与え，もちろん，企業の異なるイノベーション戦略——自己創設か購入か——に関する一方的な会計処理が ROA の差異に大きく影響し，ボーイングとロッキード・マー

11　2011年，2012年，2013年のファイザーの R&D は，それぞれ87億ドル，75億ドル，67億ドルである。ファイザーの売上高，多くの無形資産（IT コンサルタント料など）を含む販売費及び一般管理費（SG&A）も，この3年間減少した。2014年のファイザーの R&D は84億ドルに増加した。

12　不適切な無形資産会計に起因する業績評価指標の歪みに関して，経験的証拠を援用した包括的な議論については，Baruch Lev, Bharat Sarath, and Theodore Sougiannis, "R&D Reporting Biases and Their Consequence," *Contemporary Accounting Research*, 22 (2005) : 977-1026. を参照。

ティンの，あらゆる信頼性のある収益性の比較を歪め，異なるイノベーション戦略の評価を不可能にしている。これこそが，われわれが本節の表題とした，**誤解を与える情報**に他ならない[13]。

余談として，無形資産会計が誘発する，重要な経営上の意思決定における歪みについて考えてみよう。たとえば，成長企業にとっては無形資産を社内で開発せずに購入することは，（無形資産の費用処理を避けることで）報告利益と資産価値を増加させるだろう。より高い利益を報告したいという欲求は，特に設立から日が浅く利益が少ない企業にとっては，たとえ長期的にはこの行為が誤った戦略であっても，経営者に無形資産の内的創出よりも購入を選ばせるだろう[14]。さて，辛抱強い読者には謝りたいのだが，ここで会計上の問題を提起したいと思う。無形資産をめぐる問題は非常に中心的であるため，それを変更することに対する会計的権威の抵抗もきわめて強いので，効果的で包括的な批判が求められる。

■ さらに悪い知らせ

まるで無形資産の計上に関する会計ルールがさほど悪いものではないかのように聞こえそうだが，財務報告書の不透明さは投資家にとってさらに大きな問題である。米国企業が報告する必要がある（しかし，世界で統一的に報告が求められているわけではない）R&Dの総支出額を除いて，無形資産投資とその結果に関するいかなる有用な情報も，財務報告書は注記と補足データにおいて提供して

---

13 興味深いことに，経済の官庁会計——国民経済計算——は，こと無形資産になると企業会計（GAAP）よりはるかに進んでいる。国民経済計算では，ソフトウェアと研究開発は両方とも，他の無形資産と同じように資産計上される。費用から資本化というこの会計処理の変化は大きな違いを生む。「（資本として）無形資産を含めることで，経済成長の測定パターンにかなりの違いが出ることがわかっている。つまり，生産量と1人当たり生産量の増加率は，無形資産が含まれると明らかにより急激な割合で増加する……」。Carol Corrado, Charles Hulten, Daniel Sichel, *Intangible Capital and Economic Growth*, working paper 11948 (Cambridge, MA : National Bureau of Economic Research, 2006). より。当然，無形資産に関する企業会計の変革によって類似の情報改善が生まれるだろう。

14 取得した場合と比べた内部開発の優位性については，Lucile Faurel, "Market Valuation of Corporate Investments : Acquisitions Versus R&D and Capital Expenditures," working paper (2013). 参照。

いない。思い出されるのは，何年か前にある大手製薬企業の CFO とわれわれの
1 人が会ったときのことである。その CFO は，同社の研究や生産，マーケティ
ング活動を拡大するために実施された何百もの成功したアライアンスとジョイ
ント・ベンチャーを誇らしげに披露していた。われわれは，これらのアライア
ンスは御社の収益源に貢献していますか，と尋ねた。実質的に貢献している，
という回答だった。しかし，御社の財務報告書はアライアンスについて何も語っ
ておらず，御社の損益計算書はすべてのジョイント・ベンチャーに由来する収
益額および費用節約額のいずれも示していないし，この活動の費用も明らかに
していない，とわれわれは言った。CFO は確かに，と頷くも，しかし会計ルール
はそのような開示を求めていないと言った。残念なことに，これもまた真実だ。
このように，主な戦略無形資産にまつわる投資額と成果の両方 ── アライアン
スとジョイント・ベンチャー ── は，投資家たちに完全に伏せられている[15]。

　似たような「沈黙の陰謀」は，その他すべての無形資産についても見られる。
報告された研究開発費は，当該企業が「研究」（R）（新しい技術を開発することを
目的とした基礎研究）と「開発」（D）（現在の技術を微調整するための開発）への投
資額といった，根本的な要素分解なしには全く意味のないものである。そういっ
た要素分解がない状態で，投資家たちは，企業のイノベーション戦略について
目を塞がれたままなのだ。彼らは第一義に模倣者なのか，真の変革者なのか。
少なくとも研究開発費は *総額* が報告されているが[16]，情報技術（特にソフトウェ
ア），ブランドと商標，ユニークな事業プロセス，あるいは人的資本といった，
他の主要な無形資産に対する投資にはあてはまらない。こうした企業価値を強
化する支出は，どれ 1 つとして損益計算書上で別々に開示されておらず，むし
ろ売上高や，販売費及び一般管理費（SG&A）や，他の勘定科目という「墓地」

15　企業の「接続」（アライアンス）のインプット（費用）とアウトプットは外部に報告する
　　必要がないので，内部でも報告されないことが多く，わずかな企業がこの重要な企業活動
　　について手順どおりの評価をしているだけである。このことはコンサルティング企業の
　　マッキンゼー（McKinsey）の報告書によって確かめられている。「……（アライアンスの）
　　成果を手順どおりに追跡している企業はほとんどいない」。James Bamford and David
　　Ernst, "Managing an Alliance Portfolio," *The McKinsey Quarterly*, 3 (2002): 29-39. よ
　　り。
16　ここに何が含まれるかも 1 つの疑問である。革新的でありたい企業のなかには，維持や
　　品質管理のようなあらゆる種類の「関連」費用を R&D に含めるところもある。R&D は会
　　計上，定義が曖昧だ。

の中に埋められている[17]。

たとえば，当該企業が人的資本を開発した（従業員研修に投資）のか，未完に終わらせたのか，あるいは同社がブランドや組織資本を維持しているのか，それらが廃れるがままにしているのかを，投資家が知る方法はない。こうした情報が欠如する状況で，どうやって投資家たちは競合他社同士の戦略を比較できるだろうか。たとえば，最近公表された製品からの収益（**イノベーション収益**）ないし特許権からの収益のような，無形資産への投資活動の**成果**についても何の情報も開示されないので，最も重要なイノベーションにおける投資活動からの**リターン**を投資家が推定する方法も，やはりない。まさに情報の遮断である。無形資産はリスクのせいで貸借対照表上の資産として不適格だという，会計士による見当違いの意見を受け入れたとしても，注記でこうした最たる価値創造因子に関する明快な情報を提供したらどうだろうか？　実に，考えるまでもなく簡単である。

■ 少ない情報ではなく，より多くの情報が必要だ

皮肉なことだが，無形資産情報が少ないままであるよりはむしろ，投資家と経営者は，このきわめて重要な資産に関する情報を実質的にもっと保有すべきだ。なぜか。無形資産は価値創造という点で非常に大きな可能性を秘めていると同時に，影の側面もある。無形資産は管理が難しく，そのパフォーマンスと価値はとりわけ投資家には推定しがたい。次のような例を考えてみよう。

アメリカン航空（American Airline：AA）の貸借対照表上に500百万ドルの価値のある航空機を目にした時，投資家は，この航空機がユナイテッド航空（United）によって持ち去られたり，自然に消滅したりしないかと過度に不安がりはしない——企業の有する物的資産に対して，そうした考えを持つのはばかげている。投資家は，航空機のタイプや年式，そして中古航空機の公開価格データに関する注記情報から，AA の航空機群の本当の（貸借対照表とは対照的に）価値をかなり正確に確かめることができる。同様に，航空機の設備稼働率（有償座

17　実際，最近の研究は企業の販売費及び一般管理費が増え続けていることを示している。Anup Srivastava, "Why Have Measures of Earnings Quality Changed over Time?" *Journal of Accounting and Economics*, 57 (2004)：196-217. 参照。

席利用率)に関する情報によって，投資家は航空機の生産性とその運用の効率性を推定することができる。要するに，航空機や工場および機械設備のような物的資産は，担保性，価値，生産性に関する不確実性がかなり低く，有形資産が豊富な企業の価値を投資家が測定できる精度は相応に高いといえる。

　対照的に，無形資産の独自性や市場性のなさは，投資家に深刻な問題をもたらす。大抵の物的資産あるいは金融資産は透明性のある市場で取引されているので，観察された取引と価格から，投資家はその価値をかなり正確に推定できるが，無形資産には透明性のある市場がない。特許やブランドにも一定の取引はあるが，詳細(価格)の公表はまれだ。したがって，投資家にとっての重要な情報源 ── 市場価格あるいは類似する資産(たとえば，近所で売りに出されている家)の価格 ── は，無形資産については入手できない。無形資産は唯一無二のものだから，競合他社の報告書から無形資産の価値について学ぶこともできない。ファイザーの特許はメルク（Merck）のようではないし，コカ・コーラのブランド（ネスティー（Nestea））はペプシ（Pepsi）のもの（ドリトス（Doritos））とは全く似ていない。つまり，ファイザーの価値を測定するアナリストは，同社の最も重要な資産について他の医薬品企業からうかがい知ることができない。無形資産に関連するリスク ── 侵害，破壊，不当な模倣(航空機は盗まれないが特許はしばしば侵害される) ── も，物的資産や金融資産のリスクとは異なり，投資家たちがもつ無形資産のリスクに関する情報は不足している。

　無形資産に関するこうした深刻な情報不足を所与とすると，読者はこの重要な資産に関する相当詳細な情報が企業の財務報告書のなかに開示されることを期待するかもしれないが，実際には何もない。結果として，今示したように，この情報の穴が，財務報告の有用性を迅速に低下させた主要な要因である。

無形資産と会計の有用性喪失

　本章ではここまで，中核的な企業の価値創造因子になりつつある無形資産の劇的な隆盛と，会計システムと財務報告システムがこの発展を不可解にも認識していないことを論じてきた。また，無形資産の隆盛と会計の有用性低下の結びつきについても触れたが，この結びつきに関する実証はしていない。ここで証拠を見せよう。

126　◆　第2部　有用性がなぜ喪失したのか？

　無形資産の隆盛は最近の現象ではない。1980年代初頭，無形資産は，主として特定の研究開発集約型の化学，医薬品，および電気機器企業が有しており，ブランド集約型の消費者向け事業（コカ・コーラ，P&G（Procter & Gamble））も同様だった。1980年代は，ソフトウェアやバイオテクといった，実質的に無形資産型の産業の誕生が見られた。1990年代には，インターネットと通信部門の急成長とともに無形資産集約的な傾向が取り上げられ，さらに2000年代はヘルスケアと再生可能エネルギー企業が注目された（ワールド・ワイド・ウェブ（World Wide Web：WWW）は1991年開始）。さらに，1980年代初頭には，伝統的産業——鉄鋼，石油・ガス，小売り，金融——における既存企業と新規参入企業が，競争優位は独自のイノベーション，たとえば小規模鉄鋼所，オンライン保険，ガス破砕技術などから確保され，得られるということに気づいた。結果として——これが重要だが——1970年代終盤以降，新規事業の相次ぐ誕生は，一般的に，既存資産ではなく無形資産に依存したものであった。そして，もし無形資産の大きさが会計の有用性低下の原因となっているなら——そして，これがわれわれの検証の最も重要な要点である——，1970年代，1980年代，1990年代と，新規公開企業が続々と増えていくなかで，財務報告の有用性は**低下していくはずである**。これは，無形資産による会計の情報有用性を証明する因果関係の検証である。

　われわれは，1950年代，1960年代，1970年代，1980年代，1990年代，そして2000年代の過去60年間のそれぞれにおいて，株式を公開した（米国の証券取引所に上場した）企業に焦点を当てる。各期間の新規上場企業に対し，第3章で全企業について行ったような会計の価値関連性テストを最初に実施する。すなわち，10年間の最初の年（1951年，1961年など）から開始し最後の年で終了する各期間において市場価値（時価総額）と年次利益および純資産を関連づける。**図8.2**は，この10年ごとの回帰の決定係数であり，1950年代，1960年代，1970年代，……，2000年代[18]の利益ならびに簿価と，投資家による株式公開企業群の評価との関連性を示している。各期間は**図8.2**の棒グラフで表されている。棒グラフの

18　**図3.1**と同様，この回帰で，われわれは発行済み株式数を規模調整として含めた。**図3.1**と**図8.2**の違いは，前者は各年にその年に上場しているすべての企業（データが入手できたもの）を含んでいるのに対して，**図8.2**の棒グラフが表しているのはその10年の間に市場に上場した企業だけである。

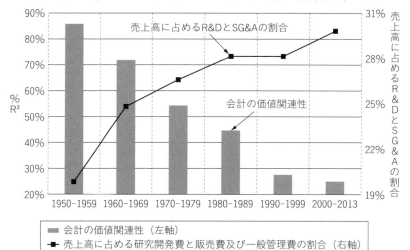

[図8.2] 会計の価値関連性低下（上場企業，決算年度別）

（注） 新規上場企業の時価総額を利益と純資産で回帰した R^2（決定係数）。1950〜2013年の10年ごと。

上部にある右上がりのカーブは，企業の無形資産集約度を反映している。

著しく減少している棒グラフから得られるメッセージは明らかだ。新規上場企業については，一般的に既存資産よりも無形資本に資金が投じられており（右肩上がりのカーブを見てほしい），財務情報の関連性が急激に低下している。つまり，1950年代に80％を超えていた決定係数が2000年代には約25％になっている。連続する各10年間において，主要な会計数値の価値関連性はかなり減少しているようである。株式市場の参入者のこうした相次ぐ誕生を特徴づける主な特性は無形資産集約度の増加である（図8.2の研究開発費と販売費及び一般管理費のグラフを参照。多くの無形資産投資は販売費及び一般管理費に含まれる）ので，明らかとなる結論は，無形資産集約度が財務情報の有用性が急激に低下した**主たる原因**だということである[19]。

---

19 各10年間における新企業の構成変化に懸念をもつ読者のために，われわれは，この6期間を通じて継続して存在した企業に焦点を当てたもう1つの検証を行った。最初の30年から後半30年にかけて対売上高研究開発費率を増やした企業群は，前半期よりも後半期の方が急激に会計の有用性が低下した。対売上高研究開発費率を変えていないか減らした企業の会計の有用性は不変だった。やはり，無形資産の増加は会計の価値関連性を害する。

彼らにとって得策ではない

　最後に，読者の皆さんはこう考えると思う。無形資産に関する会計——あるいは，むしろ会計ではないもの——が財務情報を損なわせているとすると，財務情報の開示に最も責任を負うべき企業経営者や，財務情報の質と関連性を保証する監査人たちは，無形資産に関する古めかしい会計ルールの変更に向けて立ち上がらないのだろうか。彼らの関心がその方向に向けば，経営者と監査人は会計基準設定者へのロビー活動をいとわないし，むしろ懸命にやる。なぜ，経営者と監査人は無形資産会計に無関心なのだろうか。

　われわれが考えるに，理由は彼らの動機のなかにある。そもそも経営者は無形資産のような比較的リスクのある資産を貸借対照表に計上することを嫌がる。なぜなら所有権侵害や技術的な変化（崩壊）が彼らの無形資産を減少させる可能性があり（アップルのアイフォン（iPhone）によってブラックベリー（Blackberry）の特許が毀損されたことを考えてほしい），そうなると経営者は価値の下落（減損）を報告しなければならず，会社の社外取締役や株主からの厄介な質問に向き合わなければならなくなるからである。経営者にとってましなのは——もちろん，投資家にとってではない——，何年もの間，価値を創出するか，無形資産を取得することに責任を負い続けることよりも，費用化することでそのような資産を貸借対照表（と投資家の記憶）からすぐに消してしまうことだ。皮肉過ぎるだろうか。そうかもしれないが，明らかに時代遅れで非論理的な費用処理と不透明な無形資産についての経営者たちの共謀を，ほかにどう説明できるだろうか[20]。

　監査人は別の動機をもっている。彼らは，予期せざる損失や事業の失敗によ

---

[20] 研究開発支出のルールの制定に先行して，1970年代にFASBが応答したコメントレターによると，回答のあった経営者と監査人は，提案された無形資産支出のルールを支持した。陰謀説は興味深いが，他ならぬ巨大な，優良企業のCEOから言われた言語道断な一言はこうだ。無形資産を費用化するときは，無形資産支出，つまり研究開発費を削減し，報告利益を1ドルでも増やす。無形資産を資本化するときは，（即時費用化に代わって）多くの無形資産の減価償却が過去の無形資産支出によって決定されるため，支出を削減することは，当期の費用と利益に与える影響ははるかに小さくなる。無形資産の即時の費用化がまさに経営者に強力な利益調整手段を与えている，とのことだった。

る当該企業の株価の大幅な下落の後，原告によって，監査人は貸借対照表上の
ある資産の脆弱性やリスクについて投資家への警告を発し損ねたと申し立てる
ような株主訴訟に大きな関心を寄せている。無形資産が資産として報告されず，
監査人がその価値を保証しなければ，こうした訴訟リスクは軽減される[21]。この
ように，会計ルールと報告ルールの主要な「影響力行使者（インフルエンサー）」
——経営者と監査人——は，投資家情報の明白な欠如と毀損であるにもかかわ
らず，現状維持がとにかく幸せなのである。無形資産に関するより良い情報を
求める投資家による強制力のある要求しか，経営者と監査人に無頓着さを改め
させることはできないだろう。

■ 小　括

　過去四半世紀においてビジネスで最も大きく進展したのは，価値創造のため
の企業資源のなかで無形資産が傑出したことである。この変化は実業界のあら
ゆる面に影響した。会計を除いて。われわれは本章で，無形資産がその唯一無
二の特質をもつがゆえに，少なくとも物的資産や金融資産より*詳細な*開示を必
要としていることを主張し，無形資産が会計の有用性低下の主たる原因である
ことを証明した。無形資産を無視すれば，財務報告が真に向上することはない
ことは明らかである[22]。しかし，無形資産だけが会計が衰退した理由ではない。
次章もおつき合いいただきたい。

21　おそらく，会計変革の希望の兆しがある。2013年12月7日のエコノミスト誌（*The Econo-mist*）は基準の変更可能性と，米国ならびに欧州連合の財務諸表に対する著名な監査人の
報告を掲載した。「「重要な監査上の懸念」においてより有用性の高い監査を志向するなら，
監査された事業がその無形資産をどのように評価したか，といった判断を監査人に求める
べきである」(p.68)。

22　OECD（経済協力開発機構）による主張。ウォールストリート・ジャーナル紙（*The Wall Street Journal*）は2年間の研究によって，OECDが次のように結論したと報じている。
「……企業は今日，知的資本に対して，機械や備品のような物的資産に対するよりもはるか
に多く投資しようとしている。それは，OECDによれば，政策決定者や，ビジネス，そし
て*経済活動の測定方法*に対して新たな難題を創り出している」（強調部分は著者）。Nina
Adam, "Business Investment Is Changing Its Stripes," *The Wall Street Journal*
(August 17, 2015), p.A2. 参照。本章は，時代遅れの無形資産会計によって起きる企業活動
の測定と報告に対する難題に焦点を当てた。

◆ *131*

第 9 章

会計：事実かフィクションか？

会計情報は一般的に事実に基づいているものと信じられている（企業が
500単位の製品を購入したかのように）が，誤解にもほどがある。勘定科目 ——
収益や費用，そして資産のような —— は，ますます経営者の主観的な見積
りや予測に基づくようになり，それは時に完全な推測値である。われわれ
は本章において，会計規制によって見積りの頻度が急激に上昇しているこ
とを示し，この上昇を会計の有用性低下と経験的に結びつけることによっ
て，こうした見積りが投資家にとっての財務情報の有用性に与える有害な
効果をあらわにする。つまり，会計の有用性喪失の第2の主要な原因を明
らかにする。

■ 「GEは暮らしに良い製品をお届けします」 しかし会計にとっては……

ゼネラル・エレクトリック（GE）の2013年の継続事業に由来する1株当たり
利益(EPS)は，2012年の1.38ドル，2011年の1.23ドルのそれぞれと比べて，1.47
ドルに上昇した。会計の正確さに驚かないだろうか。307,000人の従業員と1,460
億ドルの年間売上を持つ世界的企業が**最後の1セントまで**利益を計算してい
るのだろうか。1.46ドルでも，1.48ドルでもなく，1.47ドルのEPSである。不
確実性（「約1.50ドル」）もなく，レンジ（「1.40ドルから1.50ドルの間」）でもな
い。企業業績を，正確かつ議論の余地がないかのように測定している。会計シ

ステムが非常に長い間，実用に耐えてきたことに何も不思議はない。この世に
これほど堅固で信頼性のあるものがあるだろうか。

　しかし，その輝く表面を削ると，この正確さと明確性はすべて表層的なもの
だったとわかる。背景に潜んでいるのは，気の滅入るような不確実性と不明瞭
さである。GEの2013年の1,460億ドルの売上から始めよう。これは確かに事実
だ。正確な測定に従っているし，顧客に対する実際の売上高を表しているのだ
から。しかし，少し待ってほしい。1,460億ドルの売上のある部分は，実は経営
者の主観的な見積りに基づいている。その点でかなりの見積りがあると言える。
ここに，2013年の商品ならびにサービスの売上の注記にある，GE自身の言葉を
掲載しよう。

　　　われわれは長期契約の総売上高……巨大石油採掘設備計画と長期建設計
　　画……を*見積もって*，予定費用総額に対する*見積り*に関連させて，収益を
　　認識する。われわれは商用航空機エンジンの売上を，われわれの契約別に
　　見積もられた，発生費用に対する*推定*粗利益率を適用して測定する。われ
　　われの売上と費用に関する*見積り*の重要な要素に，値引きと実績に基づい
　　た保証が含まれる。

　おわかりいただけただろうか。複数の見積り —— 経営者の主観的な予測 ——
が1,460億ドルの売上の背景に存在する。投資家にとって最も重要な質問 ——
総売上高のうち，いくらが見積りに基づいていて，いくらが事実なのか ——。
（5％の見積りと95％の正規の売上なのか，それとも30％の見積りと70％の正規
の売上なのか？）について，GEは何も語らない（求められていない）。では，ど
うすればGEの2013年の売上は実際に1,460億ドルだった，いや1,350億ドル
だった，と確信できるのか。誰にもわからない。

　ここでの曖昧さは売上高にのみ関連したものを取り上げたにすぎない。続い
てGEの損益計算書を見ると，多くの費用項目がやはり見積りに基づいている
ことがわかる。たとえば，有形固定資産の減価償却と無形資産償却，貸倒引当
金，年金費用と保証費用，株式報酬費用などだ。それにボトムラインである2013
年の1.47ドルのEPSは，決して正確な数字ではない。実は，幾層にも積み重
なった経営者の主観的な見積りや予測，時に完全な推測に基づいているのだ[1]。

あえて言えば，企業の経営者でさえ，1.47ドルのEPSのいくらが事実なのか，いくらが見積りの結果なのか，わかっていない。利益の根底にある見積りの想定がわずかに異なれば，1.47ドルのEPSは簡単に1.30ドルや1.55ドルになる。驚くべきことに投資家たちは，アナリストたちのコンセンサス予想のわずかな誤差を真面目に捉えている。テレビの視聴者は，その投票結果は一定の誤差(±3％)があると警告されるが，一方で投資家は「定義された」数字を見せられる。重要なのは，見積りがGE特有のものではないことに気づくことだ。経営者の主観的な判断は会計と財務報告の本質で，実質的にすべての企業の財務報告書に大きな影響を与えている。

■ 見積りは，どのようにして会計を支配したのか？

有限責任会社が事業を実施する主要な形態として設立された19世紀後半から，会計は長い道のりを経て変化していった。当時に戻ると，利害関係者に対する企業の財務報告書は，供給業者に対して支払われた金額，顧客から受け取った金額，投資家や債権者から調達された資金，工場，機械設備への一連の投資額，企業買収，あるいは株主に対する配当といった事実を主として反映していた。権威ある会計機関は，ここ何年も，財務報告書の中に主観的な項目を積み重ねることを求めるような，膨大な量のルールや基準(一般に公正妥当と認められた会計原則，すなわちGAAP)を次々と制定している。貸借対照表上に，顧客が負う実際の金額(売上債権)を記載するだけではなく，GAAPはそこから，予測される貸倒れから見積もった損失を引くという要件を課している。あるいは，もし棚卸資産の原価が市場価格を超過するときには，棚卸資産の原価(事実)を記載する代わりに，市場価格（しばしば見積りである）にまで減額しなければならない。他にもある見積りを概観すると次のとおりだ。製品保証引当金，年金費用および退職給付費用，資産とのれんの減損，そして最近では，従業員株式報酬

---

1 たとえば，従業員年金費用——一般的に巨額の項目である——は，年金資産（企業が，従業員年金負債をまかなうために株式市場に投じている資金）がもたらす長期（5～7年）の期待運用収益の推定が求められる。5～7年間の株式市場のパフォーマンス予測を真剣に受け止めているのは会計士だけだ（あなたは明日の市場のパフォーマンスを予測できるだろうか）。

費用，資産および負債の公正価値評価益あるいは評価損（全くもって見積りだらけだ）。しばしば，1つの費用項目のなかに複数の見積りが幾層にも織り込まれている。たとえば，従業員株式報酬費用は，3つから4つの異なる見積りないし予測（予測配当利回り，利子率のレンジ，予測変動率，予測寿命）が必要で，これらが1つの項目に混在している[2]。貸借対照表も，経営者の見積りに基づいた項目で充満している。たとえば，市場性のない金融資産や金融負債は，現在（公正）価値に調整されるが，これらの市場性のない資産ないし負債には市場価格がないため，そのような調整は実際のところ見積りである。そして無形資産（のれん，インプロセスR&D）の価値もまた，事業買収（M&A）を通じて獲得した資産と負債の公正価値を決定するプロセスに由来する見積りである。

　会計はどのようにして，経営者の主観的な見積り，判断，そして予測にこれほど大きく依拠するようになったのだろうか。なぜ，深遠なる会計哲学者であるA.C.リトルトン（A.C. Littleton）の賢明な意見が全く無視されたのだろうか。彼はこう言っている。「会計は現実にのみ関係するものである。言うなれば，会計が事実という碇を失うと，心理学的な推定の海に漂うこととなり，それは会計の力を超えている[3]」。簡にして要を得た答えは，善意が暴走しているということだ。

■ 取得原価を離れて

　企業の資産は，かつては当初の取得原価で貸借対照表に計上されていたが，取得日から現在まで時間が経つと，当初の原価はしばしば現在の資産価値から外れる。10年前に購入した家に今日でも同じ価値があるだろうか。したがって，価値の更新（時価会計）は，資産・負債価額の現実的な報告書としての貸借対照表の有用性を保つために要求された。もちろん，組織化された透明性ある市場

2　2011年の年次報告書では，従業員株式報酬の評価の注記において，シスコ（Cisco）は次のように記述している。「……当社の従業員株式報酬にとっては，経営者の意見として，既存の（従業員株式報酬の）評価モデルは正確な公正価値を提供しません……」。その後の報告書にはこのコメントはなかった。評価モデルが良くなったのだろうか？

3　A.C. Littleton, "Value and Price in Accounting," *The Accounting Review*, 4 (1929): 147-154.

において取引される資産や，その市場価値が中古車（有名な「ブルーブック」）や中古機器のように公に入手可能な価格や，かなりの取引高がある地域における実際の不動産販売のように観察可能な同種の取引から，確実に確かめられるような資産に対しては，こうした要求は大いに意味がある。しかしながら，すべての資産と負債を「公正に評価すること」（現在価値へ調整する）へ熱意を燃やしながら，会計基準設定者は，組織化された市場において取引されていない，類似する取引証券がない金融商品ならびにその他の特定証券（会計の専門用語でいう「レベル3」資産と負債）のような，さまざまな資産と負債に時価会計を強制適用した。そのような資産と負債の「価値」は，どのような現実あるいは事実によっても固定されない。それらはしばしば複数の想定と予測を用いた複雑なモデルに由来していて，間違いや操作が行われやすい。そのような時価会計についてウォーレン・バフェット（Warren Buffett）は次のように皮肉っている。「これは時価評価（marked-to-market）ではなく，神話による評価（marked-to-myth）なのだ」。

　同様に，貸借対照表の有用性を高めたいという会計基準設定者の意欲は，固定資産とのれんの価値について，その公正価値が簿価よりも下落したときには必ず公正（市場）価値に下方修正する，という要請につながった。これらのいわゆる**資産の切り下げ**は，多くの場合，資産の曖昧な長期将来キャッシュ・フローについての，ほとんど信頼できない予測に基づいた疑わしい見積りである[4]。事業に使われている大多数の資産（工場，機械）は，生産プロセスにおいて，情報技術のような他の企業資源と一緒に使われているので，どのような特定の将来キャッシュ・フローも割り当てることができない。したがって，こうした資産と負債の「公正」な価値と，結果として利益に影響することになる減損費用は，どちらも監査は難しいが操作は簡単[5]という，疑わしい見積りにしばしば依拠している。この批判は度を越しているだろうか。ある同僚は，見積りを「おお

4　財務報告基準第144号（ASC 360, 2001）。国際会計基準審議会のハンス・フーガーホースト（Hans Hoogervorst）議長は，2012年に「のれんのほとんどの要素は，不確実性が高く主観的で，結局は幻影だ」と発言している。http://www.ifrs.org/Alerts/Conference.

5　たとえば，経営者が資産とのれんの切り下げを，その結果生じる費用に投資家の注目を集めなくなる時まで遅らせることが示されている。Kevin Li and Richard Sloan, *Has Goodwill Accounting Gone Bad?* working paper (Barkley : University of California, 2014). 参照。

136 ◆ 第2部　有用性がなぜ喪失したのか？

よそ正しいのだから，完全に間違っているよりはましだ」という決まり文句で
正当化した。しかし，そうした見積りの信頼性（信頼区間）や，売上高と利益に
与える影響についての情報を投資家に提供しないなら，見積りは情報ノイズを
ただ増すだけである。

　すべての見積りが同じように生ずるわけではないので，われわれはすべての
会計上の見積りを拒否しているわけではない。貸倒引当金や製品保証引当金の
ような，過去の実績に基づいているいくつかのものは合理的に信頼できるが，
それ以外の多くのものは違う。後者の生々しい実例は，ファイザーの2006年の
年次報告書に見られる。そこではM&Aによって取得されたインプロセス
R&D (IPRD) の貸借対照表価額を決定する際に必要なさまざまな見積りを記述
している。

> 　……　予想される将来キャッシュ・フローの金額とタイミング；IPRD
> を商業的に実現可能な製品へ発展させるのに必要な費用の予測額とタイミ
> ング，将来キャッシュ・フローに内在しているリスクの測定のために選択さ
> れた割引率，資産のライフサイクルと資産に影響する競争環境の査定……

　そして，こうした推測と憶測の融合は貸借対照表にも現れ，投資家たちによっ
て真剣に受け止められているはずだ[6]。

　会計上の見積りの信頼性を強化する具体的な提案 —— 重要な見積りをその後
の実現（値）と比較する定期報告書の義務づけ，それは見積りのズレがあれば，
それに関する経営者コメントを含む —— は過去に行われ，それなのにいずれも
適用されなかったか，あるいはわれわれの知る限り，規制当局によって真剣に
検討すらされてこなかった[7]。われわれの提案する救済策（本書の第3部）は，
それらとは大きく異なるものだ。われわれの情報パラダイムでは，ほとんどの

6　転換社債（SFAS No. 150, 2013）のように，時に将来事象の予測は貸借対照表における
　勘定の区分すら決める。そうした社債は，将来日に株式に転換できるのだが，発行企業の
　経営者に，その社債が将来転換されるかどうか予測することを求めている。そのような見
　解あるいは推測が，当該社債が株主持分に含められるべきか負債に含められるべきかとい
　う，企業のレバレッジ（負債/株主持分比率）に影響する重要な選択を決めてしまう。明ら
　かに，その社債が転換されるかどうかは企業の将来の株価次第であり，経営者も，われわ
　れも含め他の誰も十分な知識をもてるものではない。

見積りが必要なくなる。しかし，われわれのこれまでのアプローチに忠実に従って，まずは財務報告書における会計上の見積りの普及が確かに進んでいて，それこそが財務情報の有用性低下の主要な原因であることを実証していこう。

■ 時間を巻き戻せ

　会計上の見積りが財務情報の有用性低下の主たる原因であるならば，見積りの頻度や影響力は増加しているはずだ。では増加していただろうか。これを確かめるために，われわれはS&P500を母集団として，重要な経済部門である製造業，小売り，防衛，技術，メディア・エンターテインメント，金融サービス，そしてエネルギーを代表する50社を無作為に選んだ。次に，期待（expected），見積り（estimated），予測（projected），予想（anticipated），可能性のある（likely），想定（assumed）など，見積りや予測という言葉の類義語をまとめた「辞書」を編纂した。最後に，近年の傾向を見つけ出すために，1995年，2000年，2005年，2011年，2013年の5年を選んだ。代表企業50社について各年の年次報告書の注記（説明）を丁寧に読み ── しばしば50から60ページに及ぶ ── ，「見積り関連用語辞書」にあるキーワードが注記で言及される回数を数えた。

　図9.1は見積り関連用語がサンプル企業の過去20年間の年次報告書で言及された回数の，平均値と中央値の推移を示している。明らかに，企業の年次報告書の注記における見積り関連用語の頻度は中央値も平均値も増加し，1995年の財務報告書においては平均して約30回であったものが，10年後（2005年）には100回前後になり，2013年にはさらに150回に拡大している。主たる増加は2000年から2011年の間に生じているが，この期間を通じた5倍への増加は公正価値（時価）会計に関する重要な新会計基準の施行と同時であった。つまり，財務報告書における見積り関連用語の頻度の増加は，これらの報告書作成における実際の見積りの数の増加を示しているとすれば，実際に第1部で示した財務情報の有用性低下と見事に関連している。

　サンプル企業50社を用いたわれわれの証拠は，よく似た手法を使いながらも

7　見積りとその後の認識を一致させる必要がある情報が財務報告書で提供されることは滅多にない。詳細は第17章参照。

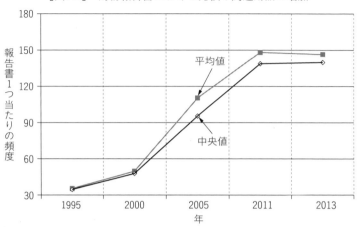

[図9.1] 財務報告書における見積り関連用語の増加

(注) サンプル：S&P500企業50社。

はるかに多いサンプル——4,000社（算出にはコンピュータを用いた）——を用いた最近の研究によって完全に裏づけられている[8]。われわれと同様，著者たちは1990年代から2000年代にかけて見積り関連用語の頻度が絶えず増加していることを示している。重要なことに，彼らは見積りに言及する頻度がその後の株価リターンと負の相関をもつことも報告している。これは，見積りに基づいた財務情報は誤謬を生みやすかったり操作されやすいことを，投資家が十分に認識しているわけではないことを暗に示している。彼らは結局，後で財務報告書が経営者の見積りに非常に依存している企業の株価が後の期に下落しやすいことを発見するにすぎない。これは恐らく楽観的な見積りのベールによって，窮境にある事業活動が隠されているからだろう。会計上の見積りの蔓延は，確実に投資家にひどく不利な結果をもたらしている。

　読者のなかには，見積りについて**語ること**——見積りへの言及の頻度を数えた先の検証——は，見積りの実際の数と同じなのか，さらに重要なことを言えば，見積りが財務情報にもたらす影響力と同じなのか，と疑問に思う方もいるかもしれないので，図9.2で「真実」を示そう。

---

[8] Jason Chen and Feng Li, *Estimating the Amount of Estimation in Accruals*, working paper (Ann Arbor : University of Michigan, 2013).

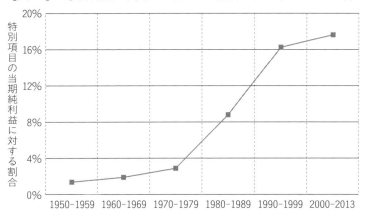

[図9.2] 当期純利益に関連する特別項目金額の増加（1950〜2013年）

ここでは，事業再構築費用と合わせて，さまざまな主観的な会計上の見積りを包含する「特別項目」として知られる損益計算書項目に焦点を当てている（減損費用など）。図9.2は1950年から2013年における，すべての上場黒字企業の特別項目（利益に占める割合）の平均値を10年ごとに示している。以上から，利益額に対する特別項目の割合で測られた財務情報への影響(図9.2)，そして損益決定に使われた見積りの数の急激な増加（図9.1）のいずれからも，会計上の特別項目──複数の見積り──が報告利益に与える影響が過去20年にわたって継続して上昇していることを裏づけている。

決定的な証拠

ということで，過去20年から30年にわたって会計上の見積りとその影響力が格段に高まったわけだが，このことを直接，財務報告書の有用性の低下に結びつけることができるだろうか。この疑問に対処するために，われわれは検証した5年（1995年，2000年，2005年，2011年，2013年）の各期間において，財務報告書における見積り関連用語の頻度の増加が報告されていた(図9.1)S&P500企業50社を順位付けし，見積り用語の頻度別に2つの同規模グループに，すなわち中央値(中点)上位と下位に分類した。次に，各企業グループの当該5年間それぞれについて，第5章で紹介した利益の有用性テスト，つまり当期と前期の利

益（ROE）[9]を用いた翌年の利益予想を実施した。最後に，この利益予想から得た予想誤差の絶対値（予想値と実際の報告利益を比較）を算出し，その値を見積りの頻度が中央値よりも大きいグループと小さいグループとでそれぞれ平均した。

もしも，われわれの主張どおりに会計上の見積りが利益の有用性低下の原因となっているのであれば，見積り（見積り関連表現で代理）の頻度が中央値より低い企業の利益予想は，見積りの頻度が中央値より高い企業の利益予測より正確なはずだ。見積りが多いと，予想はより不正確で，利益の有用性はより低い[10]。それこそがわれわれが発見したことである。図9.3はこの検証の結果を示している。図9.3の棒グラフは，見積りに言及する頻度が中央値より高い企業群と，中央値より低い企業群の間の，利益の平均予想誤差（不正確さ）の差を表している。すべての棒グラフが正であるという事実は，利益予想――主要な投資家の行動だ――は，見積りが少ない企業と比較して，多くの会計上の見積りを

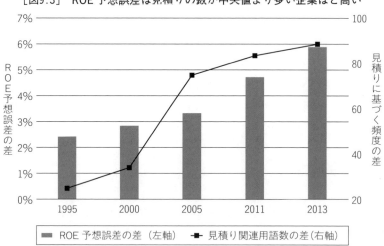

[図9.3] ROE予想誤差は見積りの数が中央値より多い企業ほど高い

（注）見積り関連用語の頻度が中央値より多い企業群と少ない企業群の間の，ROE予想誤差の差異。

---

9 50社は規模が異なるため，利益を予想するのではなく，規模で調整された株主資本利益率（ROE）を予測した。

10 もちろん，見積りの数と利益予想の正確性の両方に影響するような付加的因子が働いているかもしれない。

持つ企業についてより不正確であることを意味する。そして，棒グラフが上昇
しているという事実は，そうした見積りの数とそれらの悪影響が，徐々に増大
していることを示している（2グループ間の見積り関連用語の頻度の差を示してい
る折れ線の上昇を見てほしい）。

■ 小　　括

　ここまで，過去20年から30年間にわたり財務（会計）情報の根底にある主観的
な経営者の見積りと予想の量が急激に増加したことを示した。そして，見積り
増加を財務情報の有用性の低下と直接結びつけてきた。会計上の見積りの信頼
性を強化するための良識ある提案はすでに行われている（第17章も参照のこと）[11]
が，見たところ，まだ実行されていないようだ。われわれが望ましいと考える
解決策 —— 本書の第3部で詳述される —— は，大多数の経営者の見積りを捨て，
第一義的に事実に頼ることである。できるはずだ。

---

[11]　Baruch Lev, Stephen Ryan, and Min Wu, "Rewriting Earnings History," *Review of Accounting Studies*, 13 (2008)：419-451. 参照。

第10章
作為の罪と不作為の罪

　　財務情報の有用性低下の理由はもう十分だろうか。だが，われわれはもう1つ示さずにはいられない。なぜなら，これは専門家たちの目を巧みにすり抜けているものだからだ。会計には正確さや包括性をまとった雰囲気があるにもかかわらず，会計の網を逃れるか，体系的に偏った方法で報告される，価値を変動させる重要なビジネス事象が増えているという悩ましい現実がある。われわれは本章で，このありふれた，しかし周知されていない不作為が，会計の有用性喪失の重要な一因であり，また解決の糸口になることを示す。

■ 会計のミッシング・リンク

　2013年9月20日，ドイツのバイオテク企業，プロセンサホールディングス NV（Prosensa Holdings NV）は，筋ジストロフィーの治験薬ドリサペルセン（Drisapersen）が患者の治癒において気休め以上の効果がないことを公表した。これはあらゆる医薬品企業とバイオテク企業にとって悪夢であり，そして確かに，投資家たちの反応は迅速かつ手厳しかった。プロセンサの株価は，この臨床テストの失敗が報じられると70％も沈んだ。しかし，損失はこれで終わりではなかった。別の筋ジストロフィー薬を開発している競合のバイオテク企業，サレプタ・セラピューティクス・インク（Sarepta Therapeutics Inc.）の株価が，プロセンサの失敗公表によって18％上昇したからだ。ある企業の損失は別の企

業の利得になるということだ。巨大医薬企業はさまざまな開発薬のポートフォリオをもつため，臨床テストの失敗によって重大な打撃を被ることはないが，そうはいっても打撃は受ける。英国の巨大創薬企業であるアストラゼネカ（AstraZeneca）は，重度敗血症のフェーズ２Ｂのテストが失敗に終わったと公表した2012年８月８日近辺で，株価を2.5％失った。読者の皆さんが驚かないように言っておくと，投資家たちはもちろん悪いニュースにばかり反応するわけではない。2013年６月24日，アイシス（なんという社名の選択だ）ファーマシューティカルズ（Isis Pharmaceuticals Inc.，2015年に Ionis Pharmaceuticals に社名変更）が，APOC II という薬が血中の「善玉」コレステロール値を首尾よく上昇させたことを示す臨床テスト結果を公表すると株価が約30％上昇した。

　われわれが，読者の皆さんとこれらの臨床テストの公表を共有した理由は，それらが企業価値に明らかに重大な影響をもつ —— 臨床テストが成功した場合は将来収益と利益の増加を示唆し，臨床テスト失敗の場合はその逆 —— にもかかわらず，それらは会計システムには何の影響ももたないからである。これが，われわれの指摘したいポイントだ。類似する重要なビジネス事象 —— ソフトウェアやテクノロジー商品に対する「ベータ・テスト」（技術的な実現可能性）の結果や，企業の営業活動に影響する法律あるいは規制の変更，または重要な役員の辞任のような —— についても，これらのイベントが，収益あるいは利益に影響する時まで，それはまだまだ先のことかもしれないが，会計システムは無視する。そうこうしているうちに，投資家たちがこうしたイベントを知ればすぐに反映される株価と，イベントに無関心な企業の財務報告書との間の亀裂は広がってしまう。これが，本書の第１部で述べた，財務（会計）情報と企業価値の間にあるズレが拡大するもう１つの理由である。しかし，なぜ会計専門家はあるビジネス事象は認識する一方で，それ以外のものを無視するのだろうか。以下で少し解説をさせてほしい。

■ 会計事象と非会計事象

　本書を通じてわれわれが指摘したように，会計システムには少なからぬ弱点がある一方で，会計が秀でているものが１つある。それは，事業取引の細部まで行き届いた記録をすることである。実は，ルネサンス期の数学者であり，そ

第10章　作為の罪と不作為の罪　◆　*145*

の名著『Summa de Arithmetica, Geometria, Proportioni et Proportionalita』
（邦題『算術・幾何・比及び比例全書』）において「複式簿記」を体系化して一般大
衆に広めたルカ・パチョーリ（Luca Pacioli）（1445年～1517年）は，会計の記録
からは何も省略されず，そうした包括的な取引記録が，成功する事業運営と企
業統治にとって必須である，と読者に警告していた[1]。

　しかし，会計システムによって非常に細かく捕捉され，後に企業の財務報告
書にまとめられるビジネス事象は，第1に**第三者との取引**である。たとえば，
供給業者からの購入と取引先への販売，賃金，賃借料，そして利子の支払い，
株式と社債の発行，長期保有目的の資産と証券に対する投資も同様である。し
かし，多くの重要なビジネス事象 ―― 本章の冒頭で言及した臨床テストの結果，
重要な契約の締結もしくは破棄，外部要因による企業技術の破壊，あるいは重
要な人材の喪失 ―― は，第三者との明確な取引ではないから，すぐには記録さ
れない。それらの会計上の認識（記録）はそうした事象が企業の資産価値，収益
あるいは費用に影響を与えるまで遅らせられ，しばしばかなりの遅れが生じる。
一方，こうした事象は企業価値に重要かつ直接的な効果をもつにもかかわらず，
あるいはもし投資家がそれを知ったら大きな株価変動を引き起こすにもかかわ
らず，財務報告書において行方不明者（Missing in Action : MIA）なのである。
重要なことに，**図10.1**で示すように，取引ではない事象が企業価値に与える影
響は相当に大きいばかりでなく，徐々に**増加してきており**，明らかに第1部で
示された財務報告書の有用性低下の一因となっている。第3部で示すような有
用性をもつ企業報告であれば，投資家にそうした事象の発生に対して適時に注
意を喚起させるはずだ。

　図10.1は，過去20年間の推移を4年ずつ（1994-1997, 1998-2001, ……2010-2013），
企業によるSECのフォーム8-Kファイリング数の平均値と，それらの経済的
影響度をともに示したものである。8-Kファイリングは，近年その頻度が増加
しており，重要な新しい契約，新製品の立ち上げや取締役の変更などの企業価
値に影響を及ぼす多くの事柄に関して，会計システムではすぐには報告されな
いが重要な企業事象（投資家の意思決定に潜在的に影響するもの）を報告する[2]。
図10.1は，そうしたファイリングをするすべての米国企業の1年当たりの8-K

1　Jacob soll, *The Reckoning* New York : Basic Books, 2014, Chapter 4.

[図10.1] 8-Kにおける非会計イベントの頻度（左軸）と影響度（右軸）の増加

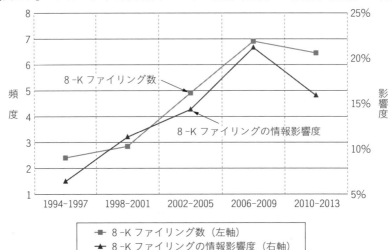

ファイリング数（1社当たりの年間平均）と，当該ファイリングが行われた日の異常期待リターンの絶対値で測ったファイリングがもつ経済的影響度の両方を示している（8-Kファイリングは当日に一般公開される）[3]。図10.1からは，1990年代における年間約2～3回（左軸）から，2000年代における1社当たり6～7回へと，1年当たりの平均ファイリング数が急激に増加しており，重要な非会計事象が3倍に増えていることがわかる。ファイリングに対する株価反応の絶対値（右軸）によって測定された，こうした事象がもつ投資家に対する有用性

---

[2] SECのウェブサイトによると8-Kは次の事柄を扱う。登録会社の事業と経営（重要な合意の開始ないし終了など），証券市場（上場廃止，証券の売却），コーポレート・ガバナンス（取締役の変更など），「その他の事象」。ここでわれわれは非会計情報に着目するため，図10.1からレギュレーションFD関連開示や財務諸表の添付書類のような，会計あるいは財務報告情報を除いた。

[3] ポジティブな示唆をもつもの（新規契約）とネガティブな示唆をもつもの（契約解除）があるため，われわれは増加か減少かに関係なく，株価変化の絶対値を考察した。ファイリングに対する投資家反応を抽出するために，この価格変化から，同日の全株式の価格変化の平均値を控除する。最後に，毎年度，企業別に，1日の株価変化の絶対値を合計し，全企業の平均値を算出した。年間の8-Kファイリングに対するこの平均反応は，重要度（市場影響）だけではなくファイリング頻度も反映する。この統合的なメッセージが図10.1には描かれている。

(影響度)もまた急激に増加しており，1990年代は(株価の)6％だったものが，2013年には15％になっている(**図10.1**で2010-2013年の8-Kの影響度の減少は，2007-2009年の金融危機時の異常増加が平常に戻ったためである)。

■ われわれは因果関係を忘れていたのか？

(会計上)未認識となるビジネス事象の増加は，財務情報の有用性低下の直接の原因となっているのだろうか。まさに，そのとおり。これを立証するために，われわれは1994～2013年の各年について，**図10.1**で扱った企業(8-Kファイリングをしている米国上場企業全社)を，その年の8-Kファイリング数の中央値を上回るか下回るかで，2つのクラスに分類した。次に，グループそれぞれについて，当期と過去の報告利益を将来利益の予測に用いて，第5章で述べた情報有用性テストを毎年実施した。**図10.2**は，ほとんど毎年，8-Kファイリングが頻繁にある(中央値以上)企業の報告利益は，8-Kファイリング数がより少ない(中央値以下)企業と比べて，将来利益の予想能力がより乏しい(誤差がより大きい)(**図10.2**の棒グラフが正であることは，提出頻度が高い方の予想誤差が，ファイリングが少ない方と比べて大きいことを意味する。1995年と2001年を除く)。

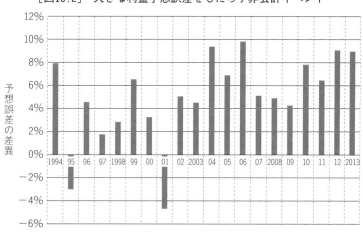

[図10.2] 大きな利益予想誤差をもたらす非会計イベント

(注) 1994～2013年，非会計イベント数の上位グループと下位グループの利益予想誤差の差異。

このように，重要ではあるが会計上認識されていないビジネス事象が財務情報の有用性（少なくとも，利益の予想能力）低下の原因となっていることが実証的に確かめられた。さらに，第3章で用いた財務情報の有用性テスト ―― 株式時価総額に対する報告利益と株主資本簿価の回帰 ―― では，非会計事象による情報有用性の喪失が確かめられる。どの年（1994年～2013年）においても，8-Kファイリングが中央値以上の企業群の決定係数（R^2）は，ファイリングが中央値以下の企業群の決定係数（R^2）**よりも低い**（財務情報の有用性が低い）[4]。

重要なビジネス事象に関する，この遅延認識や未認識で十分に分が悪いのに，さらにひどい知らせがある。それは，会計システムによって即座に記録されるものの，奇妙に偏りのあるやり方で記録されるため，財務情報の有用性喪失に追い打ちをかける多くの事象が存在することだ。これが，われわれが長々と論じてきた，財務情報の有用性に対する，最後の（会計基準設定者が）自ら招いた障害である。

■ 保守的な会計士について考える

2012年2月23日，ロイヤル・バンク・オブ・スコットランド（Royal Bank of Scotland：RBS）は，自らの事業活動の構造改革にかかる見積り費用が17億ドルに上ると公表した。投資家たちは利益を押し下げるこの想定外の費用にどのように反応しただろうか。読者の皆さんはおそらく予想できなかったはずだ。投資家たちはこぞってRBSの株式を買い，株価は公表日に5.4％上昇した。さらに，これは例外的な状況ではなかった。2013年1月29日，ファイザー（Pfizer）が943百万ドルの構造改革費用を公表した時も株価は3.2％上昇し，ゼネラル・エレクトリック（General Electric）の株価は，632百万ドルの構造改革費用の公表によって，2013年7月19日に4.6％上昇した。ここでは何が起きているのだろう？　大赤字で価値が創出されるのだろうか。新たな価値創造源泉なのか。

ある意味ではそうだ。企業の構造改革は，頻繁に起きる大事件である。部門

4　介在因子の可能性をもう一度説明すると，ファイリング頻度と情報の有用性の両方に影響し，われわれの発見事項にも影響を与える。もちろん，見積りの数と利益予想の精度の両方に影響するような，追加的な要素が検証上存在するかもしれない。

が売却され，閉鎖され，あるいは大きく縮小され，製品構成が変更され，海外事業が終了され，そしてほとんど毎回従業員が不幸にも解雇される。戦略変更によって起きるこうしたすべての騒乱は，企業の事業活動を活性化し再成長させることを目的としている。確かに，いま見ていただいたように，構造改革は非常に金のかかることだが，冒頭の事例が示すように，投資家も，顧客や供給業者も，何か良いことが起きると期待して，しばしば戦略変更を歓迎する。経営者がついに企業の進路を変えるには何か劇的なことが行われる必要があると認識し，計画を実行に移したのだ，と投資家たちは考える。

　これはよいのだが，会計システムはいわゆる*保守主義の原則*の名のもとに，リストラを完全に偏ったやり方で扱う。構造改革(工場閉鎖，従業員の解雇，賃貸契約の解除)の現在費用と期待費用は，前もって損益計算書で認識されるのに，再構築の期待ベネフィット —— 不採算事業からの赤字の終了，あるいは企業の集約度の高まり —— は，収益と利益が構造改革のベネフィットをやっと認識する将来時点まで無視される。重要な事業事象に対するこの偏った処理は，構造改革の公表が，報告利益と（株主資本）簿価に大きな負の影響を与えるにもかかわらず時価総額を増やすという，冒頭の事例によって示された奇妙な結果を生み出す。利益は下がるが株価は上がる —— 最も重要な事業業績指標から読者の皆さんが予想する関係性ではない。さらには，読者の皆さんが会計学入門で教えられたように，信頼性のある利益測定は，収益（利得）と，この利益の創出において発生したすべての費用との厳密な*対応*を前提としている。保守主義はそうした対応を無に帰し，したがって将来業績を予測する報告利益の能力に悪影響を及ぼしている(第5章で示したとおりだ)。当期利益は構造改革費用によって押し下げられ，しかし構造改革計画が成功すれば，将来利益は上昇するだろう。まるで Bizarro World（漫画『スーパーマン』に登場する，常識あべこべの架空世界）だ。

　企業の構造改革だけが会計における保守主義バイアスの事例かどうか，読者を悩ませるつもりはない。実は会計には，事業の意思決定や経済事象の悪影響（費用）が先に記録され，他方で期待ベネフィットが時にはるか将来まで先延ばしされるような事例がたくさんある。R&Dやその他すべての無形資産（ブランド，事業プロセス）投資が即時に費用処理（収益から控除）され，他方でそのベネフィットの認識が将来まで先延ばしされることは，いま1つの，保守主義バ

イアスとしてよく見られる兆候である。同様に，のれんを含む資産の価値損失（減損）に対しては記帳するのに，資産価値からの利得は無視されたり，従業員株式報酬は即時費用処理するのに，従業員や役員に社内で株式を与えることによる動機づけのベネフィットについては将来に先延ばししたりする。保守主義は会計に特有であり，利益測定と資産価値に作用する有害性は大きい。確かに，保守主義は経営者が利益を膨らませようとする傾向への「対抗手段」として歓迎されることもある。しかし，会計に関する他の非常に多くのものと同様に，これはあまりにも理屈に合わない。第1に，会計士は，今日保守的であるものが明日保守的ではない（利益を増幅させる）ことを無視しているか，あるいは気がついていない。たとえば事業構造改革や研究開発費のベネフィットが，関連する費用なしに後の会計期間に記録されると，過大計上された利益を当該期間にもたらしてしまう――ビジネススクールでは教えない重要な洞察だ。第2に，もし経営者が本当に利益を膨らませたいと考えれば，彼らの手の内には多くの利益調整手段が存在し，簡単に保守主義を無力化できる。

　他の研究者も会計保守主義の欠点を指摘している。最近の実証研究は「……会計保守主義は，ノイズの多い，偏った，非効率的な利益予想（財務アナリストによる）を生じさせる」[5]と結論づけている。会計の保守主義が，経営者の短期志向を助長して，企業のイノベーションを妨げていることもすでに示されている[6]。いったい，どうすれば，完全に偏りのある測定手続から，皆が前向きな結果を期待できるのだろうか[7]。

5　George Ruch and Gary Taylor, *The Effects of Accounting Conservatism on Financial Statement and Financial Statement Users : A Review of the Literature*, working paper, (University of Alabama, 2014), p.9.

6　Xin Chang, Gilles Hilary, Jun-Koo Kang, and Wenrui Zhang, *Does Accounting Impede Corporate Innovation?* working paper (INSEAD, 2013). 参照。

7　保守主義によって経営者の意思決定が改善されると主張するものもいるが，やはりこれも大部分は立証されていない。たとえば，Matthew Cedergren, Baruch Lev, and Paul Zarowin, SFAS 142, *Conditional Conservatism, and Acquisition Profitability and Risk*, working paper (New York University, 2015). 参照。

■ 小 括

　少し一息ついて，ここまでわれわれが示してきたことについて考えてみよう。本書の第１部では，財務情報の投資家に対する有用性が急速に低下していることの包括的な証拠を提示していたので，第２部ではこの見過ごせない知見の主要な原因を調査することにした。われわれは３つの原因を明らかにした。それは，無形資産 —— ますます支配的になってきている企業価値の創出因子 —— についての全くもって不十分な会計処理，経営者の主観的な見積りと予測が財務情報にますます広がり，財務情報の信頼性を減殺していること，そして，本章で示した，重要なビジネス事象の，遅れた，あるいは偏った認識である。これら３つの原因について，(i)財務情報に対する影響の過去何十年にわたる増加と，(ii)財務情報の有用性低下との間にある直接的で経験的なつながりを示す証拠を提供した。

　この明示された原因は，会計が有用性回復に至る道のりが容易ではないことを明らかにしているのだから重要である。３つの原因はどれも会計手続に特有であり，複数の財務指標に影響していて，財務情報の有用性に与える悪影響は増え続けている。会計基準設定者（FASB，IASB）と規制者（SEC）によって従来とられてきた漸進的アプローチは，現在 FASB が「重要性」（materiality）を利用しようとあれこれ研究しているのと同様，われわれが識別した３つの原因のような，根本的で構造的な弊害の原因を扱うには全く役立たない。第１部ではっきりと実証したように，会計規制機関がとる無用の漸進主義は，財務情報の有用性低下を食い止めることはできないだろう。いまこそ，財務報告改善のために本章第３部で提案するような別のアプローチをとるべきである。

では，何をすべきか？

154 ◆ 第3部 では，何をすべきか？

　会計モデルや，会計モデルから導き出される財務情報に対する批判はあまた
あり，提案される解決策も枚挙にいとまがない。非財務変数の開示（主要な業績
因子（KPIs）），企業の事業活動が利益（profits）に加えて，ヒト（people），地球
（planet）など3つのボトムライン（3P）に与える影響の報告，企業の知的資本
の報告（知的資本報告書）などがその例である。ごく一部注目されることもある
が，これらの批判や提案のどれも世界中の企業報告に目に見える効果をもたら
しているとは言えない。もちろん，米国でもそうである。第1章で端的に示し
たとおり，実際，今日の企業報告書は100年前に公表されたものと実質的には変
わらない。複式簿記が600年も続いていることとよく似ている。会計は変化を拒
む傾向があるようだ。

　これまでの会計モデルをめぐる改革の提案が必ずしもうまくいっていないの
は，努力が不足していたからでも（いくつかの改革をめぐる提案は，世界規模の組
織に熱烈に推し進められていた），よいアイディアがなかったからでもない。これ
らの提案の中には，確かに有用な提案も含まれていた。ただ変化に向けた説得
力ある理屈が不足しており，投資家のニーズを満たすような実行可能な変化の
提案が少なかったのではないかとわれわれは考えている。多くの変更を求める
提案は，一般に会計が不十分であるという*前提*から始まっている。ただ，多く
は問題探しが解決策となっている。しかし，投資家，経営者，政策策定者が，
財務報告システムが深刻な問題を抱えているということに納得していないよう
であれば（実際に多くのものは深刻な問題を抱えていないと考えている），変革に向
けた取り組みは説得力をもたないのである。さらに提案された修正案は，投資
家の情報ニーズを満たすような，説得力があり包括的で実施可能な内容となっ
ていない。たとえば，事業の業績に加えて，企業が人類や地球環境（外部性）に
与える影響を報告すべきという提案について考えてみよう。企業が人類や環境
に与える影響について，信頼でき，かつ競合他社と統一された方法で測定でき
るだろうか。どの程度，気候変動が進んでいるか，気候を測定するためのさま
ざまな手法（表面温度，海面水位，氷河堆積等）をめぐる激しい議論について考え
てみよう。さらに，これらすべてを企業の報告書に反映することを想像してみ
よう[1]。経営者は自分たちを果てしのない批判や訴訟にさらすであろう，そうし
た情報を報告しようとするだろうか。また，投資家は自分たちの企業評価モデ
ルにそうした情報を組み込むだろうか。会社の1％の温暖化ガスの上昇が将来

第3部　では，何をすべきか？　◆　155

の売上にどれほどの影響を与えるだろうか。そうした情報についての改革をめ
ぐる提案の多くが限定的にしか広がりを見せないのは，それらが実施不可能な
性質をもっているからに他ならない。

　本書におけるわれわれのアプローチは異なっている。最初に，投資家にとっ
ての財務情報の有用性が急速に低下しているというわれわれの主張を，実証的
かつ包括的に立証することから始める。そうすることで**変化が必要である**こと
の正当性を確認する。次に再び実証的な証拠を活用し，会計が有用性を失った
主な理由について明らかにする。それによってわれわれの提案する基礎を築く。
それは，先達が手掛けてきたものとは異なる方法で築かれたものである。われ
われの提案が実施可能で，他のものより優れていることを主張するのではなく，
むしろ次の2つのアプローチをとることによって，投資家の情報ニーズを明ら
かにする。第1に，21世紀の資本市場における投資家のニーズを導き出すため，
経済理論を活用する。第2に，投資意思決定に適合的な情報に対するわれわれ
の理解を確かなものとするため，幅広く，さまざまな業界における財務アナリ
ストや機関投資家と経営者との間で行われる四半期業績発表時におけるカン
ファレンスコールで取り上げられている質問を綿密に精査する。投資家が何を
求めているのかを**聞き取る**というわれわれのアプローチは，他のものとは異な
るので，われわれの第1のアプローチ —— 経済学からの学習 —— を示す前に，
まずここで2つの簡単な事例を示そう。

■ ネットフリックス（Netflix）に対するアナリストの質問

　四半期決算発表時のカンファレンスコール（ほとんどの公開会社にとっての定
期的なイベント）は，投資家の情報ニーズを認識するための稀有な機会を提供し
てくれる。カンファレンスコールのQ&Aセッションは，証券アナリストや投資

1　ウォール・ストリート・ジャーナル紙（*Wall Street Journal*）（2015年3月31日）のR2
ページでは，一般的に会計モデルの改革の提案の対象となっている，企業による持続可能
性報告に関する機関投資家へのサーベイ調査を報告している。回答者の79%は同一産業内
における企業間の持続可能性報告の比較可能性について不満であると回答しており，加え
て回答者の74%は持続可能性にかかわるリスクの適合性やそこから得られる示唆に対する
不満を表明している。

家が直近で公表された四半期報告書およびそれらを支える書類を読み込み，それらに関する経営者のプレゼンテーションを聞いた後で，彼らがする質問に経営者が答える時間に充てられる。それゆえ，アナリストによるカンファレンスコールでの質問は，深く事情を理解したものによる内容となり，投資家の情報ニーズを反映したものとして信頼できる。われわれは，会計モデルの変革に向けた提案の基礎を形成するため，さまざまな重要セクターにおける多数のカンファレンスコールを文字に起こしたものを注意深く読み込んだ[2]。下記はその例である。

　動画ストリーミングサービス業界のリーディング・プロバイダーであるネットフリックスを例に挙げよう。2012年第3四半期（2012年10月23日）に，同社は通常実施される前置きとしての経営者によるプレゼンテーションを省略し，直接アナリストから質問を聞いた。最初の質問は以下のとおりであった。「ブランドを完全に復活させるための今後3年間における，オリジナルのテーマは何か。これで十分か」[3]。第2の質問は，ネットフリックスが国内ストリーミング時間に関する事前予想を達成できなかったことについてのものであり，続いてロンドン・オリンピック（2012年夏）により大きな打撃を被ったストリーミング購入者の増加幅についての問いであり，顧客による契約変更率（契約停止）についても問われた。次の質問は，コンテンツ（プログラム）の提供者（映画 vs テレビショー）とネットフリックスがいかに交渉するかというものであった。アナリストの質問はネットフリックスのオリジナルのコンテンツ（たとえば，ハウス・オブ・カード（House of Cards）のシリーズ等）について向けられ，続いて国際ビジ

2　われわれのアプローチは，投資家に対して頻繁に実施されるサーベイや質問調査票に基づく研究とも異なる。それらの調査では，しばしば回答者が正確な答えをもたない質問（たとえば，財務報告の質とは何か，一般に公正妥当な会計原則（GAAP）はルールか原則か，など）や一定の回答を導き出すための質問（企業が地球環境に与える影響に関心はあるか（誰が否定するだろうか）など）をしばしば問うている。対照的にカンファレンスコールの質問は，投資家の本当の情報ニーズを反映させた，よりフォーカスが当てられ，よく考え抜かれた（アナリストはせいぜい1つか2つの質問しかできない）内容となっている。

3　2011年半ばに，ネットフリックスは顧客を動画ストリーミングに変更させることを動機づけるため，DVDレンタルのレンタル料を大きく増加させるなど，価格構造を変化させた。顧客はこの価格変更に対して，多くのものが契約を停止するなど，厳しい反応を示した。このため，次に同社はレンタル料を引き下げ，それを通じて失敗施策から3年間でブランドを回復させることを予測していた。

ネスについての問いがなされた。その後でカンファレンスコールにてなされた残りの質問も類似したパターンであった。

　これらの質問について顕著な特徴は，伝統的な会計指標である利益，売上，有形資産，負債，年金や売上債権などにはほとんど触れられなかったということだ。明らかに投資家が最も関心を寄せたのは，ネットフリックスの戦略的な資産であるブランド，顧客，コンテンツ，コンテンツ提供者との契約などであった。これらすべての資産は，慣例上での一般に公正妥当と認められた会計原則（GAAP）に基づく貸借対照表には，悲しくも計上されていない。特に投資家は，これらの資産が経営者によって有効に運営されているかどうかを注意深く見守っている。戦略的な誤りからブランドをいかに迅速に回復させるか，月間で顧客による契約停止（変更）率はどれほどか。こうしたこと，すなわち企業の戦略的（価値創造）資産の状況やそれがどのように展開されているかという記録が投資家の知りたいことなのである。会計ベースの財務報告では，必ずしもこの問題を重視していない。しかし，こうしたアナリストのフォーカスは，ネットフリックスのようにインターネット企業であり，若い企業に固有のものなのであろうか。成熟した伝統的なセクターにおける投資家は，財務報告書の中における会計項目とは異なる情報ニーズをもちうるのだろうか。石油業界の巨大企業であり，非常に成熟した，伝統的な企業であるエクソン（Exxon）の例を見てみることにしよう。

■ 投資家がエクソンに尋ねる質問

　2012年11月1日に実施されたエクソンの2012年第3四半期のカンファレンスコールは，経営者による簡単なプレゼンテーションでスタートした。最初の質問は，バンク・オブ・アメリカ（Bank of America）のアナリストからのもので，同社の石油・ガス資産の生産率の低下をめぐるものであった。続いて，当四半期に実施されたセルティック（カナダの石油・ガス掘削会社，Celtic）の買収をめぐる質問で，当該買収がエクソンの戦略変更の前兆になるかどうかというものであった。第3の質問は，その他の北米地域における石油・ガス資産の取得やエクソンの総合的なM&A戦略についてのものであり，さらにM&Aについての質問が続いた。いくつかの質問は，掘削装置の数や見込みについてのも

のであった。アナリストはさらにメキシコ湾岸，アラスカ，カナダ西部についての新たな掘削権の獲得について知りたがった。エクソンが今後ガス掘削からどれほど撤退するのかについての質問もなされた。残りの質問の多くも同様の内容であった。

　これは，よくある光景か。エクソンのアナリストの質問はネットフリックスときわめて類似した内容であり，同社の戦略的資産にフォーカスを当てたものであった。ネットフリックスのブランド，コンテンツ，顧客と同様，エクソンにとっては石油・ガス資産や企業買収であり，それらの資産を効率的に運営できているかというものであった。重要なのは，さまざまな業界における200以上のカンファレンスコールを広く検討しても，これが一般的な現象であることが確認された点である。特に対象企業が目標（アナリストによるコンセンサス予想，経営者による予想）を達成できていない場合には，利益や売上などについての質問が行われることはもちろんあるが，投資家は明らかに過去の財務結果に焦点を当てておらず（ヘンリー・フォードの「歴史は多かれ少なかれでたらめだ」の名言を思い起こさせる），彼らは価値創造プロセス（ビジネスモデル）に焦点を当てる。すなわち，同社の戦略的資産のポジショニングとその運営の効率性である。次章で見ていくとおり，経済理論どおり，価値創造プロセスが，正確には競争や生き残りに対応するためのビジネス上の重要な課題であることを確認できる。したがって，次章「投資家（そして経営者）にとって何が真に重要か」に続いて，われわれが提案する開示「戦略的資源・帰結報告書」（Strategic Resources & Consequences Report：SR&CR）を4つの産業の事例を取り上げて詳細に示す。これによって読者の皆さんは新たな情報モデルを目の当たりにし，投資家がこうした情報から事業業績や価値創造をめぐる洞察力ある評価をいかに実行するかを学ぶことができるであろう。

　しかし，ここではまず投資家に対する留意事項を1つ示しておこう。

■ ボトムラインを忘れよ

　年に一度の徹底的な健康診断の最後に医者から結果を聞く場面で，「あなたのコレステロール値は195です。あなたは大丈夫です。次の患者さんどうぞ」といわれた場合のことを想像してみてほしい。あなたは当惑し，失望することだろ

第3部　では，何をすべきか？　◆　　159

う。あなたが受けるべき追加的なその他の検査（EKG，血圧，広範な血液・尿検査，骨密度等）や医者と共有すべき懸念は何であるのか。さらには，生活スタイルの変化に向けての助言はどこにあるのか。もちろんあなたが失望するのは当然のことだが，あなたの医者が195というコレステロールレベルに執着しているのは，会計上の「ボトムライン」である報告利益あるいは「極めて重要な」アナリストによるコンセンサス予想が達成できない場合に多くの投資家が実践していることと同じなのである。複雑なビジネス組織の条件や業績について知る必要があるすべてのことを，単一の指標のみで語ろうとしているのである。これはあまりに馬鹿げている。にもかかわらず，多くの投資家はそうしたことをただ行っている。1つあるいは2つ（利益と売上）の指標のみに必要以上に注意を払っている。そうした事実をどのようにして確認できるか。その関係が低下しているものの，利益や売上情報の公表に対して株価が反応を示していることを多くの研究は示しているのである。ここで思い出してほしい。コレステロールレベルのケースでは少なくとも測定は（望ましくは）信頼できる。誰もその数値をごまかしたりしようとはしない。しかし，利益については必ずしもそうとは言えないのである。

　われわれの提案する報告・分析システムの最初の前提は，唯一の魔法の数値も，「ボトムライン」も，さらにいえば，3つのボトムライン（利益，人，環境）ですら存在しないという前提を最初に置いている[4]。競争にさらされており，激しい技術変化のある，しばしば複雑なグローバルなビジネス組織を分析するためには，うまく統合された指標と文章情報の包括的なシステムが必要となる。

4　ウィリアム・バッター（William Vatter）教授（シカゴ大学，カリフォルニア大学バークレー校）は，初期の時代を牽引した会計思想家であるが，彼は投資家が過度に利益に依存していると著書の中で述べている。「真実を超えるものは何もない可能性が高い場合，一般人（非会計士）は，会計士が自分のための仕事をしてくれており，その最終の（利益）数値は，その目的に向けて重要なものであるとあまりにしばしば仮定しがちである。利用者による利益への固執を回避するための，最も簡潔で有効な方法は，「一般目的」の損益計算書という考え方を捨て去ることである。明白な形式で損益計算のいかなる引用や提案も回避すべきである」（*The Fund Theory of Accounting and Its Implications for Financial Reports* (Chicago：University of Chicago Press, 1947), pp.75-76.）。少し極端だが，正しい方向に向かうアイディアが会計の世界に出現することもあるが，全く無視されてきた。

それは事実を寄せ集めたものであり，近道は存在しない。それが，本書の第3部で展開し，提示するものである。

第11章
投資家（そして経営者）にとって 何が真に重要か

本章は，われわれが提案する情報システム「戦略的資源・帰結報告書」
（Strategic Resources & Consequences Report: SR&CR）
「会計ベースの財務諸表を補完し，部分的に追加することを狙いとした報告
書」を紹介する。われわれは経済理論を活用し，提案する資源・結果報告
書の基礎を形成する，情報有用性の5つの規準を導き出す。それらは，利
益公表時のカンファレンスコールにおけるアナリストや投資家から発せら
れる質問を詳細に検討した結果から推定されたものである。

会社の使命

経済理論，なかんずく「会社の理論」や「産業組織」として知られる学派で
は，事業会社の主要な目的について，**持続的な競争優位**を追求することにある
と定義する[1]。競合他社を上回るそうした競争優位は，所有者（投資家）に対す

---

[1] 詳細については，下記を参照。

Harold Demsetz, "Industrial Structure, Market Rivalry, and Public Policy," *Journal of Law and Economics*, 16 (1973) : 1-10. Michael Porter, "The Contribution of Industrial Organization to Strategic Management," *Academy of Management Review*, 6 (1981) : 609-621.

本章の導入部分は，下記を引用している。

Nicolaï Foss and Nils Stieglitz, "Modern Resource-Based Theory (ies)," in *Handbook on the Economic and Theory of the Firm*, Michael Dietrich and Jackie Kraft, eds. (Edward Elgar, 2011).

る適切なリターン，労働力の確保，顧客にベネフィットを生み出すため長期的に企業が持続することを可能にする。持続的な競争優位に焦点を当てることにより，もちろん，短期的な報告売上・利益を増大させることを狙いとした企業買収，四半期の1株当たり利益を高めるよう設計された自社株買い，投資家を誤導することを狙いとした利益操作など，近視眼的な経営者による策略を排除する。持続的な競争優位を獲得することは，企業の根本的かつ長期的な目的であり，所有者にとって真に重要なことである。これは，会計ベースの財務報告書のように，投資家に公表されている企業情報は，投資家やその他のステークホルダー(借手，取引先，顧客，政府)に対して，どの程度，持続的な競争優位が達成されているかを示唆している。あるいはそうでなくとも，競争優位の獲得にあたって，経営者の戦略がどれほど成功しているかを示唆している。ネットフリックス（Netflix）やエクソン（Exxon）のアナリストによって提起された質問はまさに経営者の戦略がどれほど成功しているかに関するものであった。

　企業の戦略や組織が投資家にとっていかに重要かを示す事実がある。2015年8月10日，グーグル（Google）はアルファベット（Alphabet）に社名を変更し，他の活動から検索部門を分離することにより，**戦略的な透明性**を高めた。グーグルの株価は公表後翌日に4.3%増加した。ナスダック（NASDAQ）全体が同日1.3%低下したのと対照的である。

■ より深く掘り下げよ

　次に持続的な競争優位をいかに獲得するべきか。本質は，持続的に*経済的利益*を創造することである。すなわち売上からすべての営業費用や株主資本コストも含めた金融費用を差し引いて残った残余部分の利益を持続的に創造することである[2]。この経済的利益はもちろん定期的に報告される四半期利益とは大きく異なる。四半期利益は，無数のバイアス(第10章で議論されている保守主義を想起せよ)，投資と費用との混同(研究開発やブランド)，費用と収益の非対応(事業構造改革費用)などの影響を受けており，かつ株主資本コスト，すなわち株主が内部留保も含めて会社に投資した資金で獲得されうる代替的なリターン，を全く無視している。会計利益を「達成する」ことは経営者にとっては相対的に容易であるが，経済的利益を達成するにはチャレンジが求められる。長期的な

経済的利益を生み出すことによって一貫して価値を創造できる企業は，明らかに自社を他社から差別化させることに成功している。すべての企業が「持続的な競争優位」を確保することによって，そうした求める基準を達成することができるわけではない。長期的に経済的利益を明確に認識した場合，企業はそれをどのように達成することができるだろうか。

結論からいえば，企業の資源や資産を効率的に活用することによって実現できる。しかし，すべての資源が対象となっているわけではない。オフィスビル，生産機械，航空機，棚卸資産，探索装置などの資産はすべて企業の貸借対照表に登場しており，企業の競争優位を創り出すことができない。それらはすでにすべての競争相手にとって利用可能な「コモディティ」となっており，それゆえ，それらを利用しても，ユーザーにとって自社を競合他社と差別化させることはできない。すべての医薬品会社は類似した装置を活用しているため，ファイザー（Pfizer）はそうした研究装置を活用しても競合他社を上回ることはできない。価値創造を可能とする資源（投入要素），すなわち***戦略的資源***は，会計上で認識される資産とは異なるのだ。戦略的資源は以下の３つの属性を兼ね備えている。

1．***戦略的資源は価値がある***。戦略的資源は，利益を生み出す製品やサービスなどの基となっている特許など，コストを超えるベネフィットを創造するか，その創造に貢献する。
2．***戦略的資源は希少である***。無線帯域，航空会社の着陸権など戦略的資源の一般的利用は限定されている。
3．***戦略的資源は模倣困難である***。競争相手は，戦略的資源を容易には獲得ないしは製造できない。価値あるブランド（Google）を短期的に模倣するこ

2　経済的利益は，企業の売上からこれらの収益を生み出すプロセスで消費されるすべての資源にかかる現在（過去ではない）のコスト（株主資本コストも含む）を控除して算出される。たとえば，資産の減価償却は歴史的（購入価格）原価を基礎として会計士によって測定されるが，経済的な減価償却は資産の技術的陳腐化を考慮することになるだろう。経済的利益を測定する際に行われるいくつかの調整の例として，国家統計における企業利潤の測定の際に行われる棚卸資産や償却費の修正を参照。詳細については，www.bea.gov/national/pdf/chapter13.pdf. を参照。経済的利益を完全に測定することは不可能ではないにせよ，非常に難しいことは明らかである。

164 ◆ 第3部 では，何をすべきか？

とは実質的に困難である。

　そうした戦略的資源を保有し，効率的に活用している企業は，彼らの現在ないし潜在的な競争業者がなし得ない価値創造戦略を一貫して実施することが可能であるため，持続可能な競争優位を獲得することができる[3]。以上が理論である。

戦略的資源

　企業の経済理論，特にリソース・ベースト理論として知られる理論でフォーカスを当てているのは，上述した特許，ブランド，着陸権，掘削施設，忠誠心の高い顧客——たとえばネットフリックスの顧客推薦アルゴリズム——ユニークなビジネスプロセスなど，持続的な競争優位を生み出す戦略的資源である[4]。皮肉なことに戦略的資源のほとんどは，会計システムでは報告されない。戦略的資源を創造するために実施される投資は，即時に費用計上され，財務報告書は，戦略的資源についての有用な情報を提供しないのである[5]。こうした事実から導き出される，われわれが提案する情報システムである戦略的資源・帰結報告書（SR&CR）に望まれる第1の属性は，投資家ニーズを満たすよう意図されているかどうかというものである。

■**有用性属性①**　企業の戦略的資源（資産）やその特徴，価値，関連する属性について投資家に情報提供せよ（企業ポートフォリオにおける特許数，製品・

3　詳細については下記を参照。
　　Jay Barney, "Firm Resources and Sustained Competitive Advantage," *Journal of Management*, 17 (1991) : 99-120.
　　　有形固定資産など会計上で認識される資産のほとんどは，以上で取り上げた3つのうち2つが不足している。それらの資産は希少ではなく，競争業者が獲得しあるいは模倣することが容易である。
4　最近のカンファレンスコールで，ネットフリックスの最高経営責任者（CEO）は，動画ストリーム・ビューの4分の3は，その顧客推薦アルゴリズムにより創出されていると言及している。
5　会計システムは，直接的に取得しようとも，M&Aを通じて取得しようとも，外部から取得された資産（特許，顧客リスト等）を戦略的資源として計上する。

第11章　投資家（そして経営者）にとって何が真に重要か　◆　*165*

サービスを支える特許，外部への特許提供数，特許の質，特許侵害に対する保護メカニズム等)[6]。

投資を資源にマッピングする

聖書に記載されている，エジプト脱出後にシナ砂漠を横切るイスラエルの人々に天国から与えられたマナとは異なり，戦略的資源はただではない。そうではなく，戦略的資源は，研究開発やブランド向上，技術獲得などといった，ターゲットを定めた企業の投資によって生み出される。したがって，投資をいかに資源に張りつけるかは，企業の価値創造戦略においてきわめて重要な意思決定となる[7]。資源の開発にあたっては，戦略的な代替案のなかから選択することが通常である。たとえば，医薬品会社は，医薬品開発のために巨額の研究開発資金を投入することもありうるし，代替的に当該医薬品を開発中の小規模のバイオテクノロジー企業を買収することも可能である。これらは投資を資源に結びつける方法として異なる。医薬品をめぐる2つの経路は，明らかにコストも市場化までの時間も異なる。あるいは，通信会社はその顧客基盤を内部で開発していくことも可能であり，すでに顧客基盤を構築している競合他社を買収することも可能である。戦略的資源の開発プロセスはまた資源の無駄使いとなっている可能性もある。1990年代にIBMの経営再建を成功裏に成し遂げたルー・ガースナー（Lou Garstner）は，彼の就任初期に研究開発予算を30％削減

6　特許の品質を定量化するために多数の指標が開発され，実証的に有効とされている。最も多く示されている指標は，「将来の特許引用数」である。すなわち，その後の特許取得申請書類の中における特許引用数である。数多くの特許引用数があることは，科学技術の開発に当該特許が影響力をもっていることを示唆している。その特許が頻繁に引用されている企業は，超過収益や株価成長を享受できることが先行研究で示されている。下記を参照。
　　Dirk Czarnitzki, Kartin Hussinger, and Bart Leten, *The Market Value of Blocking Patent Citations*, working paper (Leuven : Katholieke University, 2011).

7　戦略的資源・資産に価値がある，あるいは独創的であるということだけでは，それら自身が価値を生み出すとは限らない点には留意が必要である。最も将来性のある特許でさえも，製品やその後の市場化がスマートに実践される必要がある。それゆえ，価値創造とは，戦略的資源を取り巻く*組織*を必要とする。経営チームは，戦略的資源を創造するための戦略を策定・実践し，さらに競争他社を上回る特徴をつかむため，そうした戦略的資源をうまく維持させ，活用することとなる。われわれの戦略的資源・帰結報告書は，*組織資産*と呼ばれる能力の有効性も伝達することとなる。

166　◆　第3部　では，何をすべきか？

した。ガースナーは短期的利益のために IBM の将来を犠牲にしたと批判する
ものもあるが，それによって企業再建が成功したということは，IBM が得意と
してきた研究開発の一部は，実際には生産性が高くはなかったことを明らかに
した。

　したがって，戦略的資産を創造し，獲得するための投資が効率的であるかど
うかは，明らかに経営者や投資家にとっての主要な関心事の1つである。その
効率性は，資源開発のスピードに影響を与える。それは，当該の資源のコスト
と同様，新製品・サービスを市場に投入するまでの所要時間を決定づけ，さら
には究極的には戦略的資産によって創造される価値に影響を与える。こうした
ことから，われわれが提案する情報システムの第2の属性は，投資（支出）を資
源（資産）にいかに配置するかについての包括的な開示である。

■**有用性属性②**　企業の戦略的資源（たとえば通信・インターネット会社にとっ
　ての顧客獲得コスト）を構築するプロセスで行われる投資（支出）についての
　特異性を投資家に情報提供せよ。

　研究開発などの投資は，損益計算書で現在も報告されている一方で，ブラン
ド創造・維持，従業員訓練，ビジネスプロセスにおけるコンサルタントによる
業務，メディアにおけるコンテンツ創造，ビジネスプロセスにおける IT サポー
トやそれに類似した投資などのほとんどは，販売費及び一般管理費など損益計
算書の定型の勘定科目の中に隠されており，それゆえに投資家の立場からは曖
昧なままとなっている。われわれは，損益計算書上のたとえば支払利息といっ
た当たり障りのない項目を個別に報告する一方，より金額が大きく影響も大き
い情報システム構築のための支出を個別に報告しない，現在の会計実務の根底
にある論理を誰が説明できるだろうか。現在報告されている研究開発費につい
ても，たとえば，主に新技術を開発することを狙いとしている「研究」（R）と
現在の技術を活用する「開発」（D）を区分せずに開示していることに，特に意
義を見出せない[8]。基礎研究に対する支出は，開発に対する支出よりもリスクが
高いが，しかし，一般的にはより高いベネフィットを生み出し，それゆえ投資
家にとっては2つの研究開発戦略を区分することは重要である。このように投
資を資源に割り当てることは，投資家のニーズの重要な要素となり，それゆえ

われわれが提案する情報システムの顕著な特徴をなす。競合会社との違いと同様，投資のタイプや金額の変化は，戦略的資源の価値や生産性が今後どうなるかを示す初期の兆候となり，明らかに投資家にとって重要な影響を与える内容である。

■ 戦略的資源を保持し，刷新する

法律ルールや警察による有効な力が作用する国においては，物的資産や金融資産に対する権利侵害のリスクは取るに足らない。売上債権を奪うこと，あるいは土地を収奪することなどはめったに起こらない。しかしながら，ほとんどの戦略的資産の所有者は，資産の権利を侵害する競合他社について深刻に心配しているか，あるいは心配すべきである。競合他社による収奪に対して，米国では法的保護（知的資産）は存在するといっても，なお毎年数千に及ぶ特許侵害や商標権侵害があることは，多くの戦略的資産が脆弱な状態にあることを物語っている[9]。しかし，競合他社による戦略的資源への侵害は，唯一の心配事というわけではない。

破壊的技術 —— 広く活用されている技術の価値を大きく毀損させ，あるいは完全に置き換えるイノベーションを指す言葉（パーソナルコンピュータはワークステーションを，超音波がX線を，デジタル写真がプリント写真を，ウィキペディア（Wikipedia）が伝統的な辞書を崩壊させた）—— は，競合他社による権利侵害以上に戦略的資源の所有者にとって大きな脅威となる[10]。コダック（Kodak），アタリ（Atari），ウェスタン・ユニオン（Western Union），ウォルマート（Walmart）に

---

8 「R」（基礎研究）と「D」（開発）を区分することは実践的ではないと主張するものもある。しかし，そうではない。米国国立科学財団（National Science Foundation）が統計局とともに実施した「事業の研究開発およびイノベーション調査」（"Business R&D and Innovation Survey"）において，研究開発に関わるその他の重要，かつ，詳細な情報とともに，RとDの区分を定期的に報告している。しかし，財務報告でこうした重要な情報を見つけ出すことはできないだろう。

9 2013年に，米国では約6,500件の特許侵害をめぐる訴訟が申請された（Pricewater-houseCoopers, 2014 Patent Litigation Study, www.pwc.com.）。

10 破壊的なイノベーションの著作として，Clayton Christensen, *The Innovator's Dilemma : When New Technologies Cause Great Firms to Fail* (Boston : Harvard Business School Press, 1997). を参照。

168 ◆ 第3部 では，何をすべきか？

よって撤退を余儀なくされたパパママショップ，オンライン業者によって撤退を余儀なくされた旅行業者など，競合他社によってその主要な技術を破壊されることによって，墓場に追い込まれた企業も少なくない。スマートな企業は，こうしたありうる破壊の可能性に絶えず目配りし，いったん脅威が発見されれば，それから身を守るための手段を講ずる。

　戦略的資産に対する深刻で絶えざる権利侵害やその破壊，その結果もたらされる企業のビジネスモデルに対する被害に鑑みれば，投資家やその他の関係者は，それらの脅威に加えて戦略的資産を保持し，それらの脅威から身を守るための企業の取り組みを知ってしかるべきである。それらの取り組みは，そうしている企業は少ないものの，企業によるリスク管理機能にまで落とし込まれるべきである。そのリスク管理機能の主要な部分の1つが内部統制である[11]。2000年代初頭における一連の企業スキャンダル（エンロン（Enron），ワールドコム（WorldCom）など）によって内部統制が全体としては不十分であったことが明らかになり，2002年におけるサーベンス・オクスレイ法（Sarbanes-Oxley Act）により，現在では内部統制に対して企業の外部監査人による監査が求められるようになった。それゆえ企業は，企業の資源に対する権利侵害やその破壊に対するリスクを認識し，評価するための取り組みやそうしたリスクを管理するために実施する活動を投資家に**正しく伝える (articulate)** べきである。われわれは，「財務データの根底にある見積りを誤る可能性がある」といったような表現も含め，財務報告で提供される平板な現在のリスクとわれわれの提案を区別するためにも，「正しく伝える」（articulate）ということを強調したい。本当に，誰がそうした平板な報告書を読むのだろうか。たとえば，いまや特許申請や競合他社への付与を体系的に追跡することを可能にする商業システムによって意味のあるリスク評価が可能となっており，それを潜在的な権利侵害や破壊の脅威を把握するのに利用できる[12]。

---

11 『COSO の内部統制フレームワーク』（"Internal Control——Integrated Framework, Committee of Sponsoring Organizations of the Treadway Commission, December 2011, www.ic.coso.org.）参照（リスク評価もまた外部環境のありうる変化の影響を検討するためのマネジメントを必要とする……。51頁）。

12 もちろん，われわれは権利侵害から自社を保護する措置は企業固有のものであり，詳細に公開されるべきではないことを認識している。

第11章　投資家（そして経営者）にとって何が真に重要か　◆　169

　戦略的資産の陳腐化を遅れさせる努力も，戦略的資産を保持するための施策に含まれる。ブランドは広告宣伝やプロモーションによる継続的なメンテナンスがなければ，やがて朽ちていく（価格優位性を喪失する）。会社に対する関心やコミュニケーションがなくなれば，やがて顧客は離れていく。テレビシリーズなどのようなメディア・コンテンツも連続シリーズがなければやがて廃れてしまう。発明の修正があれば特許の生存期間を延ばすことが可能となる。一般的に企業の製品あるいはサービスは市場で幅広く取引されるため，競合他社はそれらをリバースエンジニアリングすることができ，競争上での優位性は徐々に失われていく。ある意味，企業の競争上での成功は，競合他社の競争上の優位性を破壊させるための種をいかにまくかにかかっている。資源の陳腐化を食い止めるための戦いは，絶えず企業のビジネスモデルの必要不可欠な部分である。これらの重要な情報は投資家と共有されるべきである。

　最後に，企業は学習や経験を通じて，組織的な知識の多くを蓄積する。本質的に，企業はその規模を問わず，最も効率的な方法で物事を進める方法を理解する。こうした知識のほとんどは暗黙知であり，従業員とともに存在している。いくつかの会社は，そうした暗黙知を，公式の「ナレッジ・マネジメント・システム」で形式知に変換することを試みている。コンサルティング会社は，その契約から導き出された多くの教訓を保持するために，コンサルティング契約終了後に経営者に要点を報告させるようにしている。そのような組織的な忘却を食い止めようとする戦いは，戦略的資源を保持する努力の重要な一部となる[13]。こうしたすべての取り組みは，提案されている情報システムが兼ね備える有用性の第3の属性へと導く。

■**有用性属性③**　競合他社による権利侵害，新技術によるイノベーションの破壊，規制の動向など，会社の戦略的資産に対する主要なリスクは，リス

13　主要な従業員の退職は，組織的に記憶が損なわれる重要な原因の1つとなる。退職者は多くの知識をもったまま会社を去る。たとえば，ゼロックス社（Xerox Corp.）では，長期間にわたり装置のメンテナンスを担当していた退職者が，マニュアルで指示されているものよりはるかに効率的な装置の診断方法や修理方法を修得していることから，それらの人材がもつ知識についてフォーマルな会議で報告を受けるようにしている。マニュアルは，そうした従業員のプロセス・イノベーションに基づき定期的に更新される。

クを緩和させるための経営上の取り組みとともに，正しく報告せよ。

戦略的資産の展開と運営

　戦略的資産の展開は，企業価値を実際に跡づける戦略的資源・帰結報告書（SR&CR）の第1の側面を示す。特許のなかにも活用されていないものもあれば，利益を生み出す製品・サービスで活用されているものもあり，代替的に外部にライセンスされているものもある。ブロードバンドでも完全に活用されているものも，部分的にのみ利用されているものもある。企業の顧客に関する「ビッグデータ」は売上をあげるために広範に利用されているのか，それとも会社のサーバーを無駄にしているだけなのか。研究開発は会社単独で実施されうるのか，アライアンスを組み，リスクや費用を他社と共有するのか。石油・ガスの掘削権はすべて活用されるのか，将来に向けて残されるのか。戦略的資産の代替的な利用方法は実に多様である。

　戦略的資産の展開次第で，企業の業績は大きく変わってくる。会計ベースの財務報告書は，資産展開の*最終的な結果*である売上と利益のみの情報を提供する。財務報告は，最終的な結果に至る経路について全く語らない。特許を活用するか，外部へライセンスするか，代理店を通じて保険を販売するか，オンラインで販売するか，無線スペクトラムを活用するのか，他の法人にレンタルするのか，顧客にDVDを貸すのか，コンテンツストリームをオンラインで提供するのか──これらの収益に対する代替的な経路に応じて競争上の課題は異なっており，持続可能性が変わってくる（DVDは徐々に縮小し，一方で動画ストリーミングは増大していく）。しかし，経営者がたとえばカンファレンスコールでこうした情報のいくつかを明かそうと選択しなければ，価値創造に結びつく特定の戦略に関して，投資家が利用可能な体系的情報を入手することはできない。売上や利益に結びつく経路を理解することにより，投資家は企業の戦略や実行を評価することが可能となり，企業の将来業績の予測を改善することができる。たとえば，売上がライセンス（一般的に長期的）から生じるのか，知的資産の売却から生じるかによって，売上の継続性に与える影響は異なってくる。新市場の開拓によるか，一部の価格の上昇によるかによって，現在の売上成長が将来の

売上成長に与える意味は全く異なってくる。さらに多様な要素が報告利益や売上に影響を与える。いくつかの要素は、経営者のコントロールの範囲外（規制の変化，競争業者の行動等）にあるため，経営者や取締役会は，損益計算書で報告される最終的な結果のみをベースに判断できない。それゆえ，包括的な企業の業績評価には，企業の戦略（資産展開）とそれらの結果双方に関する情報が必要となる。

■**有用性属性④**　企業の戦略的資産の展開（活用）——すなわち資産から価値を導き出すための戦略について概説せよ。

■ 創造された価値を測定する

投資を戦略的資源に転換し，これらの資源を権利侵害や陳腐化から保護し（守り），資源を生産やマーケティングにおいて個別に（特許をライセンスするなど），あるいはそれらを組み合わせて展開するための経営者の戦略は，すべて価値創造のために行われるものであり，企業はそれによって投資資金を獲得したり維持することが可能となる。資源の創造——保持——展開の連鎖から作り出される価値が，われわれが提案する5つ目の情報システムであり，最後の構成要素となる。

■**有用性属性⑤**　戦略的な資源を創造し，保持し，展開する際，経営者の活動——価値創造——を定量化し，その帰結を報告せよ。

最後の有用性属性は，会計システムによって達成可能であるように思われるかもしれない。会計システムでは経営者の行動の結果を，収益，費用，利益という形式で報告する。しかしながら，会計は結果を記録し，報告するにはかなり部分的で狭い視点をとっている。会計システムは，主要なコスト項目，特に株主資本コストを無視している（たとえば，シスコ（Cisco）の株主資本597億ドル（2015年7月25日時点）について誰が資本コストをゼロと考えるだろうか）。一方で，会計システムは，研究開発やブランド創造などさまざまな主要投資を利益減少

型費用として記録する。さらに会計システムは，石油・ガス埋蔵量の増加や顧客フランチャイズなど主要な戦略資産の期間内の価値変動を無視する。われわれが本書の第1部で示したとおり，これらやその他の会計上の歪みがあるゆえに，価値創造の指標（利益）の利用が限定的となっているのだ。

　われわれは異なる方法で創造された価値を測定する。報告利益に伴い生じる経営者による見積りや予測の多くが情報ノイズを高める（第9章を参照）ことになるが，われわれはその経営者による見積りや予測を取り除くためにキャッシュ・フローに焦点を当てる。われわれはキャッシュ・フローについて，まず報告上の「営業活動によるキャッシュ・フロー」を活用する。次に暗黙のうちに営業キャッシュ・フローの金額を減少させている，損益計算書から抽出された戦略的資源に対する投資キャッシュ・フロー（たとえば，顧客獲得コスト）を加算する。次にキャッシュ・フロー計算で控除された減価償却費およびのれん償却費を償うため資本的支出（過去3～5年間平均）を控除する。最後に株主資本コスト分のキャッシュ・フローを控除する。これが利益と営業キャッシュ・フロー双方で優れた業績を上げ続けるために必要であるとわれわれが考える価値創造指標であり，第18章で実際に示されている。また，本章に続く章では数値面でどのように実践するかが示されている。価値創造指標を信頼できるかたちで測定できる場合，われわれは，主要な戦略的資産の価値（たとえば，石油・ガス会社の埋蔵量から確認されるキャッシュ・フローの現在価値）が期間内にどれほど変動したか，その変動部分も創造された価値に加える。

■ 提案された戦略的資源・帰結報告書（SR&CR）

　われわれが，経済理論から導き出した，投資家にとって情報が有用であるかどうかを示す5つの属性は，企業の戦略的資産に焦点を当てている。すなわち企業価値を創造するために，戦略的資産をいかに創造し，保持し，展開するかである。これらの有用性の属性は，この後取り上げる戦略的資源・帰結報告書（SR&CR）にまとめて取り込まれている。この後取り上げる戦略的資源・帰結報告書（SR&CR）は**一般的な内容**となっている。提案されている戦略的資源・帰結報告書（SR&CR）がどのような内容であるか，直観で理解できるように，さまざまな産業の事例とともに提示している。次章以降では，われわれは提案さ

［図11.1］　戦略的資源・帰結報告書

【資源開発】

研究開発（ドル）
内部
- 研究
- 開発

取得技術

顧客獲得コスト（ドル）

石油・ガス採掘（ドル）
採掘
- 成功
- 未成功

権利取得

TV・映画コンテンツ（ドル）
- 新規
- シリーズ

周波数（ドル）
- 取得（ドル）
- ブロードバンド

【資源ストック】

特許・商標権
量
- 申請
- 承認
- ストック（質）

特許属性

顧客
- 追加数
- 契約停止数
- 取引数全体
- 解約

石油・ガス確認埋蔵量（ドル）
- 探索権
- 採掘数

ブランド
- 数
- 市場シェア
- ブランド価値（ドル）

【資源保持】

権利侵害
発見プログラム

破　壊
緩和プログラム

資　源
陳腐化保全

知識・マネジメント
- 参加従業員数

労働力の品質維持
- 企業内・企業外研修
- 従業員離職率

【資源展開】

特許
- 開発中
- 売却/ライセンス
- 供与
- 消滅

石油・ガス権利
- 探索（％）
- 製造（％）
- 廃棄（％）

提携・合弁事業
- 提携に対する投資（ドル）
- 提携数
  －研究開発
  －製造

映画・TVコンテンツ
- 顧客に対するコスト
- リーム数
- シリーズ
- 国際

【創造価値】

期間に創造された価値
営業活動からのキャッシュ・フロー
プラス
- 費用計上された投資

マイナス
- 資本的支出

マイナス
- 株主資本コスト

プラス

資源価値の変動（ドル）
- 顧客の生涯価値
- 石油・ガスの埋蔵量価値
- ブランド価値

（注）四角枠の情報は定量的（ドルは貨幣価値を示す），円枠の情報は定性的（語り口）なものとなる。

174 ◆ 第3部 では，何をすべきか？

れた報告書を4つの主要な業界に適用し，実際の数値や分析とともに詳細な事例を提示している。**図11.1**は，報告書の概観を示している（四角枠は定量データを示しており，円枠は語りかけによる説明を示す）。

報告書の各列は上記で示した5つの情報属性に対応している。各属性は企業が持続的な競争優位を獲得できるかを評価する際に必須のものである。左から右にかけて，戦略的資源に対する投資（四半期・年次），それら資源のストックや属性に関する情報，戦略的資源の保護と維持，価値創造するためのそれらの展開の仕方，最終的に戦略的資源の展開（の生産性）から生み出されるベネフィットについての詳細が提示され，全体として創造された価値が要約して示される。報告書の情報の多くは金銭価値（ドル表示）で示されるが，定量的な内容（新規顧客数あるいは登録特許数など）もあり，その項目表示を円枠で示した定性的ないしはストーリー形式の情報（特許侵害保護プログラムについての情報）も含まれる。重要なことは，戦略的資源・帰結報告書（SR&CR）で示される情報のほんのわずかなもののみが，会計ベースの財務諸表で報告されることが現在求められているということである[14]。ほとんどが新しい情報であり，前述したように，企業の究極的な目的である持続的な競争優位を獲得し，維持する取り組みを評価するうえで極めて重要な情報である。戦略的資源・帰結報告書（SR&CR）の情報は本質的に，カンファレンスコールや投資家ミーティングで証券アナリストや情報に通じた投資家が経営者から得たいと思う情報なのである。さらに会計ベースの財務報告書とは対照的で，提案されている戦略的資源・帰結報告書（SR&CR）の情報は，経営者による見積りや予測，推定などを含まず，そのほとんどが***事実に基づいている***ことに留意されたい。

さらに重要なことを記しておこう。われわれはここで，KPIs（Key Performance Indicators）としばしば言及されるような業績因子の別のリストを提示するつもりはない。KPIなどの業績因子は，しばしば会計改革家によって提唱されることが多い。これらの因子は，しばしば相互に無関係であり（労働力の多様性，顧客満足，地球温暖化排出ガス），さらに価値創造に対するインパクトが具現

---

14 提案された報告書の要素の一部は，証券取引委員会（SEC）により開示が要求されている年次報告書の経営者による討議・分析（Management Discussion & Analysis (MD&A)）のセクションで提供されることがある。しかし，提案されている戦略的資源・帰結報告書（SR&CR）ほど簡潔で包括的，かつ，統合された方法では開示されていない。

第11章　投資家（そして経営者）にとって何が真に重要か　◆　*175*

化するとは限らない（労働力の多様化がどの程度，企業価値に影響を与えるのだろうか）。それとは対照的に，われわれはこれまで投資家やその他の企業関係者には利用可能でなかった企業の戦略・活動とその結果の全体像を提供することを通じて，努力と成果に関する*統合的なシステム*を提示している。われわれが続く事例研究で示すように，報告書が統合的な性質を兼ね備えているため，コスト・ベネフィット分析が可能となる。顧客獲得コストをめぐるリターン（ROI）は何か，あるいはコンテンツ創造はどうか。たとえば，KPIs がバラバラにリストにあげられていると，そうした統合分析ができなくなってしまう。われわれの提示するシステムは包括的であり，資源の開発から究極的な価値創造に至るまでのすべての戦略的なステージを網羅している。これが戦略的資源・帰結報告書（SR&CR）の独創的な特徴といえる。あなたは，1 つの計算書で，企業の戦略（ビジネスモデル）とその実践に向けての徹底した描写を得ることができる。

　当然のことながら，戦略的資源の創造，展開やそれを通じて付加価値についての報告書は*産業固有*のものとなる。産業（保健，小売り，ヘルスケア，通信）間における戦略上，ビジネスモデル上での違いを考慮すると，現在の会計ルールと同様，異なる産業に属する会社に同一の形式に基づく報告書を強制することは，情報を大きく喪失させるものとなりかねない。同じ貸借対照表で，銀行，病院，通信会社の資産をどれほど効果的に知らせることができるか。あるいは同じ損益計算書が石油・ガス会社，バイオテクノロジー会社，保険会社に適合するか。明らかに難しい。かくして，いかなる事業報告システムも意味のあるものにしようとすれば，産業特有の内容となるに違いない。続く章で示されている産業の事例は，企業業績や価値創造の洞察力を備えた分析に求められる情報が，産業間でどれほど異なるかを裏づけている[15]。

　最終的に，戦略的な情報の開示にあたって，われわれは経営者による競争上の懸念に深い関心を寄せている。われわれは企業を将来不利な状況に陥らせるような固有の情報や計画の開示を推奨しているわけではないことは明らかである。この後に続く事例研究は，戦略的資源・帰結報告書（SR&CR）におけるほとんどすべての項目が現在，一定の会社によって自発的に開示されていること

15　保険会社，映画製作会社，ソフトウェア会社，メディア会社，石油・ガス会社などで規制があるように，現在の会計・報告システムでさえも，産業固有の規制や開示が必要であることが認識されている。

を裏づけている。ただ，それらは行き当たりばったりで，統一的でもなく，一貫しないやり方で開示されてきたため，投資家にほとんど利用されなかったものである。対照的に，提案されている報告書では，情報を論理的にまとめており（投資から資源，戦略的資源の展開や価値創造），一貫性や比較可能性を保証している。われわれは同時に，現在の開示要件が企業経営者に重い負担を与えていることを承知している。われわれが例示するように，実際に現在の情報開示が投資家にとって限定的な価値しか生み出しておらず，経営者の仕事量を軽減していないというのが事実である。むしろ，経営者が戸惑う投資家への対応を余儀なくされ，結果として負担を増大させてしまっているのである。われわれが提示する戦略的資源・帰結報告書（SR&CR）は，企業によるかなりの努力を必要とするものであるが（その多くは，初期のセットアップに必要となるものである），現行の開示要件から一定程度，解放することで，報告書の開示について経営者の協力を確実に得られるものとなるだろう。したがって，われわれは第16章（実行）で，現在の開示負担を軽減するための方法を提案するつもりである。

■ 小　　括

　本章で提案された戦略的資源・帰結報告書（SR&CR）は，持続的な競争優位を獲得するにあたって，投資家が事業の戦略（ビジネスモデル）やその経営者による実行の程度を評価するために必要となる本質的な情報を投資家に提供することを狙いとしている。報告書で提供する情報は，第2部で取り上げた会計の有用性喪失の3つの原因とわれわれが認識するものを克服するものとなっていることに留意するのが重要である。報告書は企業の無形資産に焦点を当てており（ほとんどの戦略的資源は無形である），本質的に事実を基礎としており（自動車保険の顧客解約率，請求の頻度・影響の大きさや特許ライセンスから獲得される利益はすべて事実である），さらに財務報告を作成するにあたって必要となる主観的な経営上の見積りや予測を回避する。一方で報告書は，会計上の記録と同様，第三者との取引とその他の価値変動するビジネス事象を区分しない。すなわち，本質的に，われわれの提案は会計システムの多くの限界を克服することになる。

第12章

戦略的資源・帰結報告書(SR&CR)：
ケース１ ── メディア・エンターテインメント

　　メディア・エンターテインメント会社では，顧客 ID がサービス提供者によって知られているため，顧客加入権の積極的なマネジメントが可能なことから，顧客が最も重要な戦略的資産となる。メディア・エンターテインメントにおいて持続的な競争優位を獲得するうえで主要な課題は，競争が激しく，参入障壁が低いことである。したがって，企業の戦略的資源やその脆弱性，展開，生産性に関する詳細な情報が，投資家や与信者が成功裏に投資意思決定を行ったり経営者をモニターするうえで重要となる。本章では，シリウス XM（Sirius XM）という個別企業を取り上げ，われわれの提案によって投資家に独自性ある洞察力を提供することを明らかにする。その後でメディア・エンターテインメント会社の一般的な戦略的資源・帰結報告書（SR&CR）を概観する。本章では，企業の主要な戦略的資産として，加入者の権利の生涯価値の推定値という新指標を取り上げる。

　本章は，４つの主要な経済セクターのそれぞれに対して詳細なケース・スタディを行う最初の章である。各章では，戦略的資源・帰結報告書（SR&CR）という新しい情報開示の提案を具体的に検証することを狙いとしている。われわれは，メディア・エンターテインメントという規模が大きく，活発で，非常に革新的なセクターからスタートする。

■ セクター概要

　メディア・エンターテインメントは，皆さんにとってなじみが深く，非常に急速に成長しているセクターである。その中には，ケーブル・無線，通信，映画・テレビ，インターネット・サービス・プロバイダー，もちろん新聞・雑誌などのサブセクターに属する数多くの会社が含まれる。このセクターの主要な特徴として，イノベーションのスピードが速く，技術的破壊がしばしば起こり（印刷メディアを駆逐したオンライン情報サービス），参入障壁が低く，相対的に外国市場への展開がしやすく，サブセクター内で過酷な競争が起こりやすいことが挙げられる。特にほとんどのサブセクターでは顧客IDがサービス提供者によって知られており（インターネット・サービス・プロバイダーやケーブル・衛星無線・通信会社，新聞・雑誌出版業者等），顧客加入権の積極的なマネジメントが可能なことから，顧客が最も重要な戦略的資産となる。実際に顧客管理が，このセクターでの競争優位の主たるドライバーとなる。他の戦略的資産として，法的権利やライセンス（携帯周波数やテレビ認可），コンテンツ（映画やテレビシリーズ），独自のビジネスプロセス（ネットフリックス（Netflix）やアマゾン（Amazon）の顧客推薦アルゴリズムなど）が挙げられる。

　メディア・エンターテインメントで持続的な競争優位を獲得するための主要な課題は，競争が過酷であり，参入障壁が低いことである。したがって，投資家や与信者が成功裏に投資意思決定を行ったり経営者をモニターするには，戦略的な資源やその脆弱性，展開，生産性に関する詳細な情報が重要となる。われわれが検討した同セクターにおける多くのカンファレンスコールでのアナリストの質問の骨子は，ほとんどそうした内容となっている。このセクターでの伝統的な会計・財務報告書は特に欠陥が多い。なぜなら，同セクターの戦略的資源に対するほとんどの投資（ブランド創造，顧客獲得コスト，ビジネスプロセス）は，即時に費用計上され，それゆえ貸借対照表には計上されず，一方で他の資産（無線周波数）は歴史的原価で，ほとんどの場合，時代遅れの価値で計上されているためである。そしてもちろん，財務報告書が統合された構造をもっていることに鑑みれば，貸借対照表に弱点があるのであれば，損益計算書も同様である。たとえば，成長しているメディア・エンターテインメント企業は，戦略

的資源（顧客獲得コスト，ブランド創造）への巨額の投資が費用計上されることから，当該企業の報告利益は過小計上されがちである。総じて当該企業の報告資産，利益やその他会計業績指標に対するカンファレンスコールでのアナリストの関心が低調であることからも明らかなように，こうしたダイナミックで，急速に変化するセクターにおいては，総合的に会計ベースの財務報告書の有用性には限界がある。

　それでは，われわれが提案する戦略的資源・帰結報告書（SR&CR）の門をたたくとしよう。Sirius XM という個別企業を取り上げ，われわれの提案によって投資家に独自性ある洞察力を提供することを具体的に明らかにする。続いてメディア・エンターテインメント会社の一般的な戦略的資源・帰結報告書（SR&CR）を概観する[1]。

■ シリウス XM（SIRIUS XM）：戦略的資源・帰結報告書（SR&CR）

　シリウス XM は，北米における衛星無線サービスの主要なプロバイダーであり，米国における全車種の20％以上がシリウスのサービスを受けている。同社は，ライブ・イベントと同様，商業的に無料の音楽，コメディー，トークやスポーツショーなどを制作し，配信している。さらに GPS や天気情報も提供している。最近では，安全性（事故報告）や便利さ（レストランのロケーション）などを目的として，接続デバイス，テレマティック，双方向の接続機器などのインターネットラジオも提供しはじめている。シリウスの衛星無線は，主に自動車メーカーやディーラーを通じて流通している。1990年に設立された同社は，2014年時点で約2,100万件の加入者があり，1-888-9ASSHOLE のコール番号でお馴染みの悪名高きハワード・スターン（Howard Stern）ショーで注目を集めた。

---

[1]　われわれはシリウス XM（Sirius XM）を取り上げて検証することにした。なぜなら同産業の多くの他社とは対照的に，同社はわれわれの報告書で必要となる戦略的な業績因子の多くを，一貫して自発的に提供しているためである。本章や続く章で取り上げる事例のデータは，さまざまな情報源（業績説明会，企業のプレゼンテーション）から獲得されたものであり，誤謬や矛盾がないわけではない。同社を取り上げたのは，われわれの提案する報告書の可能性を例示するためのものであり，特定企業を分析することを狙いとしているわけではない。

シリウスの2013年6月における第2四半期末における損益計算書は，安定した，あまりぱっとしないストーリーを語っていた。売上高は前四半期比で4.8％増（940百万ドル vs 897百万ドル），純利益はわずか1.5％増にすぎない。しかし同四半期における投資家とのカンファレンスコールは CEO による興奮した説明からスタートした。「シリウス XM は，これまでに経験したことがない第2四半期に突入した。新記録でありマイルストーンを達成した」。1.5％の利益増加が「マイルストーン」と呼べるのか，誇大宣伝なのか。おそらく，われわれのこれまでの議論に沿えば，会計数値は実際のストーリーを語らないということである。

加入者の成長

図12.1のシリウスの戦略的資源・帰結報告書（SR&CR）を検討しよう。この報告書はもちろんシリウスによって作成されたものではない。同社の利益に関する説明，アナリストの質問に対する回答，その他の情報源でシリウスによって自発的に開示されている非会計データを主に基礎として，われわれの提案する戦略的資源・帰結報告書（SR&CR）を例示したものである。シリウスの主な戦略的資源は「戦略的資源」の列にある「加入者」（SUBSCRIBERS）のボックス（左から2番目）にみられるように，顧客すなわち加入者である。データは，シリウスが同四半期に270万人の新規顧客を獲得したことを示している。前四半期から8％増加の記録的な水準である[2]。顧客の契約終了は190万人とかなりの数にのぼるが，前四半期（210万人）と比べると低い水準にとどまっている。正味の新規顧客獲得数は70万人を超えており，これもまた記録的な水準となった。四角枠のなかで最も下にある解約率（月次）は1.7％で2.0％から減少している。こうした一般に公正妥当と認められた会計原則では求められない（Non-GAAP）顧客情報では，わずか1.5％の利益増加とは異なる，よりポジティブな業績像を描き出している点に留意してもらいたい。特に新規加入者の大幅な増加と顧客解約率の減少をみれば，カンファレンスコールでの CEO の晴れやか

2　報告書内の数値は（左から）当四半期（2013年第2四半期），前四半期，1年前四半期となっている。

［図12.1］　シリウスXM社：戦略的資源・帰結報告書

2013年第２四半期

（四角枠の数値は，左から当四半期，前四半期，１年前四半期となる）

【資源開発】

加 入 者
- 加入者獲得コスト（百万ドル）
  139；127；134
- 新規加入者１人当たりコスト（ドル）
  52；51；54
- 加入者１人当たりの営業・マーケティング費用（ドル）
  2.8；2.7；2.6

コンテンツコスト
- 加入者１人当たりコスト（ドル）
  2.9；3.1；2.9

エンジニアリング，デザイン，開発
- 加入者１人当たりコスト（ドル）
  0.6；0.6；0.3

【戦略的資源】

加 入 者
- 追加数（百万件）
  2.7；2.5；2.5
- 契約終了（百万件）
  1.9；2.1；1.9
- 契約（支払）数
  20.3；19.9；18.7
- 解約率（月次）
  1.7%；2.0%；1.9%

FCCライセンス・商標権（百万ドル）
  2,494：2,500；2,520

自動車メーカーおよびディーラーとの同意

【資源保持】

破　　壊
- インターネット/クラウド

競　　争
- アップルラジオ
- パンドラ
- グーグル

【資源展開】

マーケティング戦略
- 新車
- 中古車
- テレマティック

新 製 品
- Sirius XM 2.0
- My SXM
- 独自プログラム

マーケティング記録
- 新車浸透率
  69%；67%：67%
- 新車改装率
  45%；44%；45%
- 全車浸透率
  21%；22%；20%

【創造価値】

期間に創造された価値
- 営業活動からのキャッシュ・フロー（百万ドル）
  273；169；254
- プラス：費用計上された投資
  85；89；71
- マイナス：資本的支出
  37；26；24
- マイナス：株主資本コスト
  91；57；56

創造価値（百万ドル）
  230；175；245

プラス

加入者の生涯価値（十億ドル）
  8.38；6.76；6.52

（注）　四角枠の情報は定量的（ドルは貨幣価値を示す），円枠の情報は定性的（語り口）なものとなる。

182 ◆ 第3部 では，何をすべきか？

なオープニングもうなずけるというものである。重要なことは，「加入者」のボックスが，企業の主要な戦略的資源の当該四半期末におけるポジションと四半期中における展開についての包括的な洞察を提供していることである。

　一般にただで入手できるものがないように，270万人の（総）顧客数の増加はコストを伴う。「資源開発」の列（左端）は，加入者獲得コストが合計で第2四半期に127百万ドルから139百万ドルまで増加し，9.4%上昇したことを教えてくれる。新規加入者1人当たりに換算すると，獲得コストは51ドルから52ドルに増加した[3]。これらのコストには，新車に搭載するシリウスの衛星無線を購入し，それを稼働させるためのインセンティブとして自動車メーカーに支払われる手数料や衛星サービスをインストールするために無線製造業者に支払う手数料も含められる。報告書が示すように，営業・マーケティング費用については，（顧客全体の数で割った場合）第2四半期ではほぼ変化はない。そのようにコスト・ベネフィット分析の観点から，第2四半期での70万人という正味の新規加入者の増加は，相対的に低コストで実現できている。顧客獲得のためのコストは，会計手続と対照的に当期費用にはならず，むしろ将来の月次加入売上を生み出すための投資（資産）となる。シリウスの年間の加入費用が約180ドルであることを考えると，70万人の正味の新規顧客増に対する139百万ドルの獲得コストは1年と少しの期間で回収できるだろう。さらに低い解約率（月次1.7%）は，新規顧客は平均で約5年間シリウスに加入することから，獲得コストを大きく上回る利益を生み出すことが可能となる[4]。

3　しかしながら，加入者1人当たりの獲得コストは，2008年第1四半期の82ドルから2013年の52ドルまで劇的に減少している。139百万ドルという加入者獲得コストには，一般に公正妥当と認められた会計原則に基づく130百万ドルに加えて，企業によって実施されたいくつかの調整を含めている。

4　月次の解約（契約終了）率1.7%は，平均して顧客がシリウスと59カ月契約を維持することを示唆している。「顧客の契約期間」＝1/解約率＝1/0.017＝58.8カ月。

第12章　戦略的資源・帰結報告書：
ケース1 ── メディア・エンターテインメント　◆　*183*

> **投資家の洞察**
>
> 　戦略的資源・帰結報告書（SR&CR）の情報は，利用者に(1)コスト（顧客獲得）をベネフィット（顧客成長）に結びつけさせ，(2)契約構築のための ROI（投下資本利益率）を評価させ，(3)シリウスの顧客戦略の成功を評価することを可能とさせることに留意されたい。会計ベースの財務報告書からこうした情報を集めることは不可能であり，そうした情報は競争に影響を与えるため，開示を回避する傾向がある。

　これは，さらに大きな問いに結びつく。シリウスは営業・マーケティング費用を比例的に増加させることなく，どのようにして数多くの加入者を獲得できたのか。経営者による魔法か，それともハワード・スターンによる魔法か。そうではない。2013年第2四半期には米国における新車販売が急激に増大した。実際に2013年は，売上が低水準だった2007年以降で最も米国で自動車が販売された年となった（15百万台超の新車販売）。シリウスの新車浸透率の高さ ── 約70%（報告書の「資源展開」の列を参照）── を考慮すると，第2四半期の加入者の増加の多くは，新車販売の増加に牽引されており，実質的なマーケティング費用は必要なかった。しかし，新車浸透率の高さは明らかにシリウスの戦略に牽引されている。そこで次に，新車・中古車にシリウスを据え付けるうえでのマーケティング戦略に目を向けよう。

■ いいかい，それが戦略である

　ではシリウスの戦略は何か。どのようにして2014年までに21百万人の加入者を達成したのか。こうした戦略は持続可能か，すなわち戦略は持続的な競争優位を生み出すか。これらは投資家（さらには経営者）にとっても重要な問いである。これらの根本的な問いの答えを探るのに財務報告書を見てはならない。読者の皆さんは，シリウスの第2四半期の総売上が940百万ドルであったという事実のみに目を奪われるかもしれない。しかし，いかなる経営戦略や行動が売上に結びついたのか，どれが失敗したのかといった情報は財務報告書には存在

しない。その原因を報告せずに結果（売上）ばかりを報告していることが，会計ベースの情報の主たる限界なのである。シリウスの戦略──ビジネスモデル──の徹底した理解なくして，経営者の業績や現在の売上の持続可能性についての信頼できる評価を行うことが困難であることは明らかである。シリウスが2013年に実施した4回の四半期業績発表におけるカンファレンスコールをわれわれは調べてみたが，売上や利益に関するアナリストからの質問は1つもなく，多くの質問が戦略についてであったことは何ら不思議ではない。それが重要なのだ。

　包括的な戦略についての説明がないため，メディア情報と同様に，経営者によるプレゼンテーションやアナリストの質問に対する答えなど多様な情報源からシリウスの戦略の部分を何とか組み合わせ，戦略的資源・帰結報告書（SR&CR）の「資源展開」（右から2番目の列）で示している。この列は，シリウスの中核戦略──マーケティング戦略や新製品──の重要なポイントについて箇条書きで要約し，業績データに焦点を当てている（「マーケティング記録」ボックス）。実際の資源・帰結報告書（SR&CR）では，これらの戦略的指標は，経営者による経営課題や新たな取り組みに力点を置いた，戦略の包括的な討議の基礎となるものであり，報告書の中のストーリー風に語るセクションで詳しく説明されることになる（円枠で描かれている）。

　報告書の「資源展開」の列で示されているとおり，シリウスのマーケティング戦略は，新車・中古車を中心に展開されている。同社は新車にシリウスのサービスを6カ月間，トライアルでインストールすることに自動車メーカーと合意し，大きな成功を収めている（69%の浸透率，「マーケティング記録」を参照）。そのように成長は，新車販売の増加や（シリウスのコントロールを超えている）浸透率の上昇から期待されうるものである。しかし浸透率はほぼ70%に達しており，今後の大きな浸透率の増加を期待することは難しい。それは2012～2013年の水準が安定していることから汲み取れる。中古車市場が実質的にはより大きいが，分散されており，ターゲットを絞ることが困難である。ここでシリウスの努力は，中古車ディーラー同様，前所有者（婉曲的には「中古」）の自動車を販売する新車販売車に向けられた。しかしその数は多数に上る。シリウスのサービスを据え付けることへの合意は，中古車をサービスするディーラーにまでも到達している。この3方面への戦略──新車，中古車，サービス──が，シリ

ウスの経営者が追求したマーケティング戦略である。この戦略はどれほどうまくいくか。「マーケティング記録」のボックスの定量情報が示唆するように，新車浸透率は高いものの（70％近くにまで達している），安定しており，成熟化の水準に近づきつつある。成長は新車改装率の増加から生じ得るが（筆者の1人とは異なり，試行期間後に利用料の支払いが必要となるサービスにサインをする加入者），その比率は45％にとどまっており，明らかに安定している。

　このため，主たる潜在的な成長ドライバーとして，中古車市場への挑戦が残された課題となる。しかし，2012～2013年にかけて自動車市場全体への浸透率もまた安定しており――全車種の約20％の浸透率――，中古車市場に大きな課題があることを示唆している。全体として，加入者の増加が，シリウスが直面している最も厳しい課題であることは疑いなく，さらに投資家にとっても非常に重要である。2013年上半期の成長にもかかわらず，シリウスの株価は変化しないままであり，マーケット全体からも遅れを取っている。なぜそうなっているか，読者の皆さんも理解できるだろう。

　もちろん成長は，既存の新製品やサービスからも生じ得る。実際にアナリストの質問に対する答えとして，シリウスの経営者は，独自のプログラムやテレマティック・サービス（双方向での便利・安全サービス）の開発と同様，いくつかの開発中の製品（シリウス XM2.0，mySXM）について言及している。シリウスの製品開発に対するコミットメントはどれほど真剣か。データが十分ではないことから，これを知ることは容易ではなく，報告書の「資源開発」の列（左端）にある「コンテンツ・エンジニアリング」ボックスからは確認することは難しい。プログラムやコンテンツへの支出は相対的に低く（加入者1人当たり2.9ドル対営業・マーケティング費用は同2.8ドル），増加していない。研究開発支出（エンジニアリング，デザイン，開発）は顧客1人当たり0.6ドルであり，これも低い。経営者は明らかにコストを絞り続けており，これが会計利益に大きく貢献している（2013年に377百万ドル）。しかし，そうしたコスト削減は製品開発やその他の成長を牽引する取り組みを犠牲にしている。それゆえ，新製品が収益を大きく増大させるかどうかは甚だ疑問である。成長は疑いなく，シリウスのアキレス腱となっている。

> **投資家の洞察**
> 「戦略的資源」や「資源展開」の列の情報から，シリウスの戦略や実行，さらには将来成長像を深く分析することが可能となる点に留意されたい。あなたは長期的投資意思決定に必要となる情報を持っている。

破壊の脅威

　大きな成長の見込みなくして，シリウスの支配的なポジションは保持されうるか。明るい面をみれば，シリウスのブランドはよく知られている。衛星無線向けの領域であれば，そのブランドは事実上，独壇場である。加入者ベースは大きく，ゆっくりと成長しており，シリウスはそこで加入者にとっての著名で，排他的なプレイヤーとなることができている。市場は難攻不落のようにみえる。とはいえ，報告書の「資源保持」の列が示しているように，急速に技術が変化し，参入障壁が低い当該産業において，競争上の脅威やイノベーションの破壊の脅威は決して見過ごすことはできない。実際に，メディアはシリウスの支配力に対する脅威についての記事を時折掲載しており[5]，シリウスのカンファレンスコールにおけるアナリストの質問の多くも潜在的な競争に集中している。その主要な懸念は，衛星無線の代替案としてのインターネット戦略——自動車内の wi-fi——であり，アップル（Apple）やグーグル（Google）のような「ビッグプレイヤー」による自動車ストリーミング市場への参入に焦点を当てている。破壊的イノベーションや競争から生じる脅威に関してアナリストが絶えず持つ疑問に答える際，シリウスの経営者は同社の二元戦略，すなわち衛星とインターネットの戦略策定について，いくらか遠回しに語っている。しかし，彼らは必ずしも詳細に踏み込むことに積極的ではない。研究開発支出が低水準であることは，やはりイノベーションに向けた投資を集中していないことを示唆してい

　5　たとえば，James Brumley, "Sirius XM Is Facing Some Serious Competition," *InvestorPlace* (January 6, 2014). を参照。

る。このため，投資家からの信頼を勝ち得ていない。シリウスが長期的に，アップルやグーグルなどのビッグプレイヤーや，自動車市場で利益を上げることを目指した他社などを凌駕する競争優位をどの程度維持することができるかは，未解決でかつ挑戦的な課題である。長期的な投資家はこの問題に明らかにフォーカスすべきであり，経営者や取締役会からそうした情報をもっと引き出すべきである。

創造価値

　こうした流れを受けて，戦略的資源・帰結報告書（SR&CR）の最後の側面であるシリウスの戦略によって，四半期中に実際にどれほどの価値が創造されているか（右端の列）を示すことにしよう。創造された価値の計算は，会計ベースの利益とは大きくかけ離れている。第11章で概観したとおり，営業活動から提供されるキャッシュから始め，経営者による見積りや予測，さらには機会主義的な操作（キャッシュ・フローは利益に比べて操作するのが難しい）を差し引き，シリウスXMの2013年第2四半期は273百万ドルが算出される（報告書内の最も右上のボックスを参照）。われわれは，それに損益計算書上で費用計上されている（さらにキャッシュ・フローに影響を与える）投資である「プログラム＆コンテンツ」と「デザイン＆開発」の85百万ドルを足し戻す[6]。われわれはさらに資本的支出37百万ドル[7]，さらには株主資本コストの四半期分91百万ドル[8]を控除する。シリウスの2013年第2四半期に事業で創造された価値合計は230百万ドルとなる。
　2013年第1四半期の異常に低い価値創造額（174百万ドル）はさておき，第2四

　6　厳密に言えば，われわれはこれらの項目への投資や資本と考えるため，営業費用から控除された投資の償却費や資産計上された費用は営業費用と考えるべきである。単純化のために，われわれはここでこの償却費を考えていない。このため，われわれの創造価値指標はいくらか減少する可能性がある。

　7　われわれは単純化のため，3～5年の平均よりはむしろ四半期における実際の資本的支出を控除した。

　8　資本コスト率2.5%（年間10%）に2012年第2四半期末と2013年第2四半期末の株主資本簿価の平均値に乗じた数値をベースに算出した。もちろん10%は資本コストの便宜上の数値にすぎない。シリウスの「システマティック・リスク」あるいはβはきわめて高い。Yahoo! Financeによれば1.65となる。したがって，株主資本コスト率10%はいくらか過小評価である。

半期の230百万ドルという価値創造額は典型的なものであり，おおよそ200億ド
ルのシリウスの市場価値と比べても，合理的な水準にあると思われる。シリウ
スは明らかに一貫した価値創造ビジネスを展開している。

　最後に，われわれは新しい指標を提示する。シリウスの加入者の権利 —— そ
れは同社の主たる戦略的資産である —— の生涯価値の見積りである。会計利益
と同様に，以上で計算された価値創造額は，戦略的資産の価値の変動を含んで
いないため，この指標は重要である。それは付加価値の一部となる。契約価値
を概算する伝統的な方法は，月次の加入者1人当たりのマージン（月次の加入者
1人当たり収益−営業費用）に，解約率の逆数を乗じた数値となる。これは加入
者1人の生涯価値となる。これに，加入者の総数を乗じることにより，全体と
しての加入者価値を算出する（加入者が大きく成長しないという仮定）。2013年第
2四半期の当該価値は83.8億ドルであり（報告書を参照），前年度に比べても約
30%成長している。またシリウスの市場価値全体のかなりの部分を占める（2013
年でおおよそ200億ドル）。これに対して，貸借対照表の株主資本簿価は32億ドル
と小さくなっている[9]。

■ 現実性チェック

　シリウスをめぐるこれまでの分析は，われわれが非公式の情報源から集める
ことができた限定的な戦略情報に制約されていることに留意することは重要で
ある。われわれの提案する分析を実際に行うには，企業によって公表され，独
立した監査人によってレビューされた包括的な戦略的資源・帰結報告書（SR&
CR）をベースとすることになるだろう。そこには，われわれの仮定に基づくシ
リウスの報告書に加え，加入者を増加させるための企業の戦略についての詳細
な記述が目標値とともに示され，新製品やコンテンツを開発するための努力が
明確に示され，シリウスの長期的な競争優位（自動車における wi-fi 戦略に対して）
のためにとられるステップ，価値創造額や顧客の生涯価値のより正確な計算を

9　同一セクターにおける顧客価値をめぐる包括的な分析に基づけば，われわれの算出した
　価値は，そうした分析で導き出された価値と著しく近い水準にあることが示されている。
　Barak Libai, Eitan Muller, and Renana Peres, "The Diffusion of Services," *Journal of
　Marketing Research* 46 (2009) : 163-175. を参照。

第12章 戦略的資源・帰結報告書：
ケース1 ── メディア・エンターテインメント ◆ 189

可能にさせる投資と費用の分解，シリウスの競争ポジションに関連したその他の情報などが提供される。必ずしもこうしたすべての情報が入手できず，われわれが保有している限定的な情報をベースとした場合，投資家のためのわれわれの分析の要約は下記のとおりである。

　シリウス XM は，良好な事業運営の状況にある。2013年第 2 四半期に厳しいコスト削減とともに，主に新車販売の増加により安定した加入者の成長（70万人の正味の新規顧客を獲得）を実現し，加えて顧客の生涯価値が実質的に増大し，合理的な水準で価値創造を実現できた（市場価値の年間約 5 ％）。シリウスの支配的な競争ポジションは四半期中も維持され，短期的には安泰であるように思われる。長期的に見ると，2 つの懸念が大きくなる。(1)相対的な成長の低迷（新車浸透率はすでに高く，今後の伸びは期待できない。さらに中古車市場の浸透スピードは遅い），(2)インターネット空間における強力なプレイヤー（アップルやグーグル）などからの競争上の脅威。シリウスの経営者がどれほどこれらの挑戦に対応できるかは現時点で明らかではない。したがって，シリウスの株式は安定性や分散化を求める投資家にはよくフィットするが，大きな成長やキャピタルゲインを求める投資家にとっては疑問が残る。

しかし，これは本当に投資家が必要とするものなのか？

　本書の第 2 部では，会計の有用性喪失の主要な原因を精査した。財務報告書の中には，有用性の高い無形資産 ── 企業の戦略的資源 ── をめぐる情報が存在しないこと，経営者による見積りや予測に大きく依存していること，取引の対象とはならない，重要なビジネス事象を反映できないことが主要な原因であった。注目に値するのは，戦略的資源・帰結報告書（SR&CR）では，これら 3 つの障害となる要素が存在しない点である。無形資産を無視するというよりはむしろ，企業の戦略的資源 ── すなわち無形資産 ── に企業の主要な価値ドライバーとして焦点を当て，それを中心に報告書が作成されている。さらに報告書では，見積りや経営者の主観的な判断を取り除いている。新規顧客数，解

約率，特許・商標権はすべて事実に基づく数値であり，監査人も簡単に検証できる。さらに，自動車メーカーとの新規契約や開発中の製品などすべての重要な開発項目は，会計システムの記録の有無にかかわらず，提案されている報告書では脚光を浴びる。これは明らかに会計ベースの情報とは大きく異なる。

重要なことは，将来志向の戦略的資源・帰結報告書（SR&CR）は，短期的で，過去志向で，しかも終了したばかりの年度や四半期におけるバイアスのかかった記録（現在の財務情報）ではなく，企業の戦略やその実行にフォーカスを当て，特に企業が競争優位を維持できるかどうかについての長期的な評価を可能にさせる，という点である。ボトムライン —— 利益という投資家心理の最大優先事項——へのフォーカスは，企業の戦略－実行－価値創造というパノラマ式の景観に置き換えられることとなる。

筋金入りの懐疑派は，それでもなお次のように尋ねるかもしれない。提案されている戦略的資源・帰結報告書（SR&CR）の情報が投資家のニーズを満たしていることをわれわれはどのようにして知ることができるのか。実際にわれわれは知っている。最近，著者の1人は同僚2人と，会員ベースで展開しているメディア・エンターテインメント会社 —— 通信，ケーブル，インターネット，ソフトウェア，紙メディアなどの会社 —— に対する広範な研究を行った。それらの会社は，シリウスXMと同様，彼らのサービスに対して購読料を徴収している[10]。その研究での主な問いは下記のとおりである。証券分析において投資家が重要であると考える企業の属性は何か，すなわちどのような情報が株価に影響を与えるか。会員ベースの企業の株価や株式リターンは財務報告書の変数（利益や株主資本簿価）に関係しているか，それとも戦略的資源・帰結報告書（SR&CR）で表示されているような新規加入顧客数，解約率，加入者1人当たりの売上など非会計データに関係しているかを分析し，研究では後者のほとんど，すなわち非会計指標が利益や株主資本よりも株価に影響を与えていたことを実証している[11]。投資家は，われわれが提案する報告書の情報を必要とし，利用しているのである。

10　Massimiliano Bonacchi, Kalin Kolev, and Baruch Lev, "Customer Franchise－a Hidden, Yet Crucial Asset," *Contemporary Accounting Research* 32 (2015)：1024-1049.

11　株価に対して最も強い影響を与えていたのは，非会計変数が顧客の生涯価値に組み込まれた場合である。

[図12.2] メディア・エンターテインメント：戦略的資源・帰結報告書

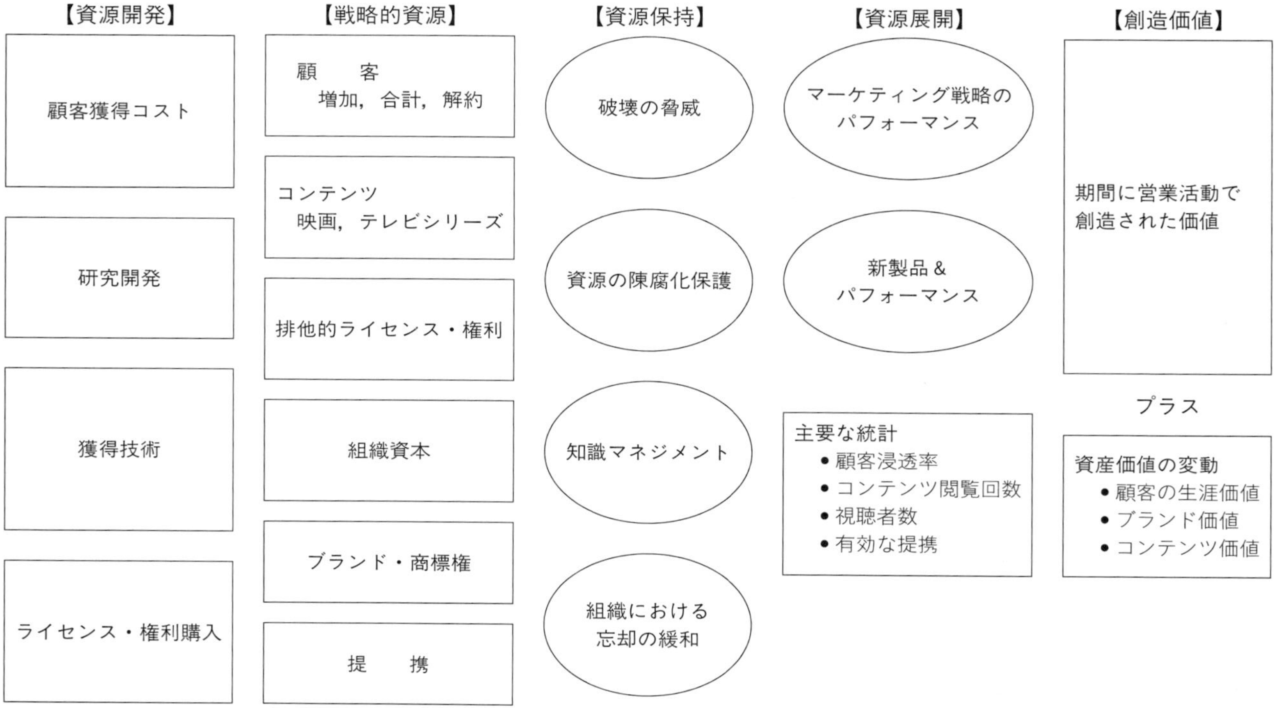

【資源開発】
- 顧客獲得コスト
- 研究開発
- 獲得技術
- ライセンス・権利購入

【戦略的資源】
- 顧客 増加、合計、解約
- コンテンツ 映画、テレビシリーズ
- 排他的ライセンス・権利
- 組織資本
- ブランド・商標権
- 提携

【資源保持】
- 破壊の脅威
- 資源の陳腐化保護
- 知識マネジメント
- 組織における忘却の緩和

【資源展開】
- マーケティング戦略のパフォーマンス
- 新製品＆パフォーマンス

主要な統計
- 顧客浸透率
- コンテンツ閲覧回数
- 視聴者数
- 有効な提携

【創造価値】

期間に営業活動で創造された価値

プラス

資産価値の変動
- 顧客の生涯価値
- ブランド価値
- コンテンツ価値

(注) 四角枠の情報はデータ、円枠の情報は語り口による情報。

■ セクター全体に通じる報告書様式

　われわれは最後に，提案してきた開示パラダイムをメディア・エンターテインメント会社向けに一般化した報告書として示した（**図12.2**）。これは同セクターのいかなる会社にも容易に適用可能である。

第13章

戦略的資源・帰結報告書(SR&CR)：
ケース2 ── 損害保険

保険業界は，3つのセグメントに分類される。損害保険（PC），生命保険（LH），再保険（他の保険会社を保険する法人）である。本章では，この中で企業数，顧客数ともに最大である損害保険会社の戦略的資源・帰結報告書（SR&CR）を示す。損保ビジネスは，非常に競争が激しく，特に災害リスクが原因で，他の保険セグメントに比べて相対的にリスクが高い。同産業の投資家は，他の産業の投資家と同様，企業の戦略やその実行，特に最も重要な戦略的資源 ── 顧客契約 ── にフォーカスを当てる。こうした事項のすべてについて，われわれが提案する報告書で詳しく述べることにしよう。

保険業界については長々と説明する必要はないだろう。実際，すべての人は顧客の立場にあり，ほとんどの人はいやな経験をしている（非常に高価，過度に官僚的で，請求をしばしば否認する）。しかし，これは読者の皆さんが関わりのあった，あまり気に入らない保険会社の一側面にすぎない。専門家を除き，大抵の人は保険のビジネスについてほとんど何も知らない。企業の財務報告書は一般的に透明性が低いが，保険会社の報告書はそれに輪をかけて理解が難しい。われわれは投資家にとって重要な情報に焦点を当てることで，その霧を取り除きたい[1]。

1　保険会社をめぐるわれわれの議論は，コロンビア大学のドロン・ニッシン（Doron Nissim）教授による優れた同産業の研究から多くのものを得ている。"Analysis and Valuation of Insurance Companies" (Columbia Business School, Center for Excellence in Accounting and Security Analysis, 2010).

■ セクター概要

　保険業界は3つのセグメントに分類される。**損害保険**（PC）－自動車や家，ビジネスに対する損害を扱う保険，　**生命保険**　（LH）－生命と健康に対する保険，そして**再保険**－保険会社に対する保険であり，保険会社が抱える一部あるいはすべてのリスクから解放する保険。われわれはケーススタディで，企業数，顧客数ともに最大である最初のセグメントの損害保険に焦点を当てる。これらの法人は，顧客に対する保険の引受け（販売）から利益を得る。さらに顧客からの手数料の受取りと保険金の支払いの間が一般的に長期であるため，蓄積した巨額の資金を投資することで利益を得る（保険会社の総資産の約65%にあたり，そのほとんどは固定金利付金融商品となっている）。これらの投資は保険会社にとっての主要な利益の源泉となっており，しばしば保険引受けによる利益を凌駕している。

　損保ビジネスは，他の保険セグメントと比べると相対的にリスクが高い。これは特に災害リスク（地震，テロ，洪水，アスベスト請求）によるところが大きい。このため再保険と関わりが深い。米国では，保険価格の規制も含めて，州レベルで同産業は規制されている。損保産業でも特に一般消費者のセグメントは競争が激しい。これは，保険会社が巨額の広告宣伝投資を行っていることからも確認できる（ガイコ（Geico）のゲッコー（Gecko），プログレッシブ（Progressive）のフロー（Flo））。同産業にはいくつかの大きな，しかしながら支配力は強くない企業が存在している（ファーム・ステイト（Farm State），ガイコ，オールステイト（Allstate））。保険者は2つの主要な課題に直面している。経済学用語でいう逆選択とモラルハザードである。前者は，高いリスクを抱える個人あるいは会社（たとえば重病人等）が低いリスクの人々よりも，より多くの保険を購入しようとする傾向があることを指しており，後者は保険を掛けている者がそうでない者に比べてリスクの高い行動をとる傾向（家のメンテナンスを怠る），極端に言えば保険金をだまし取る傾向を指す。あなたもすぐに理解できるように，これらのリスク双方は，賢い顧客マネジメントによって緩和することが可能である。2006〜2015年までの過去10年間におけるS&P保険業界指数はS&P500に若干劣るものの（平均年次リターンで7.84%対9.14%），最近の5年間ではそれを凌駕

している（平均年次リターンで15.37％対13.11％）。このように同産業は全体としては高い利益率を誇っている。

　保険会社の投資家は，他の産業と同様に，価値や成長を創造するための戦略やその戦略の実行に焦点を当てる。これは，われわれが詳細に調査した保険会社10社の2012〜2013年にかけてのカンファレンスコールからも明らかである。たとえば，プログレッシブの2013年の投資家ミーティング（2013年5月16日）では，CEO, CFO双方のプレゼンテーションともに戦略やビジネスモデルに十分割かれており，主たる経営目標（できる限りはやく成長する，コンバインド・レシオ（費用を上回る売上の程度：100％を上回ると芳しくない［伊藤注］）を96％以内に抑える）について説明し，かつこれらの目標がどの程度達成されたかを語っている。プログレッシブのカンファレンスコールにおけるアナリストの質問も同様に，同社の戦略に集中していた。財務報告（会計）情報は，そうした戦略分析に限定的な役割を果たすのにとどまっていた。財務報告（会計）情報は，戦略的資産やそれらの開発（特に顧客），価値創造の根本的なドライバー（保険料率の変更，保険請求の頻度や影響の大きさ等），リスクを管理し戦略的資産を保護するための戦略など，重要となる主要な要素については実質的に何も語らないためである。戦略的情報の一部は，財務報告書に掲載される経営者による長々した討議（たとえば，MD&A）で示されることはあるものの，どうしようもなく冗長で，率直に言って平板な財務報告書のなかにうずもれている（オールステイトの2013年の株主向けレポートは，全体で294ページある）。この情報は不完全であり（いくつかの会社は契約更新や解約率についての情報を提供しているものの，していない会社もある），報告されている指標は標準化されておらず，競合他社と比較可能ではない。こうした事態が，われわれのコンパクトで標準化された戦略的資源・帰結報告書（SR&CR）に対する鋭いニーズを生み出している。

■ それはすべて戦略的資産で始まる

　これら戦略的資産は，企業価値や持続的な競争優位のドライバーとなる。要約すると，戦略的資産は，一連の正味のベネフィットを生み出し，希少であり（リスクが低く，ロイヤリティの高い保険顧客のプールは限られている），競合他社によって簡単には模倣されない（ガイコのリーダーブランドは，簡単に新規参入者に

は模倣できない)。経営学の泰斗であるピーター・ドラッカー(Peter Drucker)
が言ったように,保険会社にとって,**顧客**は最も価値ある戦略的資産である。
保険会社の戦略や運営上の成功の多くは,顧客マネジメントを中心に展開され
ている。どのような顧客でもよいというわけではなく,しかるべき顧客を獲得
し,彼らに会社との契約の継続を納得してもらう(保険契約の更新)。このように
顧客マネジメントについての情報——財務報告書には全く現れないが——は,
投資家が企業業績を評価し,将来成長の予測を立てるうえで重要なのである。
他の戦略的資産は,ブランド(オールステイトのオンライン保険イーシュランス
(Esurance)),知的財産(個人の運転行動を記録し,それぞれのプレミアムを提供す
るためのプログレッシブの自動車のプラグイン・デバイスであるスナップショット
(Snapshot)などの新製品の特許),あるいは献身的で生産性の高い代理店などで
ある。顧客の話に戻ろう。

　持続的な競争優位を確実なものとする「しかるべき」顧客とは,どのような
顧客か。逆選択やモラルハザードの程度が低く(定義は前述),すなわち低リスク
(安全なドライバー)で,注意深い(財産のメンテナンスを行っている)顧客であ
る。成功する戦略(顧客名簿マネジメントとして言及されるもの)は,そうした顧
客をターゲットとし(たとえば,ハートフォード(Hartford)は,国内の退職者組
合であるAARP(アメリカ退職者協会,American Association of Retired Person)
とともにチームを組み,AARPメンバーに保険を販売している。AARPメンバーは,
平均的に高齢者であり,意識が高く,運転距離が短いドライバーであり,彼らの車両
を注意深く整備する),さらに彼らにできるだけ長く魅力的な料金利率でとど
まってもらい,かつ顧客との良い関係づくり(クレーム管理)を維持することで
ある。高い品質の「顧客名簿」(book)を維持することは,きわめて重要であ
る。保険会社はしばしば料金利率(プレミアム)を変更する——当該産業は,定
期的に**契約引受サイクル**に伴う競争を経験することで知られており,そのたび
に料金利率や利益は上がったり下がったりする。保険料率の引き下げは,良い
顧客も悪い顧客もひきつけることとなるが,成功する顧客マネジメントは,何
度かにわたる保険契約の更新によって,悪い顧客を排除していく。

　顧客(名簿)マネジメントは緊張感を持ってバランスさせることであり,相
対的に低い顧客獲得コスト(広告宣伝費や代理店手数料)で,健全に——顧客に
加えて——企業を育て,次に良い顧客との関係を継続させ,低い運営コスト(少

額で，あまり高価ではない請求額）を維持することが必要である。投資家にとって残念なのは，保険会社の四半期利益ないしは年次利益が，特に顧客引受サイクルのピークや谷間において，しばしば顧客マネジメントを歪めて描写してしまうことである。たとえば，企業が成長するために料金利率を引き下げる場合，企業にとってのプレミアムの低さと，そうした低いプレミアムにひきつけられた，手厳しい（高い請求額を要求する）顧客による損失で利益は圧縮され，しばしばマイナスとなる。しかしながら，こうした低い利益額は必ずしも経営の失敗であるとは限らない。それは，顧客名簿を安定化させ，保険契約の変更に伴う利益を刈り取るのに時間を要するということにすぎない[2]。

　保険会社の報告利益はさらに，費用収益対応が不十分であることからも歪められる。報告利益は収益と対応することなく，それ以前に計上された引当金（将来の保険金の見積り）に基づき調整された金額を含む。さらに主要な費用勘定 —— 保険損失（顧客に対する現在および将来の期待支払い）—— は，保険事象（自動車事故，勤務中の怪我）と最終的な保険請求への支払いの間の長期間にわたるタイムラグ，それは数年かかるかもしれないが，それにより非常に大きな不確実性を伴うものとなる。保険損失勘定の中の請求権に対する将来支払いの見積りの大部分によって，保険会社の報告利益は，他のほとんどの産業の利益と比べて，確実性が低減し，より脆弱なものとなる[3]。これはもちろん保険ビジネスの性質を反映したものであり（ロングテイルの請求），公平に言えば，損保会社は，将来支払いに対する見積りの情報を提供していることとなる。それにもかかわらず，保険会社の報告利益は，企業業績や成長の見込みを示す最も信頼できる指標とはなっていない。ここで戦略的資源・帰結報告書（SR&CR）の顧客セグメントを見ていくことにしよう。

■ 戦略的資源・帰結報告書（SR&CR）：顧客

　図13.1は，われわれが提案する保険会社の戦略的資源・帰結報告書（SR&CR）

2　重要なのは，四半期利益の減少やコンセンサス利益の未達の見込みにより，経営者が必要な状況で料金利率の引き下げをためらう可能性が出てくる点である。

3　これらの期待将来支払いが当期の費用に含まれる場合に割引されないという事実が，利益に歪みを加えることに結びつく。

198　◆　第3部　では，何をすべきか？

[図13.1]　顧客ボックス

実質契約数（000）
- 32,831；33,062；−0.7%

計上保険料（＄M）
- 6,625；6,463；2.5%

平均計上保険料（＄）
- 自動車：462；452；2.2%
- 住宅：1,115；1,065；4.7%

新規契約数（000）
- 自動車：570；542；5.2%
- 住宅：113；101；11.97%

更新率（%）
- 自動車：88.7；88.0；0.8%
- 住宅：87；87.4；−0.5%

における「顧客ボックス」である。例示目的で，ボックス内の数値は，左から右にかけて，オールステイトの2013年第1四半期，2012年第1四半期，さらにその変化率を示している[4]。

　オールステイトは規模が大きく成熟した会社であり，それゆえ大きな期間変動は期待できない。有効な契約件数のデータ――顧客規模の指標――をみると検討期間である12カ月でわずかに減少している（0.7%）。しかし，それにもかかわらず，その下の行にある計上保険料は2.5%増加している[5]。この一見，矛盾

4　われわれが詳細に分析をした10の保険会社の中で，オールステイトは適切な顧客データを提供している会社の1つであり，それゆえに例示のために選択した。われわれは読者に，ボックス内のデータはいくつかの情報源（業績のカンファレンスコール，会社によるプレゼンテーション等）から集められたものであり，それゆえいくつかの誤りや矛盾がある可能性があることを確認しておきたい。

5　「計上保険料」は，四半期で会社が計上した契約に対する保険料総額を指す。この指標は，損益計算書上での保険料総額（売上）――「経過保険料」――とは異なる。経過保険料は，契約が有効である四半期の期間内に計上された契約に関する保険料を示す。われわれは，保険会社が顧客獲得コストの一部を将来に繰り延べることが可能であるといっても，計上保険料の方が経過保険料よりも顧客引受コストと期間対応することから，計上保険料が経過保険料よりも望ましいと考えている。さらに，計上保険料は経過保険料の先行指標となる。異なる説明をすれば，計上対経過保険料比率――オールステイトの2013年第1四半期では0.98であるが――は成長指標なのである（比率が1以下である場合には，将来の保険料成長が負となる）。

第13章　戦略的資源・帰結報告書：ケース2 —— 損害保険　◆　*199*

しているかのように思われる事象への答え（有効な契約が低迷しているにもかかわらず，計上保険料が高い水準である）はボックスの3つめの項目に見出すことができる。平均計上保険料が増大しているのである。過去12カ月にわたり，自動車向けで2.2%，住宅向けで4.7%増加している。このように，有効な契約数（顧客規模）よりもオールステイトの保険利率が全般的に上昇していることが，適度な（2.5%）の売上（計上保険料）増加に結びついているのである[6]。

「コンバインド・レシオ」—— すなわち収益に対する費用（請求に対する支払いと運営コストの合計）の比率 —— の上昇は，一般的に企業が利益率を維持するために必要となる保険料率の上昇が起こっていることを意味する（たとえば，プログレッシブは2012年にコンバインド・レシオの上昇に対応して，自動車保険の料率を6.5〜10%引き上げた）。もちろん，料率を引き上げることにより，顧客の解約が生じる。しかし，ボックスの最も下の部分にあるオールステイトの契約更新（再契約）率をみると，自動車保険についてはこれが杞憂にとどまっている。契約更新が0.8%増加しているのである。しかし，料率の引き上げがより大きい（4.7%）住宅向け保険では明らかに負の効果が生じている。住宅向けの更新率は0.5%減少しているのである[7]。全体として，オールステイトは自動車保険の料金利率を適度に引き上げることにより，顧客の解約を招くことなく，いくらか売上を増大させることができているが，より大きな料金利率の引き上げを行った住宅向け保険では明らかに顧客基盤が減少している。こうしたことからも明らかなように，オールステイトの料率の引き上げをマージンに結びつけることができるかどうかは，紙一重なのである。もちろん，われわれは，どれほど多くの潜在的な顧客が高い料率のため取引を行わずにいるかという点は理解できない。しかし，「新規契約数」における四半期のデータ（**図13.1**のボックス参照）によれば，自動車向けでは5.2%，家庭向けでは11.9%と大きく増加している。興味深いのは，オールステイトは当該四半期に新たな住宅所有者の契約を増加させている一方で，多くの顧客を失っている点である（広告は有効なのか）。

6　経過保険料も過去12カ月で2.1%増加している。

7　住宅向け保険の更新率の低下に関して，どれほど多くの契約について法人によって取りやめられているのか —— それを通じて名簿の質がどれほど向上しているか ——，どれほど多くの契約について個人によって解約されているか（更新されないか）から学ぶことで多くの示唆を得ることができるだろう。筆者の1人も最近，契約を解約した。

投資家の洞察

　オールステイトの顧客基盤を検討した場合，懸念の１つは，2012年の量（実質契約数）の拡大ができていないことであり，わずかながらのトップライン（売上）の成長（2.5%）が料率の引き上げから生じている点である。非常に価格競争が激しい損保業界において，料率の引き上げでは成長を勝ち取ることは難しく，持続的な戦略とはなりえない。競合他社の多くは，保険料率を引き下げ，顧客に対して保険料の節約を促しており（ガイコの顧客をひきつけるスローガン「15分あれば，保険料を15%節約できる」（15 minutes will save you 15 percent.）に代表される），そのために業務効率性を大幅に改善させている。実際に，2013年のカンファレンスコールにおけるアナリストの質問に答えて，オールステイトの経営陣は料率の引き上げを抑えることを公表している。ほとんどの他の保険会社と同様，オールステイトにとっての懸念事項の１つは，成長なのである。

　それでは成長はどこから生まれるのか。オールステイトの経営陣は，保険業界のパイオニアともなっている同社のオンライン保険セグメントであるイーシュランスであると指摘する。相対的にその顧客基盤は小規模であるものの[8]，イーシュランスの計上保険料の成長は，四半期で30.5%と順調である。しかし，その成長も逆風にさらされている。イーシュランスの顧客獲得コスト（主に広告）は非常に高く，当該セグメントは「損失リーダー」になっており，さらに競合他社は彼ら自身でオンライン保険を提供するなど急速にキャッチアップしている。これは明らかに，成長を維持するためのイノベーションを持続させることが必要であることを示唆している。

8　念のため確認しておくと，カンファレンスコールで，オールステイトの経営者は，イーシュランスの新規顧客はオールステイトの他の製品ラインの売上を減少させることなく，むしろ競合他社から売上を奪っていると主張している。

新製品 ── イノベーション

　ほとんどの産業では，新製品やサービスを革新させ，新需要を創造するなど（ポータブルデバイス，美容医薬品）を通じて，新市場に参入し，成長を生み出す。しかし，保険会社にとって外国市場は選択肢の１つにはならず，損保業界を含めた金融サービス業界において，競合他社はイノベーションをすぐに模倣する。自動車ドライバーの習慣の記録を取り，それに従って保険料率を調整するための自動車プラグイン・デバイスの例を挙げよう。プログレッシブは，30日後にそれぞれのドライバーの契約内容を個人に合わせて設定するスナップショットという製品をもっている。同社は当該製品に関する特許を６つもっていたが，ハートフォードの自動車内デバイス「ツルー・レーン」（True Lane）やオールステイトの「ドライブ・ワイズ」（Drive Wise）の参入を防ぐことができず，結果として平均で14％の利益減少をもたらしていると主張している。損保会社の経営者は，彼らの将来が継続的かつ双方向による自動車ドライバーとのコミュニケーションにより，ドライバーの行動を改善させるテレマティック・デバイスにかかっていると言及している。

　他のイノベーションとして，料金比較ツール（comparative raters）が存在する。代理店や顧客が比較でき，かつ顧客がポータブル機器で保険価格の見積りを得ることを可能にさせるモバイル見積り（mobile quoting）がそれには含まれる。プログレッシブは2013年モバイル機器による見積りを８％増加させたと主張している。顧客が会社の代理店と直接接触することができるサービスセンターもまた，最近のイノベーションの１つである。相対的に短命ではあるものの，サービス形態のイノベーションは，新規顧客をひきつけることに加え，毎年会社を変更する，おおよそ10～15％の顧客をターゲットとするためには，きわめて重要な競争優位の源泉となりうる。こうしたことからも明らかなように，保険会社は，他社をリードする革新者（innovators）であり続けなければならない。オールステイトは明らかにそれに取り組んでいる。したがって，会社のイノベーションやその効果（たとえば，サービスセンターから生み出された新規ビジネス）は，「戦略的資源・帰結報告書（SR&CR）」（章末の**図13.3**）の「資源開発」の列の「新製品」のボックスで提示されるべきものである。これは，投資家が

202 ◆ 第3部 では，何をすべきか？

企業の競争優位の持続可能性を評価するうえで大変役に立つ。

■ 代理店 —— なお重要

　直接的手法（オンライン，電話，郵送）を用いた保険販売が増加しているとはいえ，伝統的な代理店のチャネルもなお大きなビジネスを生み出している。代理店には2つのタイプが存在する。会社専用系と独立系である。前者は1つの保険会社とのみ取引を行い，後者は保険ソリューションのメニューを顧客に提供する。会社専用の代理店は，明らかに企業の戦略的資源である（章末にある**図13.3**の報告書における「代理店」のボックスを参照）。代理店の数，代理店主導による新規契約数，彼らが獲得した顧客の質（たとえば，その他の顧客と比べた場合の代理店経由の顧客の損失の程度），代理店に対する支払手数料などの詳細は，会社の代理店戦略を評価するうえでの重要な情報項目である。カンファレンスコールで，オールステイトの経営者は代理店に少しふれたものの，それは間接的であった。たとえば，彼らは，データは示さず2012年に実施された代理店のインセンティブやボーナスの変化にふれ，それが代理店の数の減少を導いたと語った。無視しているわけではないにせよ，その他の保険会社はさらに代理店についての情報を開示していない。明らかに開示は十分でないにもかかわらず，弱腰のアナリストは，カンファレンスコールでも透明性を高めるよう経営者に迫ることがなかった。このため，投資家は保険会社の代理店のパフォーマンスを評価することを可能にさせるような開示情報から，競争上の脅威を確認することは困難である。

　すべての会社が競争している市場が，相対的に小規模であり（既存保険者の約10～15％程度の契約更新顧客と新規顧客），さらにそもそも低いマージン率も低下している（ほとんどの会社において，保険費用はすでに保険収益の90％を超えている）ことを考慮すると，大・中規模の保険会社において，投資家は劇的なトップライン（売上）の改善を望めない。もちろんニッチ市場を開拓する地方の小規模会社や新規参入企業は，より急速に成長できる。

　業務上の効率性（有効な請求権マネジメントや情報技術）は，ボトムラインの成長を生み出しうるし，それは価値創造や競争優位の源泉として役に立つ。われわれが目を向けている，そうした運営上の効率性は，企業の「組織資本」，すな

わち最も効率的な方法で，割り当てられた作業を行うための企業により活用されるシステム，プロセス，方法，知識によって主に生み出される[9]。

■ 事業運営 — 資源展開

　損害保険会社の事業運営は非常に複雑である。企業の資源を節約し，企業のブランドを維持・開発し，リスクを管理し — 再保険者に彼らのリスク・エクスポージャーをどれほど移転させるか，さらにその他のリスクマネジメントの技術をどれほど活用するか —，従業員や代理店にインセンティブをつけ，巨大なバックオフィス業務を円滑に運営することに加えて，新規顧客を獲得し，「顧客リスト」の質を維持し，保険者に対して最も痛みの少ない方法で請求に応えていくことが求められる。こうした活動を一度に進める必要があり，経営者にとって重要な挑戦となる。しっかりとした経営管理を実践することが，企業の価値創造に影響を与え，料率を引き下げ，競争力を維持することを可能にさせる。したがって，われわれはこうした問題に特に関心を向ける。誰に聞いても，ウォーレン・バフェット（Warren Buffett）のバークシャ・ハザウェイ（Berkshire Hathaway）の子会社であるガイコは，主な米国の保険会社の中でも最もうまく運営されている会社である[10]。

　保険セクターにおいては，営業効率性に関する財務報告書情報は，通常，会計上の欠陥の影響を受けやすい。しかし，損保会社の財務報告書情報は，当期の費用に含まれる，将来の保険金支払いの見積りでなされる異常に大きな費用部分（損失引当金）や当期前に発生した損失引当金の頻繁な調整や，それらがもたらす報告利益の不確実性を増加させ，収益費用の対応を減少させるなどの影響を増幅させる。財務報告書からは，費用変化の根本的な*原因*に含まれる洞察を得ることが難しく，企業の組織資本の業務運営上の効率性に対する投資家の評価を妨げる。経営者によって時に「管理される」，経営者の主観的な見積りや

9　組織資本やその測定については，Baruch Lev and Suresh Radhakrishnan, *Organizational Capital*, working paper (New York University, 2015) を参照。

10　プログレッシブは，2013年における IR ミーティングの資料の中に業績指標をめぐる産業ランキングをいくつか含めている。その中でガイコはトップランクであり，それに近く迫っているのがプログレッシブであった。

予測に大きく依拠することなく、検証可能な事実に大きく依拠するシステムが必要となる[11]。戦略的資源・帰結報告書(SR&CR)の一部として、図13.2にそうしたシステムを示している(数値はオールステイトの2013年および2012年第1四半期)。

図13.2における「事業運営」(Operations)のボックスは、会社のアウトプット(売上、計上保険料、経過保険料)を支える3つのインプットに焦点を当てる。最大の費用項目である顧客の請求に対する支払いを示す**保険金費用**、事業を運営するための**営業費用**、会計士が損益計算書の正常な営業費用としてまとめて取り扱うブランド、IT、知的財産権など戦略的資源に対する期間**投資**である。これら3つのインプットは、(矢印で示すように)ボックスのボトムにある売上(計上保険料)を支え、それが事業上で「重要」な粗利益(売上−請求権・運営費用)や粗利率へと結びつく。

われわれは、提案される事業運営の分析の潜在可能性をすべて描き出すことは難しい。なぜなら、損保会社の損益計算書上の費用データは、正常の費用と投資が混ざり合っており、しばしば主要な費用(ITや広告宣伝)の情報を分離し

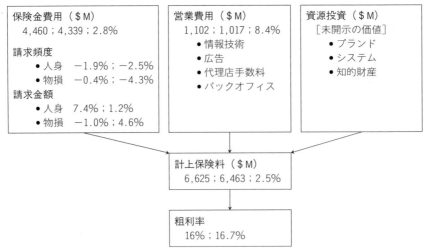

[図13.2] 保険会社の事業運営

---
[11] 保険会社の引当金に対する「管理」については前述したニッシン(Nissim)を参照。

て提供しておらず，それゆえ将来の事業運営の分析を適切に実施できないのである。実際の戦略的資源・帰結報告書（SR&CR）では，前年度の引当金の見積変化を控除した保険金費用に関する情報が提供され，将来の請求に対する引当金は割り引かれるか少なくとも実際に生じた保険金の支払いとは別建てとなる。さらに，たとえば広告宣伝やITなどの主たる営業費用は，当期の費用と（将来便益を生み出す）投資に区別される。たとえば，オンラインのイーシュランス・サービスについて当初の数年間実施されたオールステイトの広告キャンペーンは，経常費用というよりはむしろブランドへの投資であることは明らかである。保険金費用に対応した現在の営業費用のみが粗利益を決定づけ，企業のコスト・コントロールの評価に利用されるべきである。資源投資（右端のボックス）は，それが生み出す結果としてのベネフィットと関係させて，別に分析されるべきである（たとえば，広告キャンペーンが結果としてビジネスに与える有効性）。

■ コストのブラックボックスを見抜く

　報告される保険金費用合計（**図13.2**の左上のボックス）—— 2013年，2012年の第1四半期でそれぞれ4,460百万ドル，4,339百万ドルで2.8％増加 —— は，損保会社の主要な費用項目のダイナミクスの多くを実際に伝えることはない。何が保険金費用の主要な決定因子となっているのか。数値は顧客の「名簿」のマネジメントについて何を語っているのか。わずかな保険会社のみによって提示されているが，請求の決定要素を，事故の**頻度**と**影響の大きさ**に分離することで実態が明らかになる。オールステイトの請求頻度 —— これは自動車保険では自動車技術，道路の安全性，ドライバーの能力や注意（運転中のメール），住宅向け保険では建物の素材の品質に影響を受ける —— は，人身事故で1.9％減少，物損事故で0.4％減少と2012年から頻度は減少傾向が続いている。対照的に，影響の大きさ —— 損失に対する請求金額 —— は2013年第1四半期に人身事故による損失は7.4％と急に増加しており，大きな上昇である[12]。懸念されるのは，人身事故の請求金額が一貫して増加していることが，オールステイトの業績カンファレンスコールにおけるプレゼンテーションで示されている点である。請求金額は，

12　引用されているパーセンテージは，自動車保険のものである。

2012年の過去3四半期で3.4%，6.8%，5.2%と増加している。これは明らかに投資家にとっては，混乱を招く動き —— 特に負のトレンド —— である。なぜなら人身（怪我や死亡）への請求金額は，すべての請求の中でも最も負担の大きなコストドライバーであるためである。

　徐々に医療コストが増大していることが，請求金額の増大に影響を与えているが，これではオールステイトの2011～2013年の急速な請求金額の増大をすべて説明できない。業績カンファレンスコールで，経営者は十分に請求金額の増大について精査していなかった —— アナリストの洞察力に対する悲しいコメントとなってしまうが，誰もそれについて質問しなかった ——。しかし，請求金額の増大は，顧客名簿の品質の悪化を示唆しているかもしれない。重大な事故をもたらす高リスクで不注意なドライバーを会社が十分に取り除くことができず，結果として顧客名簿の品質が悪化している。おそらくこれは，オールステイトのオンライン顧客のイーシュランスの急速な増大（30.5%）に対する意図せざる帰結である。

　概念の証明：われわれが議論するように，投資家は本当に請求頻度と請求金額に関する情報を必要としているのか。投資家が必要としていることを証明するため，われわれは2010～2013年の4年間で，当該情報を提供する10社について請求頻度と請求金額に関する四半期のデータを集めた。次にわれわれはこれらの会社の —— 株式リターンのドライバー —— 利益成長（前年度同四半期比）と四半期における事故による請求頻度と請求金額の変化を四半期株式リターンに回帰させる（相関関係を探る）。回帰分析による頻度と請求金額の係数の見積りは統計学的に有意（2～3%水準）であり，2つの非会計指標の変化が実際に株価に影響を与えることが確認されている。すなわち，これらの指標は投資家にとって価値関連性がある。

第13章 戦略的資源・帰結報告書：ケース2 —— 損害保険 ◆ 207

> **投資家の洞察**
>
> 　一般に公正妥当と認められた会計原則（GAAP）が請求金額の合計に焦点を当てることで，経営者によって明らかにされるべき，重要な顧客開拓の根底にある情報をどれほど曖昧にするかについて留意されたい。オールステイトの報告した請求金額合計は四半期で2.8%増加しており，2012年のインフレ率よりかろうじて高いものの（2.1%），あたりさわりのないと思われるコストが増加しているにすぎない。しかしながら，より掘り下げていくと，主要なコストドライバー —— 人身事故に対する請求額 —— の上昇トレンドは続いており，むしろ加速している。信頼できることに，オールステイトは一貫して請求頻度と請求金額のデータを自発的に提供しているが，われわれが検討した他のほとんどの保険会社では言及されていない。投資家は明らかにこうした情報を必要としている。

　われわれは，残りの2つのボックス，すなわち**営業費用**（「健全に」8.4%成長している）と**資源投資**についても同様に深く分析したい。しかし，われわれはオールステイトの，あるいは他の会社のレポートには，必要とされる情報の詳細を見つけ出すことはできなかった。詳細な調査が必要となる損保会社にとっての「大きなコスト」は広告宣伝とIT である。業績カンファレンスコール（2013年第1四半期）でプログレッシブの経営者は，過去15年間で広告宣伝費は年間15%増加している（テレビでお決まりのギャグのフローを見ているすべてのものにとっては明らかである）と言及した。しかし，戦略的なコスト・ベネフィット分析においてより重要となるのは，対応する業績指標（ベネフィット）である。たとえば，プログレッシブの年間15%の広告宣伝費の増加は，潜在的な顧客からの見積り要求の増加を同様に生み出しているのか。プログレッシブの報告書からは，同社の年次売上成長率は，広告宣伝費の増加率の半分程度であったことがわかる。プログレッシブの広告宣伝費は，限界リターンの低減のステージにまで到達しているか。広告宣伝費の増加を抑えるべきか。あるいは広告宣伝費を大きく充てているオールステイトのイーシュランスについて，広告宣伝費とイーシュランスのホームページ・ビューの回数や転換率（ビューを顧客に転換）

が相関しているかどうかは重要であろう。おそらくイーシュランスもまた限界リターンの増加のポイントをすでに通過しており，広告宣伝費を抑えるべきだろう。代理店と同様，広告宣伝費は，それらが生み出すビジネスの量と正に相関すべきである[13]。投資家は，こうしたことを求めるべきであり，業務上の効率性を適切に評価するために，経営者から類似した戦略的情報を引き出すべきである。財務報告の総額 —— オールステイトの8.4％の営業費用の増大 —— は，せいぜい重要な分析の出発点にすぎない。したがって，戦略的資源・帰結報告書（SR&CR）は，実質的に示唆あふれるコストの開示を求める。

　図13.2で表示されている**事業運営（*Operations*）**のボックスの右側では，営業費用と対照的な資源投資に焦点を当てている。保険会社は，医薬品やソフトウェアの会社のように抜本的なイノベーターであり，しかし保険会社は組織資本，すなわち会社の資源を有効に利用することを可能にさせる組織資本，すなわちビジネスシステムやプロセスに莫大な投資を行っている。それゆえ，将来成長のための企業の投資率を正確に評価するためには，イノベーション（顧客の運行経験をカスタマイズする自動車のプラグイン・デバイスやオンラインでの請求への対応）と同様，ブランドやIT，人的資源（教育）への投資に焦点を当てることは重要である。残念なことに，そうした分析や推論の例を提供することができない。なぜなら，われわれが検討した10の保険会社のどれも戦略的な投資に関する価値関連性のある情報を詳細に提供していないためである[14]。

　資源展開（オペレーション）分析の結論として，ボックスの最も下では，コスト・ベネフィット分析が実施されて，粗利率（保険料と保険料にかかる費用の差異率）が導き出されている。ここでは，オールステイトの粗利率は，2012年第1四半期の16.7％から2013年第1四半期の16.0％とわずかながらに減少している。これは憂慮すべきというほどではないが，投資家にとって注意しておくべき問題である[15]。

13　2013年のIRミーティングの資料の中で，プログレッシブは，代理店によって生み出されたビジネスが，相対的に直販のビジネスに対して劣後していることを示すグラフを作成した。代理店ビジネスを立て直すためにとられる，たとえばインセンティブの改良など，いかなる取り組みが存在するのか。

14　会計ベースの指標への不満が広がっている。たとえば，オールステイトの経営者は，ブランドに対する投資を営業費用から除いた「経済的なコンバインド・レシオ」について語っている。

資源保持

　戦略的資源・帰結報告書（SR&CR）の資源保持は，特に保険会社にとって有用性が高い。そこでの資源保持の主たる要となるのは，保険販売権のリスクを管理し，（顧客）名簿の質を維持することである。高リスクの顧客を選別し，競合他社が質の高い顧客を奪おうとすることを妨げることである。われわれはこれまで顧客マネジメントについて議論してきたが，ここでリスクに目を向けることにしよう。本質的に保険はリスクの高い事業である。保険会社は，被保険者からリスクを**買っている**のである。文字どおり，リスクのプールに身を置き，このプールを管理することは，企業の価値創造や競争優位に直接的に影響を与える主要な活動となる。

　３つのタイプのリスクが保険事業に影響を与える。

1. **リスクの引受け**は，顧客から集められた保険料でそれらの請求支払額をカバーできないリスクである。アスベストや環境債務のように，保険証書が記入された時点では，その債務の大部分が知られていないため，そのリスクは特に高いものとなる。こうした高額の請求は，数十億ドルにまで簡単に増大しうる（2012年のハリケーン・サンディへの請求支払い）。保険会社間の競争が激化し，企業が低保険料率で対応すると，質が低いが，リスクの高い顧客をひきつけることとなり，引受けリスクは増大する。

2. **投資リスク**は，株式や債券の価格変動に関連したリスクである。保険会社は金融商品に対する巨額の投資を維持し，それらの財源を投資利益に依存するため，債券価格に対する想定外の金利変動，借り手の債務不履行，株価の下落など資本市場に投資することのリスクを被る。

3. **規制リスク**は，保険料率の引き上げを否定，制約する，（地震や洪水被害など）通常は負担しないであろう，ある種のリスクを保険業者に負担させ

15　われわれは，不十分な会計情報を利用しているということを忘れてはならない。よりよい数値を求める必要がある。過去の損失引当金に対する調整を行った正味の請求支払額，ブランドや技術に対する投資への調整した正味の営業費用をベースにしたより現実的な粗利益率は，ボックスのものとは異なる可能性が高い。

210 ◆ 第3部　では，何をすべきか？

る，あるいは資本規制やその他のソルベンシー関連の規制を変化させると
いった規制当局の権力から発生する。

　保険会社は，特に震災から発生する潜在的な損失など保険引受けリスクのエ
クスポージャーを管理し，減らすための多様なリスク管理ツールを利用する。
これらの戦略には，保険業者のリスク・エクスポージャーを減少させる保険証
書の提供も含む（100万ドルを最大とする債務保険）。地域や産業にわたってリス
ク・エクスポージャーを分散化させ，リスクを他の保険会社と共有し（引受け
プール），あるいは震災の場合のみ，債権元本の維持を可能とさせる公的な災害
債券を発行するなどである。しかしながら，再保険が，リスクマネジメントの
主要な手段となっている。そこでは，保険ポートフォリオのリスクの一部ある
いは大部分が再保険会社に移転され，再保険会社は，顧客から受け取った保険
料の一部をそれに充てる[16]。いくつかの再保険契約は，「超過損失」条項を含め
ており，再保険会社は企業の損失が事前に決められた水準を超える場合，それ
を放棄することができる。
　投資ポートフォリオのリスクを管理する際には，投資リスクを分散化する伝
統的なツールが役に立つ。高リスク投資（ジャンク債）を回避，金融デリバティ
ブの利用（ヘッジ），保険付き債券への投資（保険会社の投資のほとんどは，固定金
利付金融商品）などである。最終的に，規制リスクは規制当局や国会議員へのロ
ビー活動でおおよそ管理される。
　したがって，戦略的資源・帰結報告書（SR&CR）の資源保持部分（真ん中の列）
は，企業のリスクマネジメントの有効性やリスク・エクスポージャーの程度を
投資家が評価することを可能にさせるのに十分な情報を提供すべきである。戦
略的資源・帰結報告書（SR&CR）で提供されるべきは，VAR（Value at Risk）
など伝統的なリスク指標に沿って再保険業者に移転されるリスク・エクスポー
ジャーや保険料の割合など定量的な指標や，語り口調でありながら，しかも平
板ではない，経営者によるリスク緩和戦略をめぐる討議である。規制リスクに
ついては，主要な保険料率の引き上げの適用や企業に新たなカバレッジを求め

16　われわれが研究したカンファレンスコールにおけるアナリストの質問のいくつかは，実
　際に再保険や再保険業者にリスクがどれほど譲り渡されているかというものにまつわるも
　のであった。

る規制の動向などの状況が価値関連性の高い情報となる。

　他も同様であるが，ここで重要となるのは，提案されている報告書は，バラバラの業績のリストということではなく，むしろ**統合された**システムとして認識すべきということである。したがって，報告書におけるその他の情報，特に請求の頻度および請求金額の大きさや契約更新率のパターンについての報告書の他の情報は，重要な保険リスクの次元にもまた焦点を当てている。たとえば，請求金額の増加は，引受けリスクの増大を示唆している。われわれが研究しているカンファレンスコールにおけるアナリストの質問から，投資家が保険リスクの問題に強い関心を持っているものの，いまのところ企業による体系的かつ有用なリスクの開示を，われわれはこれまで見つけ出すことができていなかった。アナリストの質問に対する回答は断片的で，そのため投資家がそれらを知る機会を失っている。投資家にとって有用性の高い，統合された情報システムを体系化し標準化するにあたって，われわれの戦略的資源・帰結報告書（SR&CR）は高い可能性を証明している。

■ 創造価値

　保険会社の報告利益やキャッシュ・フローは極めて巨額であるように思われている。オールステイトの2014年の当期純利益は28.5億ドルであり，売上高総額の8.1％である。さらに営業活動からのキャッシュ・フローは32.4億ドルである。しかしながら，これらの利益からビジネスを行ううえで必要となる株主資本コストを取り除き，保険会社の株主資本（簿価）が相対的に大きい金額であるということを前提とすると，彼らの実際の利益は，報告されたものよりもかなり小さくなる。たとえば，2014年のオールステイトの期中平均株主資本簿価は220億ドルであった。その事業の規模と安定性により，企業のシステマティック・リスクは相対的に低い（β 値は0.81）。このため，資本コスト 8 ％は適切であるように思われる。株主資本コストは17.6億ドル（220億ドル×0.08）となり，2014年に創造された価値は14.8億ドルとなり（32.4〜17.6），市場価値（約300億ドル）の約 5 ％である。これは，大規模で成熟した保険会社における合理的な価値創造額である。われわれは，図式化された包括的な戦略的資源・帰結報告書（SR&CR）にて，損害保険会社の分析をまとめている（**図13.3**）。

[図13.3] 損害保険：戦略的資源・資源・帰結報告書

【資源開発】

顧客（$）
- 獲得
- 広告宣伝費用
- サービスセンター

情報技術（$）
- 支出

ブランド（$）
- 広告宣伝
- ブランド獲得

新製品（$）
- 開発支出

組織資本（$）
- 従業員教育
- コンサルティング手数料

事業買収（$）

【戦略的資源】

顧客
- 実質契約数（000）
- 計上保険料（$M）
- 平均保険料（$）
- 新規契約数（000）
- 地理的範囲
- 更新率（%）
- 保険料率変化（%）

代理店
- 数
- 新規契約保険証書
- インセンティブ

知的財産権
- 特許，商標権
- 新製品
- ブランド，市場シェア

【資源保持】

再保険（%）
- エクスポージャー
- 契約額

名簿の品質維持
- 戦略
- 指標
- 集中リスク

競争業者の行動
- 新製品
- 価格戦略

引受けリスク
- 軽減

規制当局の行動
- 承認された要求事項
- 未決定事項

投資リスク
- 戦略＋リスク指標

【資源展開】

請求支払額（%）
- 頻度（%）
- 大きさ（%）

営業費用（%）
- 広告
- IT
- 代理店への支払い

→

計上・経過保険料（$）
- 利率や品質変化

粗利益率（%）

【創造価値】

期間に営業活動で創造された価値（$）

プラス

顧客の生涯価値

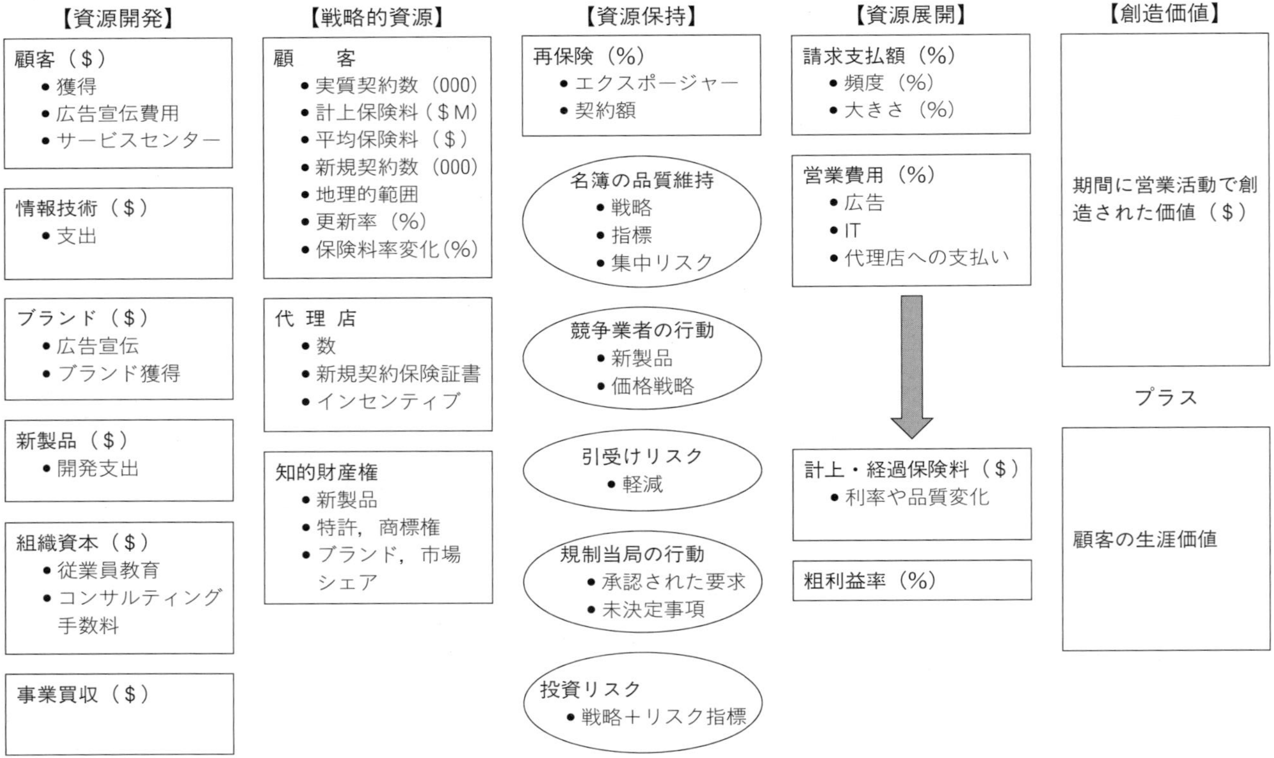

（注）四角枠の情報はデータ，円枠の情報は語り口による情報。

第14章
戦略的資源・帰結報告書(SR&CR)：
ケース3 ── 医薬・バイオ技術

　　医薬品会社は，大規模な研究開発支出を実施している。その割合は大規模会社で売上の12～15％，小規模のバイオテク会社で15～20％である。そうした重要な社内イノベーションに加えて，大規模・中規模の医薬品会社はしばしば製品や技術を開発するため，特に研究開発能力を高めるため，小規模の会社やチームを買収する。医薬品会社による重要な研究開発活動に関する一般に公正妥当と認められた会計原則（GAAP）に基づく唯一の情報は，あたりさわりのない研究開発費である。医薬品・バイオテク会社による戦略的な資源は，開発中の製品，基礎特許，製品開発パイプライン，商標・その他の知的財産や人的資源である。医薬品会社は，財務報告による補足情報や業績カンファレンスコールにおけるプレゼンテーションで，製品・パイプラインに関する情報を公表している。しかし，Non-GAAPの情報開示は，しばしば偶発的で，期間ごと，産業ごとに一貫しておらず，それゆえ投資家にとって限定的な価値しかもたない。それでは，戦略的資源・帰結報告書（SR&CR）に移ることにしよう。

　　保険会社に続くケーススタディとして，すべての者が実質的に顧客であるが，満足している顧客はほとんどいない医薬品・バイオテク会社を取り上げよう。多くの人は法外な医薬品価格に不平を述べ，特に第三世界の国々において，社会的に意識の高い人は，重要な医薬品についての特許保護の期間を正当化することに疑問を投げかけている。しかし，そうした保護が十分でないと，医薬品会社は潜在的なブロックバスターの研究に集中し，希少な病気については研究

をなおざりにしてしまう。医薬品会社はイメージを改善させる活動，広報活動に大きな資金を活用する一方で[1]，イノベーションの成功による持続的な競争優位の獲得・維持に焦点を当てている。

戦略と戦略的資源

ファイザー（Pfizer）の最高経営責任者（CEO）であるイアン・リード（Ian Read）は2013年第3四半期の業績カンファレンスコールで，企業戦略を簡潔にまとめて「株主に対するより大きな価値をけん引するため，（製品）パイプラインの質を高め，資本配分にあたって財務規律を働かせ，事業計画を実行する」と説明した。決してシェークスピア研究者ではないが，簡にして要を得ている[2]。同様に，メルク（Merck）のCEOは，2013年第3四半期の業績カンファレンスコールで，「開発（市場化）中の製品や革新的な研究開発とともに，最善の商業的な成長機会への投資を優先させ，資源配分に関して規律ある意思決定を行い，コストを有効に管理することによって，株主価値を作り上げる」と説明している。要するに，コスト制約のもとで，医薬品および医療機器のイノベーションを追求しているのである。健全ではあるが，そうした戦略はどのように実行されるのだろうか。

イノベーションへの投資

医薬品会社は，大規模な研究開発支出を実施している。大規模会社で売上高の12～15％，より小規模なバイオテク会社になると15～20％を支出している。そうした社内での大きな研究開発支出に加えて，大・中規模の医薬品会社は，しばしば彼らの開発中の製品や技術を強化するため，特に研究開発能力を磨き

---

1 医薬品産業は，ロビー活動に対する支出ですべての他の産業をけん引している。2014年には228百万ドル，1998～2014年では30億ドルの巨額の支出を行っている（www.opensecrets.org/lobby）。もちろん，これらの資金すべてがイメージ改善のために充てられているわけではない。多くは好ましい法律や規制を確実なものとするために投じられている。

2 とりたててCEOがカンファレンスコールのオープニングスピーチでは，いかなる財務（会計）数値の結果も言及しなかった。

高めるため，より小規模の会社やチームを買収することがある。たとえば，ファイザーは2015年2月5日，ホスピーラ社（Hospira, Inc.）を170億ドルで買収すると公表し，アストラゼネカ（AstraZeneca）も同日，アクタビス（Actavis）を買収した（投資銀行家らにとっては良き日であった）。一方で，アクタビスはそこから1カ月も経たないうちにオーデン・マッケンジー（Auden McKenzie）を買収した。会社は製品ラインのみを買収することもある。たとえば，ケティラ・バイオファーマシューティカルズ（KYTHERA Biopharmaceuticals）は，2015年2月11日，抜け毛用の新規治療向けの医療複合物および主要な知的財産権（特許）の世界的な販売権をアクテリオン（Actelion）から買い取った（筆者らにとって早すぎることはない）。これらの買収の背後にある戦略は，新しいセラピーの製品ライン（の販売権）への参入を実施することであり，既存の製品ラインを広げることにある。イノベーションへの投資はまた，主要な医薬品の特許切れから生じるギャップを埋めるための強烈なニーズによってけん引されている。しばしば，そうしたギャップは重大な収益面での「穴」を作り出すからである。ファイザーのコレステロールを減少させるブロックバスターであるリピトール（Liptor）の特許収入は，年間当たり100億ドルを超えていたが，2011年11月に特許が消滅した。その結果，2012年第1四半期には19％の利益減少に結びついた。社内の研究開発および外部獲得の研究開発や製品開発に関わる支出総額は，もちろん，有望な製品市場の機会の大きさ —— 新規医薬品や医療機器に対する現在および将来の需要の大きさ —— や利用可能な資金の大きさに左右される。

規律を欠いた研究が際限のないキャッシュの焼け野原を生み出すことから，コスト・コントロールは重要である。複数の製品を抱える大規模会社は，イノベーション投資を支えるのに十分なキャッシュ・フローを保有している。ジョンソン＆ジョンソン（Johnson & Johnson）の2013年の営業活動からのキャッシュは175億ドルと巨額であるが，より小規模なスタートアップ企業やバイオテク企業はしばしば研究資金が枯渇し，戦略的パートナーを探し，あるいは買収される必要に迫られる[3]。医薬品会社にとって最大の費用項目である営業・マーケティングについての厳しいコスト・コントロールは特に重要である。医薬品会社は長期のコスト・コントロールに焦点を当てる —— 新規医薬品の開発・承認期間は平均で8～10年間 —— にもかかわらず，継続的に利益をあげ，しばし

216 ◆ 第3部 では，何をすべきか？

ば配当を支払うことで株主を満足させる必要がある。医薬品会社にとって，短期および長期の行動を同時にバランスさせることが常に経営課題となっている。

■ 戦略的資源・帰結報告書（SR&CR）：資源投資

医薬品会社にとって重要となる研究開発活動について，現在提供されているGAAPに基づく唯一の情報は，研究開発費の総額である。これは投資家にとってそれほど有用ではない。ジョンソン＆ジョンソンとファイザーを比較してみよう。前者の年間研究開発費は2013年，2012年，2011年とそれぞれ82，77，75億ドルであり，ファイザーの研究開発費は同年度で67，75，87億ドルである。ジョンソン＆ジョンソンは研究開発を増加させているのに対して，ファイザーはこの頼みの綱を連続して減少させている（3年間にわたって23％）ように，異なる軌道を描いている。これは，研究開発を増大させている一般的な産業のトレンドとは異なり，明らかにファイザーの戦略的変化を意味している。しかし，正確には何が新しい戦略なのか。2013年半ば，ファイザーは3つのセグメントを創出する新たな組織再編を発表した。しかし，研究開発費をほぼ4分の1ほど減少させることによって，こうした戦略的変化はどのように支持されるのだろうか。経営者が戦略を明確に示さない限り，憶測が増幅する。2011年2月1日に，ロイターは「ファイザー社のCEOであるイアン・リードは，2012年の利益予測を達成するため，世界最大の医薬品メーカーにおける巨額の研究開発予算を減少させている」と報じている[4]。2,000人もの研究者をレイオフするにはよりもっともな理由があったことを望むが，われわれが読む財務報告書やそれに関連する資料に，研究開発活動のシフトを明確に表現している情報を見つけ出すことは困難である。したがって，戦略的資源・帰結報告書（SR&CR）では，企業の資源投資戦略を包括的かつ明確に開示することが求められる。

3　1980年代，いくつかの医薬品会社は，彼らの研究を証券化することによって，研究開発資金を調達しようとしていた。すなわち，研究開発や特許ポートフォリオに裏づけられた株式を売却する取り組みである。しかしながら，将来性のない特許が証券化される一方で，将来性のある特許が企業によって保持され続けるという投資家の懸念が明らかにあり，研究で資金調達をする新しい方法はうまくいかなかった。

4　Ransdell Pierson, "New Pfizer CEO Slashes R&D to Save 2012 Forecast," Reuters, February 1, 2011.

第14章　戦略的資源・帰結報告書：ケース３ —— 医薬・バイオ技術　◆　217

　投資家が企業のイノベーション戦略やその実行を評価するにあたって，研究開発オペレーションの２つの側面が重要である。研究開発費総額のうち，どれほどが「R」（研究－新規の医薬品や医療装置の独自開発）であり，どれほどが「D」（開発－現在の医薬品や技術の微調整）か[5]。この区別は極めて重要である。なぜなら「R」と「D」のリスクと報酬は大きく異なり，一般的にはリスクと報酬ともに「R」の方が「D」より高い。アストラゼネカの医薬品で腹痛を抑えるブロックバスターであるプリロセック（Prilosec）を例に考えてみよう。プリロセックの特許が2011年に失効したとき，アストラゼネカは利益に大打撃を受けた。しかし，アストラゼネカはジェネリック医薬品業者に市場を受け渡すより，むしろ密接に関連する医薬品ネキシウム（Nexium）を創出した。そのためにアストラゼネカは，新規特許を取得し，スマートなマーケティングとともに，胃酸の逆流に関する医薬品市場に新製品を投入した[6]。そうした「後続」（follow on）特許取得 —— 明らかに「D」—— は，全く新しい，テストのされたことのない治療領域に投資をするのに比べると，相対的に低リスク戦略である。このため，投資家が研究開発戦略やその実行を評価するにあたって，企業の研究開発活動の性質に関する情報を受け取ることがかなり重要となる[7]。

5　これとは異なる，しかしながら一般的な問いとして，何が研究開発かというものがある。研究開発について満足のいく会計上の定義は存在しないが，会社のなかには，主要なイノベーターとして彼ら自身を表現するため，メンテナンスや品質管理のような，「関連する」費用のすべてを報告上の研究開発に勝手に入れ込んでいる。

6　"Zombie Patents," *The Economist* (June 21, 2014), p.72 を参照。

7　会社が「R」と「D」を区分することができるかについて考える読者は，米国商務省や統計局によって実施されている研究開発・イノベーション調査に留意すべきである。重要な研究開発を行っている企業から回答を得ているほか，次の質問も実施している。
- 御社の研究開発のなかで，御社にとって新しい製品向けの比率はどの程度か。
- 御社の研究開発のなかで，御社にとって新しい科学や技術を必要とするものはどれほどか。
- 御社の研究開発のなかで，御社が活動している市場において新しい科学や技術を必要とするものはどれほどか。

さらに，特に重要となるのが以下の問いである。
- 御社の研究開発のなかで，研究（計画された体系的な知識あるいは理解の追究）と開発（新製品・サービス・プロセスを作り出すために必要となる研究の活用）に向けられるのは，それぞれどれほどの金額か。研究は，応用・基本研究に分類されるべきである。すべての研究開発人員における科学者およびエンジニアの割合についても調査されている。このように研究開発会社は，定期的にこれらのデータを政府に提供している。なぜ株主にその一部を開示しないのか。

投資家にとって重要となる研究開発の第2の側面は，研究資金総額をプライマリーケア，腫瘍，ワクチン，動物薬，医療機器などさまざまな治療市場セグメントのどこに配分するかである。上述した脱毛予防の医薬品を獲得したケティラの例のように，買収は企業による研究開発努力の方向性や焦点を投資家に垣間見せることとなる。それ以外では，あるイノベーションの方向にどれほど集中するか（財務的なコミットメント）についての情報は一般的に開示されない。企業の研究開発予算のうち，どれほどがコレステロール減少医薬品のような既存の競争の激しい市場に割り当てられ，どれほどが新しい治療領域に向けられるのか，という戦略的に重要な問いは，現行の情報開示では依然として不明である[8]。そこでここでは，医薬品会社の戦略的資源・帰結報告書（SR&CR）の資源投資の列（左列）に目を向けていくことにしよう。

■ イノベーション

戦略的資源・帰結報告書（SR&CR）のイノベーションのボックス（左端の上）は，内部研究開発から始まっている。バイオテク企業のギリアド・サイエンシズ（Gilead Sciences）の2013年第3四半期のそれは489百万ドル，対して前年同期384百万ドルなので27%の成長，それと比較して売上は15%の成長となっている。明らかに，ギリアドにとっては魅力的な研究開発機会が存在しているが，研究開発の増加をけん引している領域はどこなのだろうか[9]。ギリアドの業績カンファレンスコールにおける役員のプレゼンテーションで「2013年第3四半

8　多くの医薬品・バイオテク会社は，彼らの製品パイプラインについての詳細な情報を提供しており，それらを通じて彼らがターゲットとするさまざまな治療領域を投資家に知らせている。しかし，この情報はそれぞれの治療領域における*財務的なコミットメント*を含んでいることはまれであり，企業の研究開発で何を主として推進するのかを評価することは困難である。

9　興味深いことに，ギリアド・サイエンシズは，その業績と成長という観点で，バロンズ誌（Barron）公表の2015年の米国のトップ500の第1位の会社として評価されている（2015年5月4日）。それにもかかわらず，バロンズ誌は，ギリアド・サイエンシズが，同社の取締役会である株主提案に直面していると指摘している。それは，「医療費支払者，医療従事者，規制機関にとってのコストを削減するための努力が急速に増大するのに直面して，会社の価格戦略に関連した事業リスクの管理や緩和をめぐる透明性を高める」ことである。これは，価格を決定する権利に対する脅威に関連した情報を，提案されるレポートに含めるべきという，われわれの要請を支持している（資源保持セクション）。

［図14.1］ 医薬品・バイオテク企業：戦略的資源・帰結報告書

【価値創造】

期間に創造された価値（$）
営業活動からのキャッシュ・フロー（＋）
• 損益計算書内における投資（－）
• 資本的支出（－）
• 株主資本コスト（－）
• 期間付加価値

【資源展開】

売上高（$）
2.7：2.4（15%）・頻度（%）
各要素の効果
数量　価格　為替レート
　X　　　X　　　X
買収
X
月次　処方　売上高
　X　　X　　X

費用（%）
営業費用
投資（一般に公正妥当と認められた会計原則上の費用）
• 研究開発
• ブランド
• IT
　X　X

粗利益率（%）
X　X

【資源保持】

主要な特許消滅
• 12カ月
• 2〜5年

市場シェア変化
• 製品 X
• 製品 Y
• 製品 Z

【戦略的資源】

既存製品
販売高トップ５と月次トレンド X X
• 新規医薬品の売上と処方リピート率：
Stribild
$144M（722%成長）
• 販売額トップ５の市場シェア：82%
• ロイヤリティ利益（$）
X　X

製品パイプライン
• 製品と開発ステージ
• 次年度の期待進捗度
• 市場規模やシェアの期待値

特許・商標権
• 承認数
• 米国特許局分類別

【資源投資】

イノベーション
• 内部研究開発（$M）
489：384（27%）
支出内訳：
"R"（研究）X X
"D"（開発）X X
市場別支出：
腫瘍　X X
抗ウィルス X X
• 獲得された研究開発、特許、製品
X X
• 提携への投資
X X

人的資源
• 従業員教育（$M）
X X

その他買収
• 商標権
• 生産設備

主要な訴訟と期待される規制変化

（注）四角枠の情報はデータ、円枠の情報は語り口による情報。

期に前年同四半期でより高い研究開発支出となったのは，すべての治療領域に
またがる継続的な成長とガンやHIVにおける診療研究の進展に主にけん引さ
れている」というコメントに巡り合った。なるほど。しかし，この企業は確か
ある一定の領域に重点を置いていたはずである。さらに，研究開発の顕著な伸
びは一時的なものか（たとえば，先進医療テストにおけるプロジェクトを組むた
め），あるいは長期的なものなのか，われわれはこれらの核心的な問いに対する
答えを見つけ出すことができなかった。

　理想的には，イノベーションのボックスが示しているように，研究開発支出
は，これらの活動で特に重要なものを示すために，主要な治療領域ごとに開示
されるべきである。さらに関連する研究開発戦略やリスクに焦点を当てるため
に，「R」（研究）と「D」（開発）によって分類されるべきである。多くの企業
は，特許や研究開発能力の買収（インプロセスR&D）とともに内部研究開発を拡
大するので，これらの買収に関する情報もまた開示されるべきである。最終的
に，新規医薬品を開発するのに関連した，重大なコストやリスクを共有するた
めに，多くの企業はアライアンスやジョイント・ベンチャーを，時には競合他
社とも締結する（メルクとファイザーは合同でSGLT2－タイプ2の糖尿病向け医薬
品を開発している）。イノベーションのボックスの最も下にある提携への投資の
項目は，その提携の方向づけや会社間の活動から期待されうる成果物に関する
補完的な情報を増やすことによって，そうした投資を好ましく伝えることがで
きる。特に，イノベーションのボックスの中の情報は，前述したようなファイ
ザーの2011～2013年の研究開発削減を導くような戦略的なシフトを発見し，理
解するうえで非常に重要である。

　資源投資（左）列の残りのボックスは，人的資源やその他買収で獲得したブ
ランドのような非研究開発資源の情報を提供している。医薬品会社の販売力（読
者が痛みを抱えて病院で待っているときに，大きな持込み荷物を持ち，医者のオフィ
スをさまよい歩いている，笑顔で，鋭く着飾った若手）は重要な戦略的資源であ
る。医薬品会社は典型的に，研究開発よりもむしろマーケティング・販売活動
に支出しているという，しばしば批判者を苛立たせる事実もある。販売力トレー
ニングは重要な投資であり（ギリアドは業績カンファレンスコールで，同社が新製
品，すなわちHCVという肝炎治療薬の販売にあたって，3カ月の販売トレーニングプ
ログラムを行っている），投資家によってその跡をたどれるようなものであるべ

第14章　戦略的資源・帰結報告書：ケース 3 —— 医薬・バイオ技術　◆　　*221*

きである[10]。すなわち，総原価と同様に，詳細な訓練プログラムも開示すべきである。資源投資の最も下のボックスでは，M&A のような他の戦略的資源の獲得，あるいは生産設備の情報を提供している。

投資家の洞察

　企業によって普及が図られている新治療領域と同様に，研究開発活動の構成のトレンドに特に注意せよ。基礎研究（研究開発の「R」（研究））から離れているか，その中に含まれているかである。この情報は，アナリストが通常要求する次期四半期の利益ガイダンスよりも将来成長についてより多くのことを明らかにしている。

戦略的資源

　医薬品・バイオテク企業の主要な戦略的資源は，既存（市場で販売中の）製品とその基礎となる特許，製品開発（開発途上の）パイプライン，商標，その他の知的財産，主要な人的資源（バイオテク企業のスター科学者）である[11]。医薬品企業は，財務報告における補足開示や業績カンファレンスコールのプレゼンテーションにおいて，製品やパイプラインに関する情報を提供しているが，Non-GAAP 開示は期間ごと，会社ごとにしばしば場当たり的で一貫していない。このため，投資家にとっての価値も限定的である。たとえば，2013年第 3 四半期のプレゼンテーションで，ギリアド・サイエンシズは，HIV の医薬品市場シェ

10　企業の財務報告書では，「われわれの従業員はわれわれにとって最も重要な資産である」と共通して宣言するものの，それに結びつくであろう人材投資や記録（離職率など）を全く無視していることが多い。

11　スター科学者がバイオテク企業の成長に大きく貢献していることについては，以下を参照。Lynne, Zucker and Michael Darby, "Star Scientists and Institutional Transformation : Pattern of Invention and Innovation in the Formation in the Formation of the Biotechnology Industry," *Proceedings of the National Academy of Science*, 93 (November 1996) : 12709-12716.

アに関して，次のような関連情報を提供している。米国でHIVに感染した人の82％が治療中であり，そのうち73％の人が抗レトロウィルス薬の治療中であり，そのうちの82％がギリアドの製品を使用している。情報開示および市場の支配力という観点からも，非常に情報有用性が高く印象的な情報である。対照的に，さらに大きなバイオテク企業であるアムジェン社（Amgen Inc.）について，われわれが検証した業績カンファレンスコールにおいて，われわれは一貫した市場シェアデータを見つけ出すことができなかった。ギリアドはさらに詳細で包括的な製品パイプラインに関する情報を提供しているが，アムジェンはパイプラインの更新情報を提供しているだけである（「Phase3」の乾癬研究が完全に承認された……など）。他方で，アムジェンは期待されるパイプラインの開発（翌年，すなわち2014年）を開示している一方で，ギリアドは開示していなかった。明らかに，投資家がそうした断片的で一貫していない情報から徹底的な比較分析を実施することは困難である。

　戦略的資源の列（戦略的資源・帰結報告書（SR&CR）における左から2番目）は，有用性があり，一貫し，かつ統一的な情報を提供するべきであり，そうすることで徹底した分析や企業間比較が可能となる。報告書の戦略的資源の列に戻ることにしよう（219ページ，左から2列目）。

既存製品のボックス

　既存製品に関する重要な情報は，売上の上位を占める医薬品の売上のトレンドであり，市場シェアであり，特許失効の情報である。企業の医薬品のうち販売高がトップ4～5のものがしばしば企業全体の売上高のほとんどを占めているため，売上上位の医薬品の売上パターンの情報を提供することが重要である。より好ましいのは，四半期中の医薬品の販売動向を投資家に知らせるため，月次の情報を伝えることである。たとえば，四半期売上が50億ドルを上回るアムジェンは，販売高がトップの商品に関する情報を提供している。2013年第2四半期にはニューラスタ（Neulasta）1,444百万ドル（前年同期比7％増），エンブレル（Enbrel）1,157百万ドル（前年同期比9％），アラネスプ（Aranesp）524百万ドル（2％増），エポジェン（Epogen）502百万ドル（4％減）などである[12]。売上やそれに関連するデータ（処方リピート率）は新規医薬品の市場への浸透度の状況を確認するうえで特に重要である。たとえば，2013年第2四半期のカンファレ

ンスコールで，ファイザーは2013年に市場に投入した関節リウマチ医薬品であるゼルヤンツ（Xeljanz）が「画期的新薬」（特定の治療ターゲットを狙いとして，新たな作用メカニズムをもった医薬品）であり，すでに3,000の医者によって処方されており，75％の処方リピート率であることを強調している。さらに市場シェア・データは，投資家にとってブランド価値の変化を確認するうえで重要である[13]。これらのデータは産業内で広く知られており，それゆえ投資家に対する開示は，競争上の脅威とはならない。最終的に排他性の喪失（特許失効）に関する情報は，同社をリードする製品の寿命を投資家が評価するうえで重要である。こうした情報のいくつかは，データベンダー会社や特許局から入手できるが，この探索にはコストが必要となり，多くの投資家は支払うことができない。

　さらに既存製品のカテゴリー（左から2列目の最も上のボックス）には，共同開発の医薬品について他社から受け取るロイヤリティに関する情報（ギリアドは医薬品タミフル（Tamiflu）についてロッシュ（Roche）からロイヤリティを受け取っている），クロスライセンス契約[14]を含め，特許やブランドの売上やライセンスからのロイヤリティ収入についての情報が含まれる。戦略的資源・帰結報告書（SR&CR）の力を評価するため，民間ベンダー会社から，あるいは業績カンファレンスコールで経営者からデータの一部や断片を引き出す必要性を回避し，簡潔で統一的な方法で，かつ毎期，投資家がそうした情報のすべてを受け取るベネフィットを想像してみよう。報告書の中で特定の情報を公表することで競争上の懸念が生じるというのが，投資家に情報を提供しない共通の言い訳であるが，

12　われわれが検討した主要な医薬品会社によって公表されたもののなかで，これほど包括的な製品情報を見たことがなかった。この開示がない理由は競争上の理由ではない可能性が高い。なぜなら，かなりの価格であるが，ほとんどの医薬品について週次でその処方売上高がデータベース会社より提供されているためだ。このため，それぞれの医薬品会社の競合他社は，四半期内の売上についての詳細をお互いにアクセスすることができる。

13　アレガン（Allergan）は2013年第4四半期に，次の市場シェアデータを提供した。眼科向けの市場はおおよそ202億ドルであり，年率で12％成長しているが，アレガンの市場シェアは16％である。緑内障向けの市場はおおよそ53億ドルであり，年率3％成長している。アレガンの市場シェアは27％である。これはすばらしい市場シェアの開示であり，医薬品会社の中でも珍しい開示である。

14　興味深いことに，ジョンソン＆ジョンソンは，2013年第3四半期の業績カンファレンスコールで，ロイヤリティ収益が「その他の収益・費用」に含まれていると述べているが，実際のロイヤリティ収益を開示していない。自分で判断せよということだ。

224　◆　第3部　では，何をすべきか？

そんなことは全くないことをいま一度繰り返しておこう。驚くことなかれ，本章中で取り上げた多くの事例は，医薬品会社がそうした情報を実際に提供していることを証明しており，それが競争上でも実行可能であることを示している。思い出してみよう。同一の産業の競合他社はその情報，あるいはそれを上回る情報をすべて確認しているのだ。なぜその一部を所有者である投資家と共有できないのか。

製品パイプライン

　過去の会計情報とは対照的に，製品パイプラインは将来志向であり，最も重要な将来の開発の状況についての情報を提供するため，これは（左から2番目の列の真ん中のボックス）医薬品会社の戦略的資源のコアであり，投資家にとって最も有用性の高い情報である。医薬品会社の製品パイプラインは特に多くのことを語ってくれ，しかも会社間で比較可能である。なぜなら，さまざまな医薬品の開発ステージは産業内できちんと定義されており，統一されているためである。予備的なターゲットの識別に始まり，臨床前（研究室や動物）実験，人のサンプルを増加させる重要なPhase I，II，IIIの臨床テストを経て，米国食品医薬局（FDA）のレビュープロセスを終え，望むらくは医薬品として承認され，市場で販売される。過去のパイプラインのテストデータは，投資家にとって有用な統計データを提供する。たとえば，およそ探索中のすべての新規医薬品のうちの70％がPhase Iの臨床テストを通過しており，30％がPhase IIを，27％がPhase III，20％がFDAの承認を得ている。そうした連続した公開データにより，投資家は会社の製品パイプラインの価値や潜在可能性を評価することが可能となる。市場化に成功したパイプラインの尤度の統計数値——市場化に至る平均的な確率はPhase Iを通過したプロジェクトの10％，Phase IIの19％，Phase IIIを通過するプロジェクトの64％——と市場規模と組み合わせることにより，製品パイプラインは企業の研究開発努力やそれらの将来の売上や競争優位に対する貢献の価値の明確かつ定量可能な像を提供することとなる[15]。

　たとえば，2015年10月27日に業績カンファレンスコールの資料として開示さ

15　企業の臨床テストに関する情報は，ClinicalTrials.govのウェブサイトから獲得されうるが，この情報の包括性には疑問を呈さざるを得ない。

れたギリアドの（一部の）製品パイプラインの要約（図14.2）は，血液・腫瘍医薬品のパイプラインに高い潜在的価値を示している。図に示されているとおり，開発中の医薬品が10プロジェクトあり，Phase IIIで5つ，Phase IIで2つ，Phase Iで3つの臨床テストのプロジェクトが進んでいる。腫瘍をめぐるパイプラインについては，そのほとんどが相対的に進展しており，それゆえに低リスクで高い潜在可能性をもつ医薬品である。対照的に，ギリアドの炎症・呼吸器やその他の製品についてのパイプラインは相対的に厚みに欠けている。開発中にあるさまざまな医薬品や医療機器についてターゲットとなる市場シェアや市場規模の見積りに沿って今後12カ月に期待される進展（市場における新製品投入）に関する製品パイプラインやデータにより，投資家は将来の会社の売上や成長を予想することができるようになる[16]。将来のパイプライン情報をベースとした予想は，製品パイプラインの深みや豊かさの不足した，過去の会計データを主にベースとしている伝統的なアナリストの利益予測に比してより信頼でき，かつ長期的である。

　パイプラインの可能性は通常，リスクと結びつけられる。開発をめぐる**リスクの分散化**は，パイプライン情報によって明らかにされる事業の重要な側面となっている。医薬品や医療機器の開発は大きなリスクを伴う。開発中のリスクは，実現可能性（その医薬品は有効か）と市場可能性（それは競争業者に対していかにうまくやっていけるか）に関するリスクである。こうしたリスクを分散化させる1つの方法は，投資ポートフォリオの分散化と類似しているが，いくつかの関連しない治療領域の医薬品を開発することである。ギリアドの製品パイプラインにも，そうした分散化の存在が示されている。HIV/AIDS，肝臓病，腫瘍，呼吸器系，心臓血管系などさまざまな医薬品を開発している。これが分散化そのものであり，結果としてリスクを減少させる[17]。

　概念の実証：さまざまな研究が，パイプラインニュースに対する株価の反応

16　たとえば，アムジェンは2013年第2四半期の業績カンファレンスコールで，2014年第1四半期にAMG 145（コレステロールを減少させる）でPhase IIIの臨床テストに進むことが期待されると公表した。

17　それぞれの治療領域における企業の研究開発支出を所与とすると（しばしば開示されていないが），ハーフィンダル型の指標（相対的シェアの二乗の合計）は，企業間比較でどれほどパイプラインの分散化が進んでいるかを定量的に示すことになるだろう。

226 ◆ 第3部 では，何をすべきか？

[図14.2] パイプライン製品候補（続き）

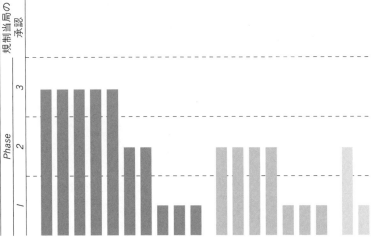

	Phase			規制当局の承認
	1	2	3	

血液学/腫瘍学
- Idelalisib (PI3K delta inhibitor)－開発中の再発性難治性慢性リンパ球性白血病
- Idelalisib (PI3K delta inhibitor)－再発性難治性非ホジキンリンパ腫
- Momelotinib (JAK inhibitor)－骨髄線維症
- Momelotinib (JAK inhibitor)－すい臓がん
- GS-5745 (MMP9 mAb inhibitor)－胃がん
- Idelalisib (PI3K delta inhibitor)－開発中の難治性非ホジキンリンパ腫
- Entospletinib (Syk inhibitor)－血液系悪性腫瘍
- GS-4059 (BTK inhibitor)－B リンパ球系悪性腫瘍
- GS-5745 (MMP9 mAb inhibitor)－固形がん
- GS-5829 (BET mAb inhibitor)－固形がん

炎症/呼吸器
- Presatovir* (fusion inhibitor)－呼吸器系合胞体ウイルス
- Simituzumab (monoclonal antibody)－特発性肺線維症
- GS-5745 (MMP9 mAb inhibitor)－潰瘍性結腸炎
- GS-5745 (MMP9 mAb inhibitor)－クローン病
- GS-5745 (MMP9 mAb inhibitor)－慢性閉塞性肺疾患
- GS-5745 (MMP9 mAb inhibitor)－関節リウマチ
- GS-9876 (Syk inhibitor)－関節リウマチ

その他
- GS-4997 (ASK-1 inhibitor)－糖尿病性ネフロパシー［腎症］
- GS-5734 (Nuc inhibitor)－エボラ

(出典) ギリアド・サイエンシズ2015年第3四半期業績カンファレンスコール資料。

を実証的に検証することによって，パイプライン情報が投資家にとってどれほど有用性があるかを明らかにしてきた。たとえば，FDA の医薬品承認や棄却は企業の株価に重大な影響を与えることが発見されており，棄却に対しては損失，承認に対してはこの上ない利得を生み出す。さらに投資家は，医薬品の承認プロセスにおける変化の公表に反応することが判明している。またバイオテク企業の IPO では，より先進的な製品パイプラインを保有している企業の IPO 時の株価はより高い水準になるという研究もある[18]。明らかに，製品のパイプライン情報は投資家の意思決定に有用である。

　最終的に，戦略的資源の列の最も下のボックスは，企業の特許や商標に関する情報を提供している。特に，技術的な分類ごとの特許数はもちろん，期間内に申請された新規特許や商標の情報も提供される。特許は米国特許局（USPO）によって，数多くの科学的・技術的クラスに応じて分類される（たとえば，医薬品，電気療法，磁気療法，放射線療法，超音波など）。企業が新規特許分類に医薬品を投入することは，おそらく企業の戦略的決定について最も信頼できる長期的な情報を投資家に提供することになるだろう。さらにまた，新規特許の数や増加は，企業がアイディアやコンセプトを，アーリーステージの製品に転換することができたことを示している。企業によって申請された情報は他の特許属性（その後の特許による引用数やスコープ）と同様，企業の将来の収益性と優位な相関関係があることを先行研究は示している[19]。

18　このパラグラフで引用されている研究は次のとおりである。Anurag Sharma and Nelson Lacey, "Linking Product Development Outcomes to Market Valuation of the Firm," *The Journal of Product Innovation Management*, 21 (2004) : 297-308. Salil Sarkar and Pieter de Jong, "Market Response to FDA Announcements," *The Quarterly Review of Economics and Finance*, 46 (2006) : 586-597. Rejin Guo, Baruch Lev, and Nan Zhou, "Competitive Costs of Disclosure by Biotech IPOs," *Journal of Accounting Research* 42 (2004) : 319-355.

19　たとえば，Ya-wen Yang, "The Value-Relevance of Nonfinancial Information : The Biotechnology Industry," *Advances in Accounting*, 23 (2007) : 287-314.

228 ◆ 第3部 では，何をすべきか？

> **投資家の洞察**
>
> 　製品パイプラインの全体的な状態に特に注意を払いなさい。Phase
> I，II，IIIの臨床テストやFDAの承認に至る製品パイプラインはどれ
> ほどあるのか。パイプラインの成熟度（先進的なステージにあるほと
> んどの医薬品）はリスクや成長の潜在可能性を示す指標となる。比較
> 他社は，相対的な製品パイプラインの成熟度をベースに評価される。
> われわれが検討したアナリストレポートで，こうした成長の潜在可能
> 性を詳細に評価したものを見つけることはできなかった。

■ 資源保持

　医薬品・バイオテク会社においては3つの脅威（詳細についてはレポートの真ん
中の列）が大きな存在感を示している。競合他社が市場シェアを獲得すること，
重要な医薬品の特許が消滅すること，負の影響を与える規制の動向である。

市場シェアの喪失

　メルクの経営者は2013年第3四半期の業績カンファレンスコールで，「われわ
れは毎月わずかではあるが市場シェアを失いつつある（糖尿病医薬品）。しかしあ
なたは，それによって競合他社4社に起こることを予測するだろう」と正直に
語った。パニックに陥ることなく，メルクはなお糖尿病の市場で70％もの恐る
べきシェアを保持していると思われる（2013年時点）が，競合他社に徐々に忍び
寄る損失の波は彼らを狼狽させつつある。投資家は，非常に大きな市場シェア
の変化や損失にどう対処するかに関する情報を提供されて然るべきである（メ
ルクは，糖尿病の外国市場での販売拡大により熱心に取り組むと主張していたが，こ
の主張を裏づける明確なデータやターゲットが示されていれば，なお良かった）。

特許の失効

　第2の主要なリスク要因は，***特許の失効***である。主要な医薬品の場合，特許

の失効は重大な問題を引き起こす[20]。先に，リピトールの特許権の消滅がファイザーの売上や利益に大きな影響を与えたと指摘した。したがって，投資家は売上上位の医薬品の特許の失効の見込みについて，さらにそうした影響を緩和するために会社が何を実施すべきかについての情報が提供されるべきである。すでに述べたとおり，そうした成功例として，ブロックバスターであるプリロセックの特許権の消滅時にネキシウムという，いくぶん改良された商品を提供することでその影響を緩和したアストラゼネカの拡張の例が挙げられる。会社のなかには，ジェネリックの医薬品メーカーと「侵害停止要求」契約を締結した会社もあるし，知的財産権を保護するために法廷に訴えた会社もある。たとえばアムジェンは，ジェネリック医薬品メーカーのリーディング企業であるテバ（Teva）がアムジェンの腎臓薬センシパー（Sensipar）のジェネリック医薬品版をその特許切れとなる2018年より前に販売することを禁じる訴訟を起こし，2011年に勝訴を勝ち取った[21]。企業の資源，特に知的財産権を保護するための戦略は複雑で高度であるため，企業秘密を損なわない限りにおいて，企業は訴訟の勝敗や競合他社との重要な契約などの特定の成果とともに，そうした戦略に関する情報を投資家に正しく提供すべきである。

規制の変化

第3のリスク要因である**規制の変化**に関して投資家にとって有用性のある情報は，FDA の医薬品に関する決定，医療ケア・医療保護の規則制定，州の消費者保護の取り組みなど，企業の製品，価格，市場シェアに脅威を与える規制上・法律上の動向に関する包括的で，紋切り型でない説明である[22]。

---

20 「2010〜2014年に，その特許が失効し，ブランド化された医薬品の世界規模での年間売上高のうち約780億ドルが喪失された。」*The Economist* (November 7, 2015), p.59.

21 同様に2013年第4四半期で，アリガンは「ルミガン（LUMIGAN）0.01%に関して，テキサス州の地方裁判所はアリガンの5つの特許は，それが消滅する2017年まで有効であると評決した」と開示した。

22 後者について，アールエックス・コンプライアンス・レポート（RX Compliance Report）の2011年8月8日における州の消費者保護の取り組みに関する記事を参照せよ。

資源展開 ── 事業運営

　GAAP に基づく売上高 ── 損益計算書のトップライン ── はどこでも見ることができるが，4 つの主要なドライバー：数量，価格，為替レート効果，M&A の影響（報告書の右から 2 番目に詳細に開示している）に分解することなくしては，投資家にとっての有用性は限定的となる。驚くべきことに，GAAP では，こうした投資家にとって基礎的な情報ですら開示することを求めていない。為替レートからスタートしよう。ほとんどの医薬品・バイオテク会社にとって，国際的な売上高のシェアは一般的に大きく，結果として，為替レートの変動に対する売上エクスポージャーは相対的に高い。たとえば，2013年第 3 四半期におけるメルクの売上高は前年同四半期から 4 ％減少したが，同社の経営者はそのうちの半分は為替レートの変動によるものであると指摘する。明らかに経営者はこうしたリスク要因をコントロールしきれていない。しかし，その影響はしばしば一時的なものであるがゆえに，売上全体の変化に対する為替レートの影響を把握することは，経営者の業績や将来の売上成長を投資家が評価するにあたって重要である。数量と価格を分離することもまた重要である。数量の変化は，主に企業のマーケティングや販売活動の有効性を反映している一方で，売上に対する価格のインパクトは，価格づけや，さらには規制上の制約（医療ケア・医療保護の価格ルール）によって決定される。最後に，売上高全体に対する M&A の効果を識別することはかなり重要である。なぜなら買収は短期的には自動的に売上高増加に結びつくためである。買収効果を除いた正味の内部成長は，売上成長を測る意味のある指標である。残念なことに，われわれが検討した企業のほとんどは，部分的にですら，数量，価格，為替レート効果，M&A の影響を分解して開示していない。われわれには，なぜ開示していないのか不思議に思える。そうした開示によって，どのような競争上の脅威が生じるのだろうか。

　次に売上から費用に目を向けていくことにしよう。2013年第 3 四半期の業績カンファレンスコールで，メルクは98から58に工場数を減少させ，2014年の費用は20億ドルから50億ドル（何と広いレンジなのか）減少すると期待していると明らかにした。コスト削減は医薬品会社の戦略のコアとなるが，コスト情報は

せいぜい部分的にしか開示されていないのが一般的である。会計ルールとは対照的に，われわれは戦略的資源への**投資**——研究開発，ブランド向上，従業員教育など——を通常の費用とは考えていないことを思い起こしていただきたい。それゆえ，研究開発費を分類して開示することに加えて，ブランド，IT，従業員教育など戦略的資源に対する重要な投資についての情報を損益計算書において提供してくれれば有益である。こうすることで，投資家は実際に計上される費用（投資を除いた）とは別に，企業のイノベーションに対する投資により焦点を当てることができるようになる。最後に，それほど多くの売上を計上していないスタートアップ会社や小規模のバイオテク会社にとっては，（非会計指標（Non-GAAP）の）**現金枯渇率**——企業の流動性の高い資産や保証されている手元現金額に対して，月次あるいは四半期での正味のキャッシュ・アウトフロー——は，企業の持続可能性や支払い能力を示す重要な指標となる。企業が現在の財務能力の範囲内で，どれほど長く事業活動を続けられるかについて，投資家は情報提供されるべきである。前章のケースと同様，資源展開（事業運営）の分析は，最終的に粗利益に結びつく。

■ 創造価値

　医薬品の戦略的資源・帰結報告書（SR&CR）を完成するには，以前の事例と同様，一定期間に創造された価値を計算する必要がある。営業活動からのキャッシュ・フローに，損益計算書上で費用計上されている投資（研究開発，ブランド，人的資源，IT システム等）を加え，株主資本コストを含めた資金調達コスト全額を控除する。われわれが詳細に検討した10社のどの会社も会計上の費用をコストと投資に分解して提供していないため，われわれは医薬品会社の創造された価値の計算の数値例を提示できない[23]。売上高に関連して，少数の医薬品会

23　興味深いことに，多くの医薬品会社は毎期，プロフォーマ（Non-GAAP）利益の情報を提供している。そこでは，たとえば無形資産の償却費や一時的勘定項目などのさまざまな費用項目を利益計算から外している。たとえば，メルクは2013年第3四半期の GAAP 利益から以下の費用項目を控除している。買収関連・構造改革費用，無形資産の償却費および減損費用，M&A 統合コスト，従業員解雇費用，グローバル化に関連したコストである。われわれが望むのは，特定の費用項目を利益計算から外すかどうかについて，費用（将来のベネフィットがない）と投資（将来のベネフィットが期待できる）を明確に区分することだ。

232 ◆ 第3部 では，何をすべきか？

社は，われわれが「イノベーション収益」と呼ぶ，すなわち過去3～5年の間
に市場投入された製品によって創出された売上高の割合を，重要な非会計指標
（Non-GAAP）として提供している[24]。研究者が将来の企業や株式の業績を予想
するのに重要なものとして示すこの指標は，企業の革新能力と迅速に市場に製
品を投入する能力の双方を示す。こうした優れた業績指標は，もっと頻繁に報
告されるべきである。

投資家の洞察

　医薬品会社の戦略的資源・帰結報告書（SR&CR）は，製品パイプラ
インの期間的な進捗（期間内で Phase Ⅰ から Phase Ⅱ，Phase Ⅱ から
Phase Ⅲ にどれほど多くのプロジェクトが進捗しているかなど）を研
究開発費に関連させることにより，研究のベネフィットの源泉をコス
トと関連づけることを可能にさせる。研究開発費（内部および買収の
双方で）が増加しているにもかかわらず，製品パイプラインに進捗が
ない（あるいは遅い）場合には，有効ではない研究開発支出があるこ
とを示唆している。研究開発費が増えているにもかかわらず，企業が
申請する特許の数が少ない場合も同様である。対照的に会計ベースの
データでは，企業のイノベーションの努力の有効性を評価することは
できない。ここでも，戦略的資源・帰結報告書（SR&CR）の主要なベ
ネフィットの１つは，報告書の多様な次元が相互に関連しあうことか
ら生じている。すなわち全体分析を可能とするのである。

24　たとえば，グラクソスミスクライン（GlaxoSmithKline（GSK））は2014年のアニュアル・
　　レポートで，新製品からの売上が15億ポンド（総売上高は230億ポンド）であるとしてい
　　る。

第15章

戦略的資源・帰結報告書（SR&CR）：
ケース4 ── 石油・ガス会社

石油・ガス産業は個人や企業に主要なエネルギー源を供給しており，いわば経済全体の血液といえる。石油・ガス会社は非常に不安定で，かつ，予測できない環境のなかで運営されており，そうした環境，たとえば大きな株価変動や地政学的な激変は，石油・ガス会社に対する投資家の評価だけでなく，これらの会社（大規模会社や小規模会社を問わず）の経営をかなり複雑にする。石油・ガス会社の資源はそれ以外の会社の資源よりも高いレベルの脅威やリスクにさらされている。石油・ガス会社の事業は主として探鉱，生産，石油・ガス製品の販売から構成されるが，統合された会社の場合は石油の精製やその他の化学事業なども手がける場合がある。これらの事業は資本集約的かつ労働集約的であるため，コスト抑制や運営の効率性が重要となる。石油・ガス産業のための戦略的資源・帰結報告書（SR&CR）は戦略的資産と開発の効率性に焦点を当てている。

石油・ガス産業の詳しい説明は必要ないだろう。常にニュースになっており，国内および国際的な政策を形作ることも多い。石油・ガス産業は個人や企業に主要なエネルギー源を供給しており，いわば経済全体の血液といえる。しかし，石油・ガス会社には一般的になじみがあるため，騙されてしまうことがある。当該産業は非常に複雑であり，石油・ガス会社の内部事情に詳しい人はほとんどいないのである。エクソン（Exxon）は米国で，ロイヤル・ダッチ・シェル（Royal Dutch Shell）やブリティッシュ・ペトローリウム（British Petroleum，以下，BP）は欧州で，中国石油天然気集団（China National Petroleum）は中国で（それ以

234 ◆ 第3部 では，何をすべきか？

外のどこでも）よく知られた名前であるが，多くの人はこれらの会社の莫大な権利，運営，潤沢な採掘物埋蔵量，複雑な政府との関係，政治的で技術的なリスク・エクスポージャーを明らかにすることができない。これらの会社の株主でさえもそうである。大手の石油会社は統合された会社として知られており，世界でも有数の規模を誇る。たとえば，中国石油化工集団（Sinopec of China）（2番目），ロイヤル・ダッチ・シェル（3番目），中国石油天然気集団（4番目），エクソン・モービル（Exxon Mobil）（5番目），BP（6番目），トタル（Total）（11番目），シェブロン（Chevron）（12番目），フィリップス66（Phillips 66）（23番目）は，2014年の**フォーチュン・グローバル500社**で最も規模の大きい企業の上位25社に含まれる。これらの会社は，石油やガスの探鉱や生産（**上流事業**として知られる）にも石油製品の精製や卸売り（**下流事業**）にも従事しており，化学や研究開発，その他関連事業を有する会社もある[1]。短期的活動だけでなく長期的活動に関する多様で世界的なポートフォリオを管理することは，すべての産業が抱える深刻な経営課題の1つであり，現在（2016年）のような株価低迷の環境のなかではなおさらである。長期的活動には競争優位や今後数年分の石油・ガス埋蔵量を確保することなどが該当し，短期的活動には十分な四半期（または年間）の売上高や利益を生み出すことなどが該当する。中規模または小規模の石油・ガス会社は，上流事業と下流事業のどちらかに焦点を当て，より特化した事業を保有しているが，そのような会社でさえかなり複雑な組織である。石油・ガス会社は非常に不安定で，かつ，予測できない環境のなかで運営されており，そうした環境，たとえば大きな株価変動や地政学的な激変は，石油・ガス会社に対する投資家の評価だけでなく，これらの会社（大規模会社や小規模会社を問わず）の経営をかなり複雑にする。

■ 会計の限界

石油・ガス事業に特有の課題と複雑さによって会計システムや財務報告システムの限界が露呈される。石油・ガス会社の貸借対照表と損益計算書は，その

---

1 コモディティ・トレーディングに従事する石油会社もあるが，これらの活動の成果は下流事業のデータに加えられることが多く，石油会社の実態をさらに把握しにくくしている。

第15章　戦略的資源・帰結報告書：ケース4 —— 石油・ガス会社　◆　235

根底にあり，かつ決定的に重要となる，これらの会社で定期的に実施される戦略的な再配置 —— **ダイナミック・ポートフォリオ経営** —— を明確に示すという点で不十分なものである。そこでは資産ポートフォリオの質と生産性を高めるために資源が頻繁に売買される。さらに，会社は，売上や利益を増加させ，—— 時に株主を喜ばせるため —— コンセンサス予想を上回る利益を達成することさえ可能である。一方で，それらの活動は長期的な資源を減少させることにも結びつく。2016年2月21日，エクソンは，1994年以降初めて，前年度の生産量を補うだけの石油・ガスを発見できなかったと発表した。たとえばシュルンベルガー（Schlumberger）（石油（資源探査）サービスのリーディング会社）とのSPM契約などの重要な契約では，サービス会社が採掘会社と探索のリスク・リターンを共有するため出資などを行うが，従来の会計システムではそれらは把握されない。同様に，コスト削減に関する長期的な努力は，競争優位を維持するために極めて重要であるが，財務諸表にはかなり遅れて反映される。他の会社とのジョイント・ベンチャーや政府との契約といった事業上の重要な関係性は，石油・ガス産業では価値を創造する主要資産であるが，貸借対照表上には何らフラグが付けられていない。会計システムでは石油事業の複雑さを全くとらえることができない[2]。確かに財務会計基準審議会（FASB）や証券取引委員会（SEC）による特定の石油・ガス規制は，生産井に関するデータだけでなく，確定（確認）埋蔵量や割引キャッシュ・フローの開示なども要求している。これらは非常に有用であるが，石油・ガス会社の運営と成長性について投資家が包括的・戦略的に評価するには不十分なものである。

　このことは，われわれの詳細な調査から明らかになった。われわれは10社の石油・ガス会社（大規模なものも小規模なものも含む）についてカンファレンスコールや投資家向け説明会でのプレゼンテーションを調査した。アナリストや投資家の質問の多くは，掘削装置や油井の数といった非財務データだけでなく，その会社の戦略の変化（権利の売買），資源ポートフォリオの成長性，探鉱結果と探鉱計画，石油・ガス価格の変動が会社の業績に与える影響，政府の動きなど

2　探鉱にかかる会計として石油会社は2つの処理方法を利用できるという事実は会社間の比較可能性を低下させる。1つの方法は「成功原価法」であり，空の油井に投じたコストは費用処理される。いま1つの方法は「全部原価法」であり，空の油井に投じたコストは資産計上される。ただし，大企業の多くは「成功原価法」を利用している。

の回答を求めた[3]。財務諸表に公表されている情報に焦点を当てた質問はほとんどなかった。すでに取り上げた事例でもそうであったように、アナリストは会社の戦略的資源やその開発に明らかに焦点を当てていた。われわれが提案する石油・ガス会社の戦略的資源・帰結報告書（SR&CR）（章末に掲載）は、当該会社の戦略とその実行を正確に把握させることが目的であり、石油・ガス事業の複雑性という厚いベールに穴を開け、投資家が会社の業績と長期的な競争力を維持する能力を評価できるようになる。それでは、石油・ガス事業の主要ドライバーである戦略的資源への投資から始めよう。

■ 資源投資

　石油・ガス会社の最も重要な活動であり、投資家にとって最も理解し難い活動は、資源ポートフォリオの継続的な再配置である。石油・ガス会社は常に資源を売買しており、**ダイナミック・ポートフォリオ経営**と呼ばれることもある。これはロイヤル・ダッチ・シェルの CEO の言葉（2012年第3四半期における業績カンファレンスコール）であり、「……資本効率と成長性の両方を最適化することを全体として狙うこと」を意味する。投資家の立場からは、石油・ガス会社の株式に継続的、長期的に投資するためには、企業のポートフォリオ戦略や経営者による戦略実行の成功について包括的に理解することが前提となる。経営者は会社の資源を（いくらで）増やすだろうか、減らすだろうか。資源ポートフォリオの質（採掘物の等級）は品質が低いと思われる権利を売却することで高くなるのだろうか。それとも、そのような権利は短期的なキャッシュや利益を生み出すために売却されるのだろうか。新しい投資はリスク・エクスポージャーを増やすだろうか、減らすだろうか。わずかな例外を除いて、ポートフォリオ戦略に関する財務諸表上での開示や、業績カンファレンスコールにおけるアナリストの質問に対する経営者の回答でさえ、時の経過とともに不完全で首尾一貫しないものとなり、しばしば会社のポートフォリオ戦略の包括的な理解

3　典型的なアナリストの質問：「国際的な資産ポートフォリオについて疑問をもったのですが、今後、すでに公表した資産［売却］以外に、さらにポートフォリオを合理化する［リストラする］つもりはありますか？」／回答：「現時点ではいかなる売却計画もありません。」（ヘス（Hess）の2013年第1四半期の決算説明のカンファレンスコール）

第15章　戦略的資源・帰結報告書：ケース4 —— 石油・ガス会社　◆　237

を阻む。これは経営者の立場からは「解釈上の取扱い」ということになるだろうが，本当にそうであるかは疑問である。

中規模の石油・ガス会社であるデボン・エナジー（Devon Energy）は，投資戦略が不明瞭ではない珍しい事例である[4]。2013年の第4四半期の業績カンファレンスコールにおいて，ジョン・リッチェルズ（John Richels）最高経営責任者（CEO）は「今後の業績を見据えて，われわれはまたデボンにおける大幅なポートフォリオの変更を行った」と述べた。どのような変更だったのだろうか。デボンは米国の中流事業の資産をクロステックス・エナジー（Crosstex Energy）（パイプライン，処理施設および保管施設の運営）と戦略的に統合してエンリンク・ミッドストリーム（EnLink Midstream）を設立し，中流事業における多角化，資本効率，成長性の改善を狙った[5]。デボンのCEOが述べたように，この統合によって企業価値が35億ドル，1株当たりで8ドルほど増加した。さらに，同社はイーグル・フォード（Eagle Ford）の資産を買収し，北米における軽油の用地を手に入れた。同社のCEOは「……われわれの当期のEBITDA倍率をはるかに下回る」とするが，かなりの高値であった。これらの買収をバランスさせるために，デボンは天然ガスのカナディアン・コンベンショナル（Canadian Conventional）事業（ノンコア事業）を28億ドルで売却した。同社のCEOによれば，この売却も2013年のEBITDAの7倍もの破格の金額で実行された。デボンの戦略の変化を整理すると，同社の中流事業を強化しつつ，価格が下落する天然ガスから軽油に移行していることがわかる。これにより，投資家は2013年から2014年にかけて行ったポートフォリオの再配置を明確に評価することができるようになり，またそれらの取引が株価に与える影響も評価することができるようになった。さらにデボンのCEOは次のように語り，同社の戦略を述べた。

新しいデボンは，5つの中核となる開発中の保有資産により焦点を当てる。そのうちの3つは北米で最も魅力的な石油が多く含まれる盆地にあり……これらの中核的な石油資産はいずれも低いリスクで高いマージンを

4　すでに取り上げた事例もそうだったように，われわれが事例として取り上げたことを投資推奨として捉えるべきでない。また，われわれが引用する数値には，読み間違いや誤りが含まれている可能性がある。

5　石油・ガスの中流事業には，一般に輸送，貯蔵，製品のマーケティングなどがある。

もたらす生産成長機会を表す……。新しくデボンが保有することになったリキッド・リッチな天然ガス事業はバーネット（Barnett）やアナダルコ・ベイスン（Anadarko Basin）といった資産に支えられている。こうした中核的な事業領域が現時点で多額のフリー・キャッシュ・フローを生み出しており，非常に重要な天然ガスへの選択性を提供する……デボンは素晴らしくバランスの取れたポートフォリオとともに頭角を現しており，当該ポートフォリオは複数年の石油販売成長率で年間20％程度を生み出すように配置されている。*

　この発言は率直に言えば見込みの甘いものであるが，年間生産成長率が20％という明示的で検証可能な予想値がCEOの戦略の発言にかなりの信頼性を与えている[6]。

　もちろん，デボンのような中規模会社が自社のポートフォリオの戦略と実行について簡潔に説明することは，大手の石油・ガス会社がそうするよりも簡単である。しかし，これは程度の差であって，根本的な差ではない。大規模な会社のポートフォリオ戦略の全体像を伝えるためには，デボンのような特定の地域だけの情報開示ではなく，地域ごとのより高度な集計などを必要とする。しかし，自社のポートフォリオ戦略に関する執拗なアナリストの質問からも明らかなように，投資家にとってポートフォリオ戦略に関する包括的な説明は極めて重要である。たとえば，今回調査した，ある業績カンファレンスコールでは，アナリストが次のように質問していた。「まず，あなたのポートフォリオ戦略に関する北米地域の話に戻しましょう。あなたは地域ごとまたは資産の種類ごとに購入と売却を釣り合わせようとしていると言いました。パーミアン（Permian）の土地の購入に20億ドルを使っています。直近の12カ月間では，さらに多くの土地を追加しています。しかし，北米地域の資産売却に関する報道をいまだ耳にしておりません」（ロイヤル・ダッチ・シェルの2012年第3四半期のカン

6　2013年の第4四半期にデボンの最高執行責任者（COO）は2014年の資本的支出の予想値を「……パーミアン（Permian）に15億ドル，イーグル・フォード（Eagle Ford）に11億ドル，カナダにおける重油プロジェクトに11億ドル，バーネット・シェイル（Barnett Shale）やアナダルコ・ベイシン（Anadarko Basin）といったリキッド・リッチな領域に6億ドル……」というように領域ごとに分類して公表した。われわれが調査したその他の石油会社の中には資本的支出の予想値の公表を拒否した企業もあった。

第15章　戦略的資源・帰結報告書：ケース 4 —— 石油・ガス会社　◆　239

ファレンスコール)[7]。つまり，大規模だろうと小規模だろうと，石油・ガス会社は自社のポートフォリオ戦略をはっきりと説明する必要がある。戦略的資源・帰結報告書(SR&CR)（章末の**図15.4**に掲載）の左端の列の資源投資の中ではそれが説明されている。その部分を**図15.1**に示した[8, 9]。

　ポートフォリオ戦略と書かれている一番上のボックスは，ダイナミック・ポートフォリオ経営に関する情報を提供する。投資（買収，探鉱，開発）は，製品の種類（石油，ガス）や地域別に分類されている。さらに資源の売却の情報もある。このボックスの下部には，生産井や掘削装置の数といった探鉱活動に関する情報が提供されている。探鉱の開始や完了ごとに分類され，なるべくならば地域ごとにも分類される[10]。たとえば，ヘス社は2013年の第 1 四半期のカンファレンスコールで175の新しい油井の計画があると公表し，「175の油井は機会集合としてかなり控えめに見えますが」というアナリストの質問のきっかけとなった。ロイヤル・ダッチ・シェル（2012年の第 3 四半期のカンファレンスコール）は北米地域における陸上の掘削装置の数が36から37と「前年並み」であったが，ドライ・ガスの掘削装置は31から15まで減少したと報告した（おそらく天然ガスの価格下落に反応したと考えられる）。

　ポートフォリオ戦略のボックス（一番上のボックス）の最後の項目は，累積された確認埋蔵量である[11]。これらのデータは，確認埋蔵量という最も重要な生産能力指標の 1 つであるという点で，ポートフォリオの再配置の結果に関する情

7　購入と売却を対応させることはこの産業ではよく行われる。たとえば，アパッチ（Apache）は過去 5 年間を通じた買収総額と売却総額がそれぞれ155億ドルと148億ドルに上るとグラフを示しながら説明した（2015年 2 月25日の投資家向けプレゼンテーション）。ほとんど一致している。そのグラフは石油と天然ガスを区別していた。

8　英国の会社は，企業戦略と経営者によって利用されている主要な業績指標に関する報告書を提供することが求められる。経営者による存続可能性報告書は特に興味深い。正しい方向への重要な一歩であるが，問題もある。財務報告書と同じように，これらの戦略的報告書も非常に長く扱い難いものであり，肝心なところに焦点を当てることをとても難しくしている。たとえば BP の2014年の戦略的報告書は68ページの長さである。

9　各列の数値は説明用であり，デボン・エナジーの2014年と2013年のものである。

10　SEC の規制は石油・ガス会社に，とりわけ試掘井の成否の数や開発井の成否の数を開示するように求めている。

11　SEC（2010年）の確認埋蔵量の定義は次のとおりである。「石油・ガスの確認埋蔵量とは，地学や工学のデータを分析することによって，所定の予測データや既存の貯蔵タンクから，また現在の経済情勢，操業方法，政府の規制のもとで，経済的に生産できるであろうと合理的な確信をもって推定される石油やガスの埋蔵量である。」

240　◆　第3部　では，何をすべきか？

［図15.1］　資源投資

```
ポートフォリオ戦略（百万ドル）
```

投資：	2014	2013		石油	ガス	非在来型
● 買収	$6,387;	238	(2,584%)	X	X	X
● 探鉱	$ 322;	595	(−46%)	X	X	X
● 開発	$5,463;	5,089	(7.3%)	X	X	X

主要地域別（2014）：		米国	カナダ
買収		$6,386	$　　1
探鉱		$　270	$　52
開発		$4,400	$1,063

売却：	2014	2013			
売却	$5,120;	419	(1,122%)	X	X

```
探鉱：
 その年で完成した生産井
```

2014	2013	
670;	831	(−19.4%)

```
 累積された確認埋蔵量（百万 BOE）
```

2014	2013	
2,754;	2,963	(−7%)

合併と買収
　所在地，面積，確認埋蔵量

ジョイント・ベンチャーおよび提携
　目的，共同出資者，投資，面積

新しい重要な合意

（注）　各列の数値は説明用であり，デボン・エナジーの2014年と2013年のものである。

報を投資家に伝える。最終的にポートフォリオの再配置は会社全体の資源を増やしたのだろうか，減らしたのだろうか。そのボックスにあるデボンのデータは少し減少している。確認埋蔵量の内訳，たとえば石油，ガス，非在来型なども明らかになる。確認埋蔵量と関連した重要な指標が「発見と開発」であり，これは未開の場所を開発して確認埋蔵量に変えるまでのコストを表す。デボンでは，2013年にこれらのコストが1 BOE（石油換算バレル）当たり18ドルとなったが，デボンの競争相手の中にはこの指標を公表しない会社もあるので，それ

が特に重要な意味をもつというほどではない。

　資源投資の図の下方のボックスでは，その他の重要な投資に関する情報が提供されている。たとえば，合併と買収，ジョイント・ベンチャー，企業や政府との重要な合意などである。いずれの場合でも，面積や，確認埋蔵量，コスト抑制といったベネフィットだけでなく，発生した投資（コスト）についても定量的に表示されるだろう。これで戦略的資源・帰結報告書（SR&CR）の最初の次元（列）が完成する。

投資家の洞察

　会社の資源ポートフォリオ戦略，すなわち将来の成長性や競争優位の主要な決定要因についてしっかり理解しよう。経営者はいつも甘い口調で自分たちが正しいことをやっているとあなたに信じさせようとする。しかし，本当にそうだろうか。彼らはこれまでのところ一貫しているだろうか，それともしていないだろうか。競争相手と同じ水準だろうか，そうでないだろうか。資源の売却（販売）は戦略的だろうか，それとも短期的に利益（売却による利益）やキャッシュ・フローを押し上げることを狙っているのだろうか，それともさらに悪いことに，株式を買い戻すための資金調達を狙っているのだろうか。天然ガスから石油への移行，あるいはその逆は，筋が通ったものだろうか（非在来型の資源はどうだろうか）。最終的には，ポートフォリオの変更が確認埋蔵量の総計を増やしただろうか。その変更が会社の地政学的なリスク・エクスポージャーに与える影響はどうだろうか（たとえば，ロシアであればエクスポージャーが増えるだろうか，減るだろうか）。答えを手にしたとしても，そのような地理的な資源ポートフォリオ・ミックスやリスク・エクスポージャーを有する企業の株式を安心して保有するのか否かをあなたは決断できるだろうか。さらに，この企業は石油やガス以外の投資を多様化するだろうか，それとも従来どおりとするだろうか。その企業はあなたの投資ポートフォリオを大きく成長させると約束するだろうか。これらの長期的な視点からの考察は，アナリストのコンセンサス予想と四半期利益を単に比較するだけのものとはかなり異なっていることに留意していただきたい。

242 ◆ 第3部 では，何をすべきか？

■ 戦略的資源

　当然のことながら石油・ガス会社の主たる戦略的資産は採掘権（自己所有ある
いはリース）であり，その範囲で探鉱や生産（E&P）活動を行う。これらの権利
は複数の重要な特性によって特徴づけられる。それらの場所（北米やインドネシ
ア），規模（一般的にエーカーを単位とする），所有する土地への総投資額，計画さ
れている生産物（原油，天然ガス，非在来型資源）[12]，その採掘権にかかる掘削装
置や油井の数，そして何よりも重要な確認埋蔵量などである。特に確認埋蔵量
は当該資源の価値を量（石油換算バレル）と金額の両面で表現する。これらの資
源特性は図15.2の戦略的資源のボックスに示されている。

　採掘資源に関する投資家に有用な情報は，これまでのところ石油・ガス会社
の財務諸表の中で提供されているが，何ページにもわたって散りばめられてい
ることが多く，またディスクロージャーの程度も企業間で統一されていない。
われわれは石油・ガス会社の戦略的資源・帰結報告書（SR&CR）を提案する
が，当該報告書は投資家が必要とする情報をコンパクトでかつ企業間比較でき
るように体系化しており，投資家の利用が期待できる。これが当該報告書のベ
ネフィットである。次の戦略的資源のボックス（図15.2は例示であり，章末の報告
書の図15.4の左から2番目の部分に該当する）について考察しよう。図15.2は会社
の採掘資源の主要な特性を簡潔に示している（ボックスの数値は例示としてデボ
ン・エナジーの2014年と2013年のものである）。トップラインである採掘物の面積
は，自己所有またはリースによって会社が支配する総面積（千エーカー）を，開
発された土地（2,317千エーカー）と開発されていない土地（3,926千エーカー）に
分類して示す。すなわち，2014年末のデボンの土地面積は同社の組織再編の一
端を反映して1年前から大幅に（51%）減少した。所有する土地の総面積などのよ
うに合計値は重要な情報を見えにくくすることが多い。たとえば，土地面積
の地域別分布やエネルギーの種類（石油やガス）ごとの分布などが重要な情報と
して挙げられるが，これらは図15.2の所有する土地の総面積の下部で示される

12　The International Energy Agency（2013）は「非在来型石油はさまざまな種類の液体
　　資源からなり，油砂，超重質油，液化ガス，その他の液体などが含まれる。一般的に言っ
　　て在来型石油は非在来型石油よりも生産が簡単で安価である」という。

第15章　戦略的資源・帰結報告書：ケース4 —— 石油・ガス会社　◆　243

[図15.2]　戦略的資源

採掘物

Ⅰ　採掘物の面積（千エーカー）

	2014	2013	％
開　発	2,317	4,328	−46.5
未開発	3,926	8,411	−53.3
	6,243	12,739	−51.0

主要地域別：

米　国	4,666	5,805
カナダ	1,577	6,934

エネルギーの種類：

石油	ガス	非在来型

Ⅱ　確認埋蔵量（百万 BOE）

2,754 ；	2,963	（−7％）

割引キャッシュ・フロー（十億ドル）

＄20.5 ；	＄15.7	（31%）

Ⅲ　生産井および掘削装置（2014）

	生産井	掘削装置	
石油	7,165	X	
ガス	11,124	X	
地域別：	X	X	（X）

精製能力と使用量

特許および商標

重要な政府間合意および企業間提携

（デボンの面積減少のほとんどはカナダで生じたものであった）。

　掘削権から生み出される価値の可能性に関する情報が土地面積の規模だけで十分でないことは明らかである。これに対応するために，ボックスの中の2番目の項目，すなわち確認埋蔵量に話を移そう。確認埋蔵量とは，貯蔵タンクから確実に生産できると推定されるエネルギーの量のことである（石油，ガス，NGL）。確認埋蔵量は容積と金額に関する2つの単位で測定される。前者は百万BOE（石油換算バレル）であり，BOEは石油やガスの埋蔵量を1つの指標に統合したエネルギーの1単位である。後者は割引キャッシュ・フローであり，確認

244 ◆ 第3部 では，何をすべきか？

埋蔵量の生産・販売から生じる収益と原価の純額の現在価値を表す[13]。確認埋蔵量の変化は主として買収，探鉱，生産（石油の採取），権利の売却によって生じるが，買収や探鉱は埋蔵量を増やし，生産や権利の売却は埋蔵量を減らす。デボンのデータでは2014年の確認埋蔵量が7％減少しており，土地面積よりも随分と緩やかな減少となっている。成長性の低下を示している可能性がある。

　年間生産量に対する確認埋蔵量の比率として計算される**可採年数**は企業間比較という観点からは非常に有用な指標である。デボンの事例の場合，2014年の確認埋蔵量は2,754百万バレルであり，2014年の生産量の実績は1日当たり673,000バレル，すなわち1年当たり242.3百万バレルである。われわれの計算では可採年数は2,754百万バレルを242.3百万バレルで除して，11.37年となる。つまり，デボンの2014年末時点の確認埋蔵量は，現在の生産水準を維持して新しい買収を行わないと仮定した場合，11.37年は持ちこたえると考えられる。確認埋蔵量から生み出されるキャッシュ・フローの割引価値の変化は会社の価値や成長性に関する重要な将来志向の指標であり，採掘産業に特有のものである。これらの変化は買収，生産，売却に加えて将来のエネルギー価格の推定値が変化することによっても影響される。さらに，デボンは2014年に確認埋蔵量の量が減少しているにもかかわらず，割引キャッシュ・フローで31％の増加を報告した。この指標が基礎的な仮定の変化に対して非常に敏感であることは明らかである。さらに，会社の権利から生み出される潜在的な価値に関するその他の重要な指標には，エネルギー採掘活動がどの程度生産的に行われているのかというものがある。それは当該権利にかかる油井や掘削装置の操業数によって測定され，石油とガス別にまたは地域別に分類される。

　要約すると，戦略的資源の一番上のボックスで報告されている3つの指標（面積，確認埋蔵量，活動の生産性）は，会社の主要な戦略的資産である採掘物の資源について簡潔かつ包括的にその実態を示す。これらの指標は主要な地域やエネルギーの種類ごとに分類されており，また将来志向の割引キャッシュ・フロー

13　確認埋蔵量と割引キャッシュ・フローに関する情報は米国の石油・ガス会社が提出するようにSECとFASB（GAAP）によって要求される。この情報の計算に関する詳細なガイドラインは確認埋蔵量の操作を軽減するためにSECとFASBによって提供される。資源と結果に関する報告書に掲載されるその他の多くのデータと対照的に確認埋蔵量は経営者の推定値に基づいている。

第15章　戦略的資源・帰結報告書：ケース4 —— 石油・ガス会社　◆　245

の測定値も含んでいる。これらは投資家にとって非常に重要な情報である。戦略的資源の列（報告書の左から2番目）の下3つのボックスは採掘物以外の資源に関する情報を提供する。精製能力，重要な特許と商標，さらに重要な合意や提携，商品取引などである。他の情報と同様に，前年や他社と比較することで資源情報は投資家にとって有用になる。

概念の実証：数多くの実証研究は石油・ガスの埋蔵量のデータと株価の間に有意な相関関係があることを確認しており，これらのデータが投資家にとって有用であるというわれわれの主張を裏づける。たとえば，Boyer and Filion (2007) は，数ある指標の中でも確認埋蔵量の増加が株価の上昇と相関していると報告する。また，Magliolo(1986)は確認埋蔵量からの期待キャッシュ・フローが株価の大部分を説明すると主張した[14]。われわれの報告書における石油・ガスの埋蔵量の情報は予測能力という点で投資家にとってかなり有用であることは明白である。

投資家の洞察

　企業間の提携やジョイント・ベンチャーは石油・ガス会社にとって重要な収益源である。この企業連携は投資家の目にとまらないことが多い。決算発表の記録を調査すると，提携に関するアナリストの質問に出くわすことはめったにない。投資家は，競争優位を構築する可能性のある重要な企業活動を見過ごしているかもしれない。期待キャッシュ・フローやコスト抑制に関する投資と関連して，ジョイント・ベンチャーに対するリターン（ROI）の評価は最も重要である。余談であるが，企業間の連携に対する ROI は，投資家のダッシュ・ボードからだけなくなっているわけではない。多くの経営者もこの情報のことを知らないのである。比較的簡単に提携を結ぶことはできるが，それを維持するにはコストがかかるので，期末時点で機能している提携の比率や解消した提携の数などを提携のコストやベネフィットとともに定期的に把握することは有用である。

14　Martin Boyer and Didier Filion, "Common and Fundamental Factors in Stock Returns of Canadian Oil and Gas Companies," *Energy Economics*, 29 (2007) : 428-453. Joseph Magliolo, "Capital Market Analysis of Reserve Recognition Accounting," *Journal of Accounting Research*, 24 (1986) : 69-108.

資源の脅威

石油・ガス会社の資源はそれ以外の会社の資源よりも高いレベルの脅威やリスクにさらされており，戦略的資源・帰結報告書（SR&CR）の（左から）３列目が重要になる。極端な例であるが，2012年に起きたアルゼンチン政府によるYPFの国有化のように，ある地域の石油・ガス資産が一夜にして消失することもある。YPFは大手の石油・ガス会社であり，アルゼンチン政府が国有化するまでスペインのレプソル（Repsol）が過半数を所有していた。完全な国有化あるいは資産没収には至らなかったとはいえ，特定の国における石油・ガス事業は常に対立と転置の可能性がつきまとう。その証拠にBPはロシアで過去20年以上苦労している。安全性の問題も常に懸念事項である。2010年にメキシコ湾で起きたBPの石油の流出のように，石油の流出や製油所の事故は壊滅的なダメージを与えることになる。BPの石油流出では，BPは2014年末までに430億ドルもの賠償金を支払ったとされる（2014年10月28日のブルームバーグ（Bloomberg））。規制の変更も石油・ガス会社にとって常に脅威となる。たとえば，2013年５月，オハイオ州のヤングスタウン市議会は同市における水圧破砕を禁止する提案を検討したが，水圧破砕業者にとって幸運なことにその提案は否決された。同様にナイルズ市議会は2013年８月に水圧破砕を禁止したが，翌月になってそれを撤回した（ウィキペディア（Wikipedia），米国での水圧破砕）。さらに，環境保護主義者による石油会社，ガス会社，そして特に石炭会社に対する継続的な嫌がらせを忘れてはいけない。彼らはエネルギー会社を嫌っている。石油・ガス産業に必要とされる長期的な計画と多額の投資枠は，そのような不安定な環境，政治環境，規制環境に固有の課題といえる。

石油・ガス資源はかなり高いレベルの脅威にさらされているということを考慮すると，戦略的資源・帰結報告書（SR&CR）の中では，投資家に対する明確で詳細な説明を開示すべきである。財務諸表の中で開示される標準的なリスクに関する法律家が書いた定型文ではなく[15]，現在進行中の脅威または今後予想される脅威に関する詳細な説明を損失の見積り額も付して開示すべきである。さらに次のようなリスクの種類に焦点を当てるべきである。現時点で所有権の問題に発展しそうな会社の権利，地方自治体による不利な規制措置，現時点で

第15章　戦略的資源・帰結報告書：ケース4 —— 石油・ガス会社　◆　247

条件変更が検討されている重要な契約または将来問題となることが予想される
重要な契約などである。もちろん，そのような開示が法律上のリスクを高める
ことはない。要するに，可能性のあるリスク要因をすべて無意味にリスト化す
るのではなく，会社の資源に関わる現在あるいは将来の経営課題を具体的かつ
簡潔に報告すべきであり，予想される影響もあわせて報告すべきである[16]。つま
り，脅威を避けたりまたは軽減したりするために採った措置について明確に説
明するということがこの報告には欠かせないものとなる。

　石油・ガス事業に対するリスクの中でもおそらく最も一般的で現在進行中の
ものとして価格の大幅な変動がある。それら以外でインプット価格あるいはア
ウトプット価格が同じように変動しやすいものはほとんどない。2000年代だけ
をみると，原油価格は2000年に1バレル30ドルを下回る水準から始まり，
2007～2008年の金融危機までに140ドルぐらいまで上昇し，金融危機の間は40ド
ルぐらいまで低下し，2011年には再び1バレル120ドルぐらいまで上昇し，2015
年半ばには60ドルぐらいまで低下し，2016年初頭には28ドルとなった。このよ
うな価格の乱高下は会社の戦略や財務数値に影響を与える。たとえば，アパッ
チは，最近の石油価格の38%の下落はキャッシュ・フローを17%も減少させた
と報告した（2015年2月25日のプレゼンテーション）。また，価格の乱高下は探鉱
や生産の意思決定にかなりのプレッシャーを与える（価格が損益分岐点を下回っ
たら操業を止めるべきだろうか）。したがって，VAR（バリュー・アット・リスク）
という指標のように定量的なリスク指標を投資家に提供することは重要である。
この指標は石油やガスの期待された価格変動に対するキャッシュ・フローや売
上高の感応度を表す。そうすれば投資家はその指標を知ることになるので，石
油やガスの価格の変動性が営業に影響を与えると投資家に警告する必要もなく
なると考えられる。しかし，将来の価格変動に対する営業の*感度*を定量化する
ということについて投資家はどう考えるだろうか。これにより投資家は事業の

15　デボンの2014年の財務諸表には4ページにわたってぎっしりとリスク要因が示されてい
　る。ただ，石油やガスの価格は変動する可能性があるだとか，確認埋蔵量の推定は不確実
　であるだとか，自明のものがほとんどである。実際の脅威に焦点を当てるわけではないた
　め，そのような開示は投資家にとってほとんど有用でない。

16　重要なリスク要因にジョイント・ベンチャーにおけるサード・パーティのリスクがある。
　すなわち，操業を行わない出資者によって生じるリスクである。

248 ◆ 第3部 では，何をすべきか？

[図15.3] 資源展開 ── 運営

I	生産量（百万 BOE/日）		
	763；	766	（0％）
	売上高（10億ドル）		
	20.17；	20.10	（0％）
	売上ドライバー：		
	価格　　量	為替相場	M&A
	X　　　X	X	X
II	埋蔵量置換比率		
	169%,	X	（X％）
III	営業コスト		
IV	総マージン		

（注）　データはオキシデンタル・ペトロリウムの2013年，2012年のものである。

危険度や会社の成長性を評価することができる。銀行業では感度指標を導入しており，正しい方向へ一歩踏み出している。要するに，戦略的資源に対する脅威はどの産業にも存在しているが，ほとんどの場合，石油・ガス産業ほど深刻なものではない。あまり多角化や統合化が進んでいないような中規模または小規模の会社の場合は特にそうである。

■ 資源展開 ── 事業運営

　石油・ガス会社の事業は主として探鉱，生産，石油・ガス製品の販売からなるが，統合された会社の場合は石油の精製やその他の化学事業なども手がける場合がある。これらの事業は資本集約的かつ労働集約的であるため，コスト抑制や運営の効率性が重要となる。われわれが調査した決算発表では，コスト抑制や効率性のドライバーに関するアナリストの質問はなかった。不思議なことである。投資家は，特徴的な効率性のメカニズムやドライバーだけでなく，特徴的な事業プロセス（従業員教育や業務委託）についても質問すべきである。特徴的な事業プロセスによってその会社の事業と競争相手の事業との違いを明らかにすることができる。営業の効率性は「人目を引く」ものではないが，会社が成功するには必要不可欠であり，特に厳しい時代はそうである。

第15章 戦略的資源・帰結報告書：ケース4 —— 石油・ガス会社 ◆ 249

戦略的資源・帰結報告書（SR&CR）の資源展開（運営）の列（章末の**図15.4**の右から2番目，**図15.3**に再掲）は，生産量と売上高という「トップライン」で始まる。たとえば，オキシデンタル・ペトロリウム（Occidental Petroleum）は2013年に自社の石油の生産量が平均すると1日当たり266,000バレルになり，2012年から4.3％増加したことを公表した（総生産量は1日当たり763,000石油換算バレルであった）。さらに，2013年の売上高201.7億ドルであり，前年の売上高と同等の水準であった。エクソンのように生産量に関する指針を投資家に伝える会社もある。売上高が変化した理由を理解し，それが将来に与える影響を評価するうえで非常に重要なことは，売上高の変化を4つのドライバーに分解することである。4つのドライバーには，価格や数量だけでなく，為替相場の変化の影響や買収や売却の影響（既存売上高）も含まれる。最後のドライバーによって買収がなかった場合の内在的な売上高成長を計算することができる（**図15.3**のボックスの3行目）。われわれが調査した会社の中には1つないし2つの売上ドライバーを報告しているものもあったが（デボンの2014年の10-Kレポートでは，数量と価格による売上高の変化がそれぞれ71％と29％であったと報告している），売上高変化のすべてのドライバーを開示する企業はほとんどない。これは不思議なことである。なぜなら抜け目のない投資家にとってはとても重要な情報であり，競争の脅威にはほとんどならないからである。

会社の生産量と売上高を開示すると，おのずと持続可能性という重要な問題を取り上げることになる。なぜなら，採掘産業（石油・ガス業や鉱業）において，生産することは自社の資源を減少させることを意味するからである。持続可能性と成長性のためには資源を置き換え，埋蔵量を増加させる必要がある。この減少／増加という営業の特徴は，**埋蔵量置換比率**でとらえられる。これは，石油やガスの生産量に対する買収や探鉱によって同一期間に追加された確認埋蔵量を示す。企業の持続可能性を維持するためには，埋蔵量置換比率が100％を上回る必要がある。オキシデンタルは2013年末時点で470百万バレルの埋蔵量を追加したことによって，この比率が169％となったと報告している。この会社はこれらの埋蔵量を発見し開発することに77億ドルを投じているとも公表した。1バレル当たり16.4ドルであり，これは時系列比較や他社比較する際の重要な指標となる。

営業コストに関するデータは，総額の営業コストと1石油換算バレル当たり

の営業コストが示され，営業のボックスはこれで終わりとなる[17]。たとえば，ヘス（Hess）は2013年の第1四半期に1バレル当たりの営業支出が21.2ドルであり，1バレル当たりの減耗償却費が19.2ドルであったと報告している。これらの数値は同業他社や株価と比較するときに有用である。これによってその会社の営業上の総マージンを計算することができる。ただし，1バレル当たりの**キャッシュ**総マージン（経営者の見積りの影響を比較的受けない）であることに留意する必要がある。

投資家の洞察

　会社の変動費に対する固定費の比率である「営業レバレッジ」は重要な特性を表すが，投資家は財務レバレッジにばかり気を取られてこれを見過ごしがちである。高い営業レバレッジは多額の固定費で会社の「首が回らない」ことを意味する。固定費には，維持費，減価償却費，工場設備の保険費用などがあり，一般的に長期性資産への多額の投資と関連している。製品市場の状況が変わると（たとえば，需要が落ち込む），固定費を急速に削減することはできず，利益が落ち込む。したがって，営業レバレッジは，市況に対する利益の感度の重要な一因となる。長期性の資源への多額の投資によって石油・ガス会社の営業レバレッジは高く，利益は市況の変化の影響を比例的に受けやすくなる。したがって，石油・ガス会社の高い営業レバレッジは投資家が考慮しなければならない重要なリスク要素となる。

■ 創造価値

　他の産業における前述した創造価値の議論と同じように，一定期間に生み出される石油・ガス会社の価値は，営業活動からのキャッシュ・フローに損益計

17　SECは石油・ガス1単位当たりの平均販売価格だけでなく，1単位当たりの平均生産コストを地域別に分類して開示するように要求している。

[図15.4] 戦略的資源・帰結報告書：事例4　石油・ガス会社

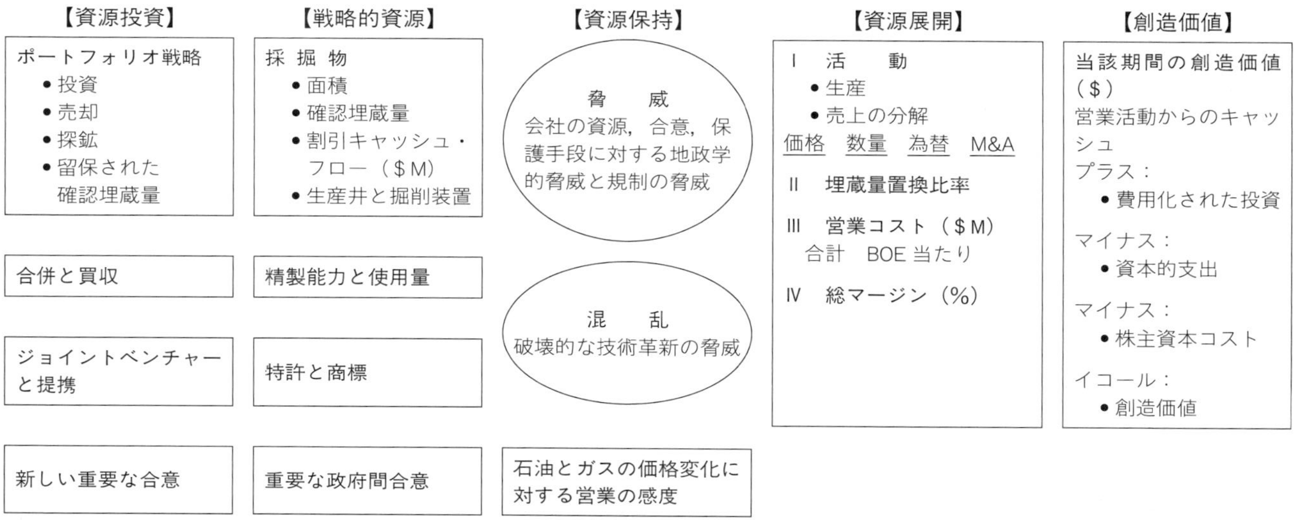

【資源投資】

ポートフォリオ戦略
- 投資
- 売却
- 探鉱
- 留保された確認埋蔵量

採掘物
- 面積
- 確認埋蔵量
- 割引キャッシュ・フロー（$M）
- 生産井と掘削装置

合併と買収

精製能力と使用量

ジョイントベンチャーと提携

特許と商標

新しい重要な合意

重要な政府間合意

【資源保持】

脅威
会社の資源、合意、保護手段に対する地政学的脅威と規制の脅威

混乱
破壊的な技術革新の脅威

石油とガスの価格変化に対する営業の感度

【資源展開】

I　活動
- 生産
- 売上の分解
　価格　数量　為替　M&A

II　埋蔵量置換比率

III　営業コスト（$M）
　合計　BOE当たり

IV　総マージン（%）

【創造価値】

当該期間の創造価値（$）

営業活動からのキャッシュ
プラス：
- 費用化された投資
マイナス：
- 資本的支出
マイナス：
- 株主資本コスト
イコール：
- 創造価値

（注）ボックスは定量データを表し、定性的な開示については丸で囲んでいる。

算書で費用認識された無形資産投資を加え，資本的支出と資本コストを控除したものに等しい。

最後に，戦略的資源・帰結報告書（SR&CR）の概要（**図15.4**）を示して石油・ガス会社の事例を終える。これまでの事例と同様に，ここでも，バリュエーションのための本質的な情報が，何百ページもの財務諸表やその他の法定書類に散りばめられているのではなく，コンパクトな報告書にいかにして凝縮されているのかに留意していただきたい。

第4部

実行に向けた課題

254 ◆ 第4部 実行に向けた課題

　企業の財務報告書は投資家にとってその有用性がほとんど失われているため，われわれが提示した戦略的資源・帰結報告書（Strategic Resources & Consequences Report：SR&CR）のように，戦略的なビジョンと実行に関する開示を進める必要がある。このメインテーマに対する基本的な3つの実践課題を論ずることで，本書の結びとする。下記が3つの課題である。

- **実行**：企業はどのようにして本書が提案した情報開示の枠組みを実行に移すことができるのか。
- **会計**：おなじみの財務報告システムは，有用性の喪失に歯止めをかけ，回復させるためにどのように再構築すべきだろうか。
- **投資家に対する指南書**：投資家はパフォーマンスの改善に向けて，提案された戦略的な情報を最も効果的に活用するために，どのように財務・証券分析を変えていくべきだろうか。

◆ 255

第16章
実　行

　従来の財務報告書では入手することができなかった実用的な情報を投資家に提供するために，企業はわれわれが提案した開示 —— 戦略的資源・帰結報告書（Strategic Resources & Consequences Report: SR&CR）—— をどのように実行に移すことができるのだろうか。それを概説していこう。新しい規制なしに，企業経営者 —— 広範な会計・財務報告規制によってすでに重い負担を負っている —— は，どのようにわれわれの報告書で示されているような情報を開示しようという気になるだろうか。希望的観測なのか。われわれはそうは思わない。事実，われわれはこの章において，証拠に基づきながら，事業会社から必要な情報を引き出す，強制を伴わない方法を提案する。

■ どのように提案した情報を引き出すのか

　われわれはこれまでの5章にわたって，経営者と投資家が共有するように提案する新しい情報パラダイムの概要と実例を示してきた。この情報は，事業会社の業績と成功を評価するにあたり重要なものとして経済理論によって勧められていること，業績カンファレンスコールにおいてアナリストが実際に求める情報であること，散発的であっても，当該情報が開示されると株価に大きな影響を与えることを示してきた。ゆえに，その情報は投資家が成功する投資意思決定を行うために必要としている，しかし失われた情報であることにほとんど

疑いはない。ここまでの議論はそれなりに了解いただけただろう。しかし，投資家は定期的かつ統一された形式でこの情報をどのように受け取るのだろうか。現実的に言って，推測するに，企業経営者——広範な法定開示の要求によってすでに重い負担を負っている——は追加的な開示義務を引き受けることを決して快く思っていないだろう。実際，追加的な開示要求に抵抗することは，経営者の条件反射的な反応である[1]。われわれの情報開示に向けての提案にチャンスはあるのだろうか。

　製品の特性や安全性，環境汚染，財務情報がそうであるように，企業の情報開示を導き出す伝統的な道筋は強制，つまり規制によってである[2]。もちろん，われわれの提案が取ってほしくはない道筋である。本書の第1部で示した数多くの情報有用性の低下を示すグラフを振り返ってもらえれば十分である。そこでは，強制開示のベネフィットに対する深刻な疑念をもたらした。投資家にとって有用となる情報を企業から引き出すよりよい方法があるに違いない。事実，われわれはあると信じている。経済学者はそれを**顕示選好**と呼ぶ。消費者は，最も価格対効果のよい携帯電話あるいはシリアルを要求する。同様に，投資家もまた，最良の情報を獲得することを要求すべきである。したがって，われわれが提案している情報開示改革のプロセスは，情報——すでに示したように企業の業績や株価を予測するための情報——を投資家が旺盛に**求める**ことから始まるべきである。その実現可能性を証明するために，われわれはファイザー（Pfizer）のケーススタディを行った。同社は医薬品業界のリーディングカンパニーであり，製品パイプラインに関する情報開示を進化させてきている。

1　19世紀後半，ニューヨーク証券取引所が上場会社の経営者に定期的に企業の年間売上高を開示するように求めたところ，経営者は「競合他社の利益となるため，それはとてもセンシティブな情報である」として，売上高の開示を拒むことを正当化したといわれている。開示関連の提案に対する経営者のよく見られる反応は，現在はより繊細となっている。というのも，要求されている情報は投資家にとってあまり有用ではなく，作成にはコストがかかり，決め手は，株主代表訴訟や競争上の不利益を企業にもたらすからである。

2　本書を執筆している時点では，たとえば，米国食品医薬局（FDA）はピザ，サラダバー，そしてポップコーンに対して明確なカロリー情報を表示することをレストランに要求する規制を提案している。チキンウィングとチキンリブを忘れていないだろうか。

アナリストからのパイプラインに関する質疑への ファイザーの反応

　医薬品・バイオテク企業にとって，他の何よりも，新製品開発（パイプライン）活動の領域と進捗は，当該企業の将来を決定づける。ゆえに，当然ながら，この競争の激しい産業において，製品のパイプライン情報は最も重要にして厳秘にすべき企業機密であろう。しかし，ファイザーはウェブサイト（www.pfizer. com/research/science_and_technology/product_pipeline）に全製品のパイプライン情報を掲載しており，マーケティング情報と同様に，四半期ごとに各プロジェクトの開発ステージ（米国食品医薬局（FDA）の申請状況）情報を更新している。ファイザーの開発中の新薬の進捗を追跡することに関心のある投資家にとって，この情報はFDAの決定や他の革新的事項に関するリアルタイムでの報道発表と併せて，企業の将来成長に関する明確な見通しを提供してくれる。おまけに，ファイザーは，買収，他社との提携，特許のライセンス供与，事業分割など，製品パイプラインに関して端的な示唆を与える他の事業開発の取り組みも掲載している。注目すべきは，ファイザーが同業界において例外的な存在ではないことである。むしろ，こうした開示が常態化している。ほとんどの製薬・バイオテク企業は定期的に詳細なパイプライン情報を提供している。それは間違いなく，非常に効果的な開示規制の賜物だと，あなたは言うかもしれない。しかし，そうではない。製品パイプラインの開示は完全に自発的である。どうしてみんなが自発的に開示するようになったのだろうか。

　1990年代前半に始まった10-Kにおけるファイザーのパイプライン情報の開示をレビューすると，同社がかつては製品パイプラインの開示に前向きではなかったことが明らかとなる。たとえば，1993年の10-Kでは，ファイザーはFDAの審査中のたった8つの新薬候補のみを開示していた。しかし1994年以降，同社は徐々に製品パイプラインに関する情報の質・量ともに高めていく。1994年には15の先行開発中の化学物質について言及しており，1年後には48の他の化合物を開発中であることを開示している（そのいくつかは数年前に（開発が）始まっていたに違いないが，ファイザーの以前の開示情報では言及されていない）。ファイザーは1998年に初めて後期臨床テスト中の8薬品に関する名称と疾患情報を

258 ◆ 第4部 実行に向けた課題

提供し，翌年にはさらに拡張したパイプライン情報を開示している。2001年の10-Kにおいて，翌年に新しく申請することが予定されている2つの薬品とともに，1年以内に米国と欧州で承認を得て発売を開始することが期待される5つの新薬について詳述している。また，新薬開発プロジェクトにおける他社との進行中の協業についても報告を開始している。このトレンドは続いており，2003年には新たに20の承認申請を実施する5カ年計画を開示している。ファイザーのパイプライン情報の開示は2011年2月まで進化を続けた。そして，同月より，同社は四半期ごとにウェブ上でパイプライン情報の更新を開始している。章末付録の**表16A**では，ファイザーのパイプライン情報の開示について過去20年あまりの進化の過程を詳細に記述している。

■ なぜパイプライン情報を開示するのか？

ファイザーの経営者が，最高機密事項とも思われる製品開発情報を開示しようとした動機は何だったのだろうか。透明性は望ましいことだという啓示を受けたのだろうか。おそらく，その原動力（driving force）はこの情報に対するアナリストの持続的な要求にあったのではないかとわれわれは考えている。以下，丁寧にみていこう。

ファイザーの製品パイプライン情報に対するアナリストの要求を検証するにあたり，われわれはトレンドを追うために2001年，2002年，2003年，2005年，2010年，2015年の第1四半期の業績発表時のカンファレンスコールにおけるQ&Aセクションを調査した。表16A（章末付録）で示したように，2001年から2003年にかけてが，完全なパイプラインの開示に向かってファイザーが最も前進した時期であるため，2001年から調査を開始した。業績カンファレンスコールを検証したのは，アナリストが戦略上の重要な課題，業績，そして将来の見通しに対する回答を経営者から得ようとするユニークな機会を提供しているからである。われわれは，カンファレンスコールごとにアナリストが行った質問の合計数を数え上げ，製品パイプライン関連の質問を抽出した[3]。各回においてアナリストが行った質問の合計数は，2001年の20から多いときでも2015年の30の範囲にあった。しかしながら，**図16.1**に端的に示されているように，パイプラインに関する質問の数およびその全体に占める割合は大きく*減少*している。

[図16.1] 2001年から2015年の業績発表時のカンファレンスコールにおける製品パイプラインに対するアナリストの質問数と割合

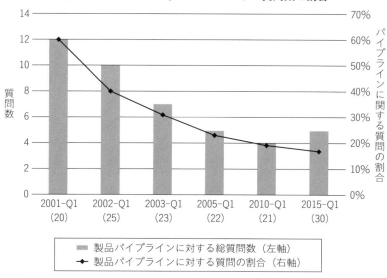

（ ）内は，各年第1四半期におけるアナリストによる質問総数を示す。

　2001年にアナリストは12のパイプラインに関する質問を行っており，これはそのカンファレンスコールにおいてなされた全質問の60%を占めている。また，このことは，（財務報告書において十分な情報が欠如していることを示しているのと同時に）ファイザーが行っている製品開発活動の状況に対してアナリストが強い関心を示しているという証左でもある。そして，前節で示したように，ファイザーが情報開示の拡張に対する要求に応えていくにつれ，アナリストのパイプラインに関する質問は着実に減少していき，2015年にはたった5つとなった（全質問に占める割合は17%である）。供給が需要を満たすという典型的なケースとみなせるだろう[4]。

　ファイザーが徐々にパイプライン情報の開示を充実させたのは，主にアナリ

3　たとえば，クレディ・スイス・ファースト・ボストン証券（Credit Suisse First Boston）のヘン・コーユー（Hen　Koyu）は次のように質問している。「私の質問はジオドン（Geodon：双極性障害の薬品）に関するものである。ジオドンについて欧州における発売開始までのタイムラインをどのくらいとみているのか，感触を教えていただけないか……。」（2001年4月18日のファイザーのカンファレンスコールにて）

ストの継続的な質問への対応であったということは，われわれの時系列に基づ
く検証から明らかであろう[5]。透明性の向上を果たしたファイザーの名声をお
としめるつもりは全くない。同社への投資家の質問に迅速かつ十分に対応する
よう，誰も強制できるものではない。われわれが主張したい点およびファイザー
のケースを詳述した理由は，有用性の高い情報に対する投資家の継続的な要求
は，企業から情報を引き出す有効な力になるということである[6]。投資家からの
質問に答えるのを頑なに拒んでいると，資本市場において重大な（負の）結果が
待ち受けているので，情報を要求することは効果的なのである。「沈黙」は一般
にバッド・ニュースを企業が隠しているものと捉えられてしまう。俗に言えば，
「資本市場では，便りのないのは悪い便り」なのである。「完全開示」に関する
経済原則と一貫して，いったんある企業がある情報を開示すると，同業他社も
時流に乗ることが「強制される」のである。事実，広範な製品パイプライン情
報の開示が，今では医薬品・バイオテク産業においてノルマとなっている。こ
うしたことから，提案した戦略的資源・帰結報告書（SR&CR）の実行に向けた

4　業績カンファレンスコールに関する文脈的（contextual）な検証は，ファイザーが実際
にアナリストの情報要求に応えたというわれわれの結論を強化する。たとえば，2001年4
月18日のカンファレンスコールにて，クレディ・スイス・ファースト・ボストン証券のヘ
ン・コーユーがある薬品の欧州での販売開始時期について尋ねた。その後，2002年3月28
日に提出された2001年の10-Kにて，ファイザーは2002年中に欧州で承認を得て発売開始
が予定される5つの薬品の名称と薬効・作用を公開した。もう1つ例を挙げよう。2002年
4月17日に行われたカンファレンスコールで，バンクオブアメリカ（Bank of America）
のリン・ギャフ（Lynn Gaffe）は，ファイザーのグローバル・マーケティングのトップで
あるパット・ケリー（Pat Kelly）に次のように質問した。「欧州での承認についても少し
コメントをいただけないか」。パット・ケリーの返答は手短かなものであったが，2003年3
月27日に公表された，まさに次の10-Kにおいて，ファイザーは特定の欧州諸国における新
薬の承認に関する情報を開示しはじめた。さらに，アナリストはファイザーの経営陣に製
品パイプラインの増強を狙いとする買収の価値について企業の見解を尋ねた。これに応え
て，2005年の10-Kから，ファイザーは製品パイプラインを強化することが期待できる完了
した買収および進行中の買収の双方について詳細を開示している。

5　2000年代前半，著者の1人は，当時のファイザーの最高財務責任者（CFO）とともに証
券取引委員会（SEC）の企業開示強化委員会にて委員を務めたことがあり，そのCFOが話
してくれたことをはっきりと覚えている。「一般に，われわれは開示の拡張に関するアナリ
ストの情報要求に応えている」と。

6　ここで強調したいのは，「有用性のある情報」に対する要求であるということである。た
とえば，いわれのない企業の環境汚染に関する政治的な背景からの情報要求が，前向きな
反応を引き出せなくても，驚くに値しない。

われわれの見通しは，アナリストと機関投資家が協調しながら，上場企業からこの情報を引き出すように努力することから始まる。強制的な(heavy-handed)な会計規制ではない。それでは，必ず経営者の反発を招き，実行に10年以上の歳月がかかることになる。そうではなく，他ならぬ企業の所有者によって繰り返し行われる有用な情報への要求からスタートするのである。**すべての**アナリストや投資家が透明性の改善を切望していると信じるほど，われわれは世間知らずではない。現在の曖昧な情報開示環境において，有力なコネのある一部のアナリストや大投資家は，経営者から直接，そうした（有用な）情報を入手することができ，成功を収めている。それでもなお，われわれが処方した情報への切なる願望を表明してくれる十分な数のアナリストや投資家がいることをわれわれは強く信じている。企業の情報開示が改善されれば，彼らはその恩恵に浴することができるからだ。

■ SECの重要な役割

先に示したように，投資家の情報要求は企業の情報開示を引き出すのに有効であるが，その歩みはたいていゆっくりとしており，開示形式も企業間で統一されない。ファイザーのケースでは完全なパイプライン情報が開示されるまでに10年以上の月日を要した。さらに戦略的資源・帰結報告書（SR&CR）はもっと多岐にわたる。われわれは生きている間に提案が実行されることを見届けたいので，推進役を求めている。証券取引委員会(SEC)や他国における同様の規制機関によるひと押し(nudge)は，このプロセスを加速させるだろう。SEC の名誉のために言っておくと，SEC は純粋に企業の財務報告を改善させることに関心を持っており，長年にわたり，虚偽表示を抑制し，報告書への投資家のアクセスを向上させ(Edgar, XBRL)，会計基準設定の質を高め，財務諸表のコンテンツを充実させるといったさまざまな努力を払ってきた。本書を執筆している時点では，SEC は2014年に財務報告の有効性を改善させる提案を募集し，それへの対応を検討している。しかしながら，本書の第１部で提示した証拠は，これらの努力は今までのところ投資家にとっての財務情報の**有用性**に関する限りでは，その成功は限定的であることを物語っている。その理由は，変化する投資家の情報ニーズと，戦略的資源・帰結報告書（SR&CR）のように，そう

したニーズに合わせて産業別の情報パラダイムを構築するための，具体的かつ実証的な把握が欠如しているからだとわれわれは考える。SEC による支援があれば，企業の財務報告の有効性を高めるこれまでの努力よりも，われわれの提案の方がうまく機能するという自信を，われわれに与えてくれる。事実，われわれの提案は SEC の「コア・ディスクロージャー」（core disclosure）の原則「……たとえば事業の概況など頻繁には変化しない情報……」[7]と一貫している。

　われわれの情報開示に関する提案を SEC が支持し，あるいは実質的に賛成してくれれば，この提案は実施に向けて大きく歩を進めることができる。第12章から第15章でわれわれが概説した４つと同様に，産業ごとの戦略的資源・帰結報告書（SR&CR）の開発に向けて，経営者と投資家の産業グループを立ち上げることは，SEC こそやれることだろう。そのような SEC の取り組みは，*比較可能性* —— 産業あるいはセクターに所属する全企業において統一形式での報告書 —— という重要な要素をわれわれの提案に付加するであろう。ほとんどの投資意思決定は，同業他社と比較可能ということが前提となっているので，比較可能性は効果的な情報開示の必要条件である。ゆえに，SEC や他国における同等の規制者は，本書の提案に沿って情報開示の有効性を高めるのに重要な役割を果たすことができるだろう。

■ 業界団体も支援を行える

　業界団体は，企業の財務報告の領域で特に活動をしているわけではない。一般に，業界団体は，産業の製品に対する需要を高めたり（「ミルク足りている」（GOT MILK）広告），会員に研修プログラムを提供したり，好ましい法規制に向けて国会議員に働きかけたりしている。しかし，時にそのような団体が産業別の財務・価値評価指標を開発することがあり，会員によってしばしば採用されている。よく知られている業界全体の指標の１つは，*BB レシオ* —— 出荷額に対する受注額の比率で，将来動向を示すと言われている —— であり，ハイテク関連株，特に半導体産業への投資において投資家が注意深く見守っている指標

7　次を参照。Keith Higgins, Disclosure effectiveness : Remark before the American Bar Association Business Law Section, Spring Meeting, April 11, 2014. US Securities and Exchange Commission.

である。もう１つ例を挙げよう。ワールド・ゴールド・カウンシル（World Gold Council）（メンバーになるにはどうすればよいのか）は，近年，会計（GAAP）情報よりも鉱山企業のコストをよりよく反映する新しいコスト開示のフレームワークを確立させるため作業部会を立ち上げた。2013年６月に，ワールド・ゴールド・カウンシルは，「全部込みの維持コスト」（all-in sustaining costs：AISC）というぎこちない名称がつけられた新しいコスト指標を定義したガイダンス・ノートを公表した。AISCは，探査から閉鎖までの鉱山の全ライフサイクルにわたってかかる費用を網羅している[8]。この指標は，一般管理費はもちろん，現場での採掘費用，ロイヤリティや税金，コミュニティ・コスト，運用上の剝土費用，探査費用を含む包括的な指標である。減損や解雇関連費用などの一時的な費用項目はAISCから除かれており，GAAPに基づく費用よりも恒久性のあるコスト・パフォーマンスを表示している。AISCを生産高で割ると，生産１単位に対する費用という重要な指標となる。鉱山のリーディング企業の最高財務責任者(CFO)は，ほとんどの同業他社はこの指標を報告している(もちろん，GAAPで求められている指標に加えて)とわれわれに話してくれた。こうした実例は，領域の技術や特有の環境に関する深い理解を持った業界団体が，われわれが提案している情報開示の正当化や実行に貢献しうる方法を明確に示している。

■ しかし，もちろん経営者の協力が不可欠である

当然ながら，われわれが提案しているような非強制的な情報開示への取り組みは経営者の協力が不可欠である。経営者は，熟考したうえで，適切な動機をもてば，われわれの情報開示に関する提案を支持するものと信じている。その理由は次のとおりである。

経営者はおそらく他の誰よりも，投資家にとっての財務情報の有用性が急速に低下していることを十分承知している。そうでなければ，企業が行う自発的な，GAAPに基づかない（non-GAAP）情報開示が増え続けているのを他にどのようにして説明すればよいのだろうか。たとえば，non-GAAP（プロフォーマ）

8　次を参照。Tom Whelan, "All-in sustaining costs and all-in costs," Ernst and Young, American Mining & Metals Forum, September 2013.

利益についてみていこう。上場企業によって開示されたその割合は，2003年の20％から2013年の40％超まで２倍増となっている[9]。かつて，non-GAAP利益は「経営者の希望的観測」，「盲信」（Kool Aid），あるいは「最良のnon-GAAP利益は"費用計上前利益"（EBE；earnings before expenses）である」など嘲笑の対象であった。しかし，GAAPに基づく利益と基づかない利益の調整を求めた2003年のSECの規則，およびGAAPに基づく利益よりも基づかない利益に投資家が**より強く**反応するという実証的な証拠[10]は，プロフォーマ利益と他のnon-GAAP項目にある種の社会的地位を与えている。

　しかし，non-GAAP利益のメリットが何であれ，当該情報の拡がりは，GAAPに基づく数値は事業活動を反映しているということに対して不信感を抱く経営者が増加していることを裏づけている。財務情報の有用性の低下に対する経営者の認識を証明しているのはnon-GAAP利益だけではない。上場企業によって行われる他の自発的な情報開示，たとえば，本章の冒頭で扱った医薬品・バイオテク会社の製品パイプライン，通信，インターネット，保険やメディア関連企業で拡がっている顧客関連情報の一貫した増加も同様である[11]。しかしながら，これらの自発的な情報発信は，計画性や一貫性がなく，産業内で統一されていない。ゆえに投資家にとっての有用性は限定的となる。この問題こそ，われわれの提案が改善しなければならない点である。

　経営者自身の直感と併せて，本書の第１部で提示した財務情報の有用性の低下に関する証拠は，われわれの情報開示に関する提案を経営者が支持するための必要条件となる。しかし，それだけでは経営者の全面的な支援を獲得するの

9　次を参照。Jeremiah Bentley, Theodore Christensen, Kurt Gee, and Benjamin Whipple, *Who Makes the Non-GAAP Kool-Aid? How Do Managers and Analysts Influence Non-GAAP Reporting Policy?* working paper (Salt Lake City : Marriot School of Management, Brigham Young University, 2014).

10　たとえば，次を参照。Nilabhra Bhattacharya, Ervin Black, Theodore Christensen, and Chad Larson, "Assessing the Relative Informativeness and Permanence of Pro Forma Earnings and GAAP Operating Earnings," *Journal of Accounting and Economics*, 36 (2003) : 285-319. 同論文では，「本論文の分析は，プロフォーマ利益はGAAPに基づく営業利益よりも情報内容がありかつ恒久的であるということを示唆している……」と結論づけている。

11　われわれが実施したCFO調査への参加者の１人は次のようにコメントした。「私と会話するほとんどの投資家は会計を理解していないが，彼らはそのことを気にもしていない」。どうしてそうなのか，われわれは不思議に思う。

には十分ではないかもしれない。経営者は情報開示の拡張に対して当然の懸念をなお持っている。

■ 競争と訴訟に対する懸念

われわれの提案によって訴訟リスクにさらされたり，機密情報の公表による競争上の不利益が生ずることに対する経営者の懸念を緩和する必要がある。確かに，当然の懸念である。しかし，それらはわれわれの提案には全く当てはまらない。第1に，実質的に戦略的資源・帰結報告書（SR&CR）における全データは事実であり，検証が容易である。新規顧客数，保険金請求の頻度と損害規模，開発中の特許やライセンス供与した特許，石油会社の掘削装置と油井などである。これらは純然たる事実である。また，これらは難しい推定や経営者の見積りではないし，推論的（公正価値）評価でもない。経営者の訴訟リスク・エクスポージャーを高めるものは何もない。企業が意図的にこれらの事実を虚偽表示しない限り，われわれが提案している情報開示に関して，訴訟の根拠となるものはない。これに戦略的資源・帰結報告書（SR&CR）におけるデータは外部監査人によって容易に検証可能であるという確証が付加されれば，経営者の訴訟に対する懸念は安全に除去することができる。

開示された情報から競合他社が受け取るベネフィットに関していえば，第12章から第15章で概説した4つの産業の事例において提示された多くの企業固有の数値例をみれば，多くの企業がすでにわれわれの提案のかなりの要素を報告していることがわかるだろう。さすがに，われわれが処方した統合された形式での報告書ですべての情報を開示している企業はないが，明らかに競争上の損失なしに，企業は重要な要素を自発的に開示している。ゆえに，われわれの戦略的な情報開示の提案に従うことが企業にとって競争上の損失をもたらすということはほとんどないだろう。

最後に，それが自分にとって何になるのかという質問に答えよう。意味のある情報開示は努力を要する。データを構造化する必要があり（最初から収集されているわけではないが，良き経営を行っている企業はわれわれが処方したすべての情報を有している），投資家の質問にも答えなければならない。ゆえに，もしこれらの経営努力が報われるならば，それは有用であろう。実際，そうである。経営

266 ◆ 第4部 実行に向けた課題

者や企業に対する報酬は，不十分な情報開示や透明性の欠如 ── 経済学用語でいえば，情報の非対称性 ── による企業への有害な影響を取り除くことにある。簡潔に言えば，われわれが実証した財務情報の急速な有用性の低下は，企業や経営者にとって良いことではない。というのも，第6章で示したように，企業の成長見通しに対する投資家にとっての不確実性が増加すると，高まった不確実性は直接的に低い株価および高い資本コストをもたらすからである[12]。実際，投資家の情報の不確実性が株価の低迷やボラティリティの増加と関連することを示す証拠は多数存在する。こうした影響はとりわけ，一般に投資家が情報収集するのに制約がある中小企業（機関投資家の保有割合が低く，アナリストのフォロー数も少ない）において顕著である[13]。財務情報の有用性の低下を食い止めるために，責任をもって情報開示を拡張することが経営者にとって最善となることは明らかである。経営者のほとんどはこれを理解しているが，情報開示を拡充するための最善の方法に関しては確信を持っていない。われわれはこの悩みに対して証拠に基づく体系的な解決策を提供している。

　われわれは，ほとんどの企業経営者はわれわれの情報開示に関する提案を支持するだろうと信じている。しかし，（少なくとも経営者のほとんどは）人間であるため，追加的なインセンティブを必要としているかもしれないとわれわれは感じている。この点について，次節で扱おう。

■ 規制の重荷の緩和に向けた検討

　数年前，情報開示の拡張を議論しているときに，ある頭の切れるCFOに次のように言われた。「新たな情報開示を提案するときは常に，もし役員たちにそれを真剣に受け止めてもらいたいと望むなら，現行の報告ルールのうちで削除できる部分を指摘すべきである。追加的な報告を会社に要求するばかりでは，う

12　とりわけ，不確実性の上昇とアナリストの利益予想の不明確さ（分散）に関する証拠（図6.1）を思いだしてほしい。損益計算書を月次で開示した2001年の保険会社のプログレッシブ（Progressive）の株価の動きは，情報開示の拡張が良い影響をもたらすことを効果的に示している。プログレッシブの情報開示の拡張は同社の株価変動を大きく低下させた。

13　Mary Billings, Robert Jennings, and Baruch Lev, "On Guidance and Volatility," *Journal of Accounting and Economics,* 60 (2015)：161-180. 同論文は，利益予想は投資家の不確実性を低下させ，株価の変動を緩和するという証拠を提示している。

第16章　実　　行　◆　　267

まくいかない」と。賢明な助言である。では，われわれが提案している情報開示を受け入れてもらうために，どのようにして現行の報告負荷を緩和するとよいだろうか。今ではあなたはわれわれの改革提言，それは全く控えめなものではあるが，普及している。しかし，それはとても過激なものであるので，われわれはあえて強く勧めるということをしない。あくまでもただ検討してもらうにとどめている[14]。

四半期報告の廃止について検討する。半期（6カ月に一度）および年次報告のみを維持することを前提として。ただし，6カ月間の企業活動を投資家に知らせ続けることが重要で，企業は3カ月ごとに基本的な活動結果──売上高−売上原価＝売上総利益──のみを報告すべきであろう。完全な四半期損益計算書，貸借対照表，キャッシュ・フロー計算書ではない。四半期の売上高と売上原価のみである。これは経営者にとって大きな安堵となるだろう。2回ほど財務報告と業績発表時のカンファレンスコールが少なくなり，とりわけ四半期でのコンセンサス予想利益を達成するというプレッシャーがなくなる。なんと素晴らしいことか。

四半期報告書がないと，世界は行き詰まるだろうか。われわれはそうならないと思っている。英国は半期報告のみを要求している。他に主要諸国の中で，オーストラリアも同様である。確かに英国の経済は米国よりもかなり規模が小さい。しかし，英国の資本市場──報告の頻度に関する検討を決定づける──は，大きく，かつ，かなり発展している。英国の上場企業数は米国の約半数にも上る。さらに，英国の資本市場が大西洋の西側よりも効率的ではない，あるいは株価が正しくない（情報を有していない）ということを示す広範な研究をわれわれは知らない。事実を述べると，英国の上場企業は四半期ごとに報告することが認められているが，実施する企業はわずかである。もし投資家の四半期報告に対する需要が大きければ，間違いなくより多くの英国企業が四半期ごとに報告することによって対応しているだろう。

四半期報告を廃止することによる重要な利点は，短期業績を約束どおりに遂行するという経営者へのプレッシャーを緩和することにある。このプレッ

14　財務会計基準審議会（FASB）は最近，情報開示要求を簡素化する試みを行っている。確かに，賞賛に値する取り組みである。しかし，今までのところ，われわれが知る限りでは，こうした試みが規制に伴う負担を実質的に減少させたことはない。

268 ◆ 第4部 実行に向けた課題

シャーは広く認識されているように，経営者が企業の長期的な成長に焦点を当てることに悪影響を及ぼし，時に利益調整を誘発する[15]。業績測定期間が短かければ短いほど，利益はより大きく変動し（短期的な変動は報告期間が長くなるにつれて平準化する），目標値（経営者予想利益，アナリストのコンセンサス）を達成するために報告利益を調整する「必要性」が増加する。ゆえに，報告期間を適度に長くする —— 3カ月から6カ月に —— ことは，経営者が報告利益を調整して（までも）目標を達成するというプレッシャーをかなり緩和することになるだろう。また，われわれが期待しているように，近視眼的経営（myopia）を緩和させるだろう。

では，四半期利益の廃止は，投資家にとって重大な情報ロスを引き起こすだろうか。われわれはそうはならないと思っている。第1に，本格的な四半期報告書の代わりに，企業は四半期ごとに売上高と売上原価を開示し続けるべきであるというわれわれの提案を思い出してほしい。投資家は，引き続き企業の基礎的な業績に関する更新情報を四半期ごとに受け取れる。第2に，より微妙であるが，報告の**頻度と質**はある程度相互に代替的である。包括的な戦略的情報開示 —— 戦略的資源・帰結報告書（SR&CR）—— に関するわれわれの提案を採用することは，明らかに報告の質を高めるだろう。埋め合わせが必要ならば，それは本格的な四半期報告書の廃止を補うことになろう[16]。

最後に，われわれは大企業の25人のCFOに以下の質問を行った。四半期報告

---

15 経営者の近視眼的経営（short-termism）に関する文献は急増しているが，最近のものとして，次を挙げておこう。William Galston, 2015, Clinton Gets It Right on Short-Termism, *The Wall Street Journal*, July 29.

16 四半期報告のメリットに関する実証的な証拠は，とても少なくかつ一貫していない。ある研究（Arthur Kraft, Huai Zhang, and Renhui Fu, 2012, "Financial Reporting Frequency, Information Asymmetry, and the Cost of Equity," *Journal of Accounting and Economics*, 54：132-149）は，四半期財務諸表は企業の透明性（投資家の情報）を高めると報告している。ただし，この研究の主な発見は四半期報告書と年次報告書を比較することから得ている。われわれの提案は半期報告書を維持している。一方で，シンガポール企業を対象とした研究は，"……強制的な四半期報告は情報の非対称性を減少させない……"ことを発見している（Peter Kajüter, Florian Klassman, and Martin Nienhaus, *Causal Effects of Quarterly Reporting—An Analysis of Benefits and Costs*, working paper (University of Muenster, Abstract, 2015).）。また月次報告に関する研究も，そのような頻繁な報告は透明性に対して正の影響がないことを実証している（Andrew Van Buskirk, "Disclosure Frequency and Information Asymmetry," *Review of Quantitative Finance and Accounting*, 38 (2012)：411-440.）。

書の廃止は，投資家にとってどの程度（無視できる，ある程度，かなり）の情報ロスとなるだろうか。また，四半期報告書の廃止は業務負担をかなり軽減するだろうか。回答者のわずか3分の1が四半期報告の廃止は投資家にとってかなりの情報ロスとなるだろうと答えた[17]。そして，25人のCFOのうち20人が，四半期報告の廃止はある程度か，かなりの程度か，業務負担の軽減になるだろうと答えた。われわれの提案を好意的に支持しているようである[18]。

小　括

　企業の戦略的資源とその配置の効率性を年次あるいは半期ごとに報告するというわれわれの提案を実行に移す方法を考察しよう。何よりもまず，投資家とアナリストがこの情報を積極的に要求しなければならない。ファイザーのケーススタディは，一般に戦略的な情報に対する投資家の要求は，徐々にではあるが，満たされるということを示唆した。そのような報告に対するSECの支持は，情報開示の有効性を高めようとするSECの継続的な努力と一貫しており，業界団体の協力と相まって，企業の対応を促進させるだろう。その結果，産業の統一性という重要な属性がこの開示でさらに高まることになろう。

　われわれの報告に関する提案の重要なプレイヤーである経営者は，現在の財務情報に関する重大な欠陥にすでに気づいており，ゆえにGAAPに基づかない拡張した報告を進んで取り入れ，実践している。ただし，計画性がなく一貫しない方法となっている。われわれの提案は，自発的な開示における個々の取り組みを効率化し，比較可能なものとするだろう。投資家にとっての不確実性を減少させるという強い動機は，結果として，株価を高め，資本コストを低下させるだろう。おそらく四半期報告の廃止によって規制に伴う負担が軽減されるだろう。こうした強い動機は，明らかに経営者が進んでわれわれの提案を採用することにつながるだろう[19]。

17　ただし，われわれは四半期での売上高と売上原価の報告要求を質問の中に含めていない。われわれは単に四半期報告の完全な廃止について質問を行った。

18　政府機関の試みとして，「自然実験」の精神で，SECは全企業に適用する前にいくつかの産業のみ四半期報告を廃止し，その後数年にわたって結果を観察することができるだろう。

19　25人のCFOに対するわれわれの調査において，うち19人の回答者が四半期報告書の代わりに，企業のビジネスモデルに関する開示を拡大するだろうと答えた。

270 ◆ 第4部 実行に向けた課題

章末付録16.1

［表16A］ 製品パイプラインに関するファイザーの10-Kにおける情報開示の
主な拡張（1994年～2014年）

	提 出 日	概　　要
1994	1995年3月24日	(1) 先行開発中の15の新化学物質（名称は非開示）
1995	1996年3月29日	(2) 初期開発中の48の化合物（名称は非開示）
1996	1997年3月28日	特になし
1998	1999年3月26日	(3) 後期臨床テスト中の8薬品に関する名称と薬効・作用 (4) 2社との新薬共同開発
1999	2000年3月27日	(5) 新製品開発プログラムにおける臨床テスト中もしくは予定の5薬品に関する名称と薬効・作用 (6) 開発プログラムを中断した1薬品に関する名称と薬効・作用
2000	2001年3月25日	特になし
2001	2002年3月28日	(7) 翌年販売開始予定の米国・欧州で審査中の5新薬の名称と薬効・作用 (8) 翌年申請予定の2薬品に関する名称と薬効・作用 (9) 共同開発中のフェーズIIIにある1薬品
2002	2002年3月28日	(10) EUと日本で新たに承認された製品の名称と薬効・作用 (11) 新製品開発における継続中の3つの共同開発の具体的内容
2003	2004年3月10日	(12) EUと日本で新たに申請した薬品の名称と薬効・作用 (13) 5カ年のFDA申請計画（20薬品）
2004	2005年2月28日	特になし
2005	2006年3月1日	(14) 買収とライセンス契約の詳細（製品パイプラインへの示唆も含めて）
2006	2007年3月1日	特になし
2007	2008年2月29日	特になし
2008	2009年2月27日	特になし
2009	2010年2月26日	特になし
2010	2011年2月28日	(15) 年2回，webでの製品パイプライン情報の更新
2011	2012年2月29日	(16) 年4回（四半期ごとに），webでの製品パイプライン情報の更新
2012	2013年2月28日	特になし
2013	2014年2月28日	特になし
2014	2015年2月27日	特になし

◆　271

第17章

会計をどう変革するか？
── 改革アジェンダ

> 　われわれは，本書の第１部で実証した財務情報の有用性の急速な低下を食い止めるために，現在の財務報告システム(一般に公正妥当と認められた会計原則（GAAP））に広範囲に及ぶ変革を提案する。われわれの提案は，当該システムに対し３本の柱からなる重要な抜本的見直しを求める。それは，会計基準設定者が行う通常の「微調整」とはおよそ異なるものである。この変革なしに財務情報の有用性の低下傾向は反転することはないだろうと，われわれは考える。

■ 会計の再興

　これまでに本書では，会計ベースの財務報告書はここ数十年の間に投資家にとっての有用性の大半を失ったことを示してきた。続いて，有用性喪失の主な原因を特定した。そして，現在の投資家のニーズに応えるため，われわれが提案する戦略的な企業報告書の概要を示した。残された論点は，われわれが提案している企業戦略と実行に関する将来志向の情報開示を補完し，投資家が求めているものを提供するために，取得原価主義会計および財務報告をどのように改革し，再生することができるかである。

　情報の有効性を高めるために会計基準設定者がとる漸進的・微調整アプローチは，本書の第１部で示したように，失敗に終わっている。われわれの言葉だけを受け入れてくれなくてもよい。40年にわたる財務会計基準審議会（FASB）

の規制記録に関する近年の包括的な調査はわれわれの判断を裏づけている[1]。
4人の会計研究者は，1973年から2009年の間に制定された147の会計基準 —— その多くが，資産・負債・収益・費用およびキャッシュ・フローをどのように会計処理し，公開すべきかに関して広範な指針を有している —— が投資家に影響を与えたのかを検証し，驚愕の結果を報告している。実に75%の会計基準が投資家に全く影響を与えていなかった。会計基準で謳われているように，もし新基準が透明性を高め，企業活動に関する投資家にとっての不確実性を低下させるならば，情報環境の改善の結果として，企業の資本コストは低下し，株価は高まるだろう。それにもかかわらず，研究者たちはFASBの基準の75%に関して会計基準によって影響を受けるはずの株価は審議日および制定日の付近において全く反応がなかったことを発見している。さらに悪いことには，基準の13%は株主の価値を減少させていた。たった12%の基準が投資家の富を高めたにすぎなかった。したがって，ほぼ40年にわたる広範かつコストのかかる会計基準設定者の努力は，主な受益者である投資家に関する限り，事実上，大失敗であった[2]。このことは，会計についての全面的な反省と見直しを要求しないのだろうか[3]。

　財務報告システムの新しい方向性は，明らかに理にかなっている。われわれは以下を提案する。(i)事業会社の価値を創造する資源はますます無形資産となっており，会計上においてもそれ自体を認識しなければならないという現実を受け入れなければならない。(ii)会計人は，本来的に主観的かつ憶測を伴う資産評価に従事すべきではない。(iii)財務情報の複雑性と曖昧性が高まっていることが投資家にとっての有用性を低下させているという事実を理解しなければな

1　次を参照。Urooj Khan, Bin Li, Shivaram Rajgopal, and Mohan Venkatachalam, *Do the FASB Standards Add Shareholder Value?* working paper (Columbia Business School, 2015).

2　そのような資本市場研究は，株価に反映されていない潜在的なベネフィットを捉えていない。たとえば，増え続ける会計基準への対応の負担と複雑性から会計士は恩恵を受けている。誰かの損失は誰かの利得となる。

3　国際会計基準も同様である。44カ国に関する近年の研究は，「われわれはIFRSあるいは米国GAAPそれ自体が株価をより情報のあるものにさせていないことを発見している」と結論づけている。Jacqueline Wang and Wayne Yu, "The Information Content of Stock Prices, Legal Environment, and Accounting Standards," *European Accounting Review*, 24 (2015)：490.

第17章　会計をどう変革するか？——改革アジェンダ　◆　273

らない。本質的に，会計・財務報告は主に事実を対象としなければならない。重要なのは事実である。いわば，ファンダメンタルズへの回帰である。

　この3つの主要な変革について，以下に詳細に述べていく。これらが，真剣にかつ偏見のない心で，経営者や研究者によってだけでなく，資本市場や会計基準設定者によっても検討されることをわれわれは望んでいる。安心してほしい。以下は，慎重に検討を重ねたものであり，最良の会計精神を持つ人々のコメントや提言から得た実践的な提案である。

■ Ⅰ. 無形資産を資産として計上する

　米国では，ソフトウェア，バイオテクノロジー，インターネット，代替エネルギー，無線，ナノテクノロジーや他の無形資産中心の産業が誕生する以前から存在する，正しい論拠に基づかない40年を迎える会計基準（SFAS第2号，1974年）が，多くの無形資産の原動力（driver）である研究開発費の会計処理をいまなお規定している。同基準は，社内での研究開発活動にかかる費用に対して即時費用処理を強制している[4]。そして，このことは研究開発にとどまらない。無形資産に対する他の内部投資すべて——ブランド，ノウハウ，ビジネスシステム——が，即時費用処理される。この広範に適用されている会計基準の愚かさは，図8.1(116ページ)を見返してもらえれば，明らかであろう。同図は，有形・無形資産への投資額の推移を示している。皮肉なことに，急速に増加している投資のほとんど——無形資産への投資——は会計人によって資産としてのステータスを否定されている一方で，急激に減少している投資——有形資産への投資——は堂々と貸借対照表に記載されている。政府が算出している国民所得勘定（National Income Accounting；NIA，経済分析局が公表している）でさえも，いまやほとんどの無形資産投資——主としてソフトウェア，研究開発，ブランド——を，国民経済統計の目的に沿って，費用ではなく支出として捉えるようになっている[5]。

　会計士である読者の皆さんがいま何を考えているか，われわれにはわかる。無形資産は不確実なものであり，価値を評価することが難しいことで有名である。では，どのように貸借対照表でその価値を報告することができるだろうか。企業の報告書ではすでに十分なほどの疑わしい見積りがなされていないだろう

か。これに対するわれわれの回答は，以下のとおりである。

われわれは**現在の**購入・売却価格（公正価値）を用いて無形資産を評価することを提案していない。むしろ，国民所得勘定における取扱いと同様に，客観的な取得原価を用いて，無形資産に対する投資を**資産計上する**ことを提案している。無形資産の評価は鑑定人に任せればよく，われわれは適切に事実，すなわち無形資産のコストを会計処理することを提案しているだけである。結局のところ，それは，有形の物理的な資産に対して行われている会計処理そのものである。しかし，あなたは次のように切り返すだろう（何年もの間，こうした議論を聞いてきたので，われわれにはわかる）。貸借対照表に無形資産の歴史的原価を計上することにどんな意味があるのだろうか。投資家はその数値から何を得ることができるのだろうか。答えよう。貸借対照表に記載されている有形固定資産の価値，つまり，これらの資産を取得するのに要した額から現在，投資家が得ているものである。それほど多くはないことを認めよう。しかし，貸借対照

4　この会計基準がどの程度，根拠が乏しく，実態を把握していないのかについては自身で判断してほしい。セクション41「結論の根拠」には，「研究開発費と特定の将来収益との間の直接的な関係は，後知恵の利点（benefit of hindsight）であるとしても，一般に実証されていない」と記述されている（やれやれ，後知恵の利点がなければ，何も**実証する**ことはできないのに。あなたはできる？）。事実，多くの実証研究が研究開発活動とその後の収益との間に強い相関関係が存在することを実証している（たとえば，Bronwyn Hall, "Innovation and Productivity," *Nordic Economic Policy Review*, 2 (2011): 167-203, 「製品イノベーション（製品研究開発）は収入生産性に強い正の影響を有しているという結論を得ている」）。続いて，同基準のセクション44では，「（資産の）測定可能性の判断基準は，取得あるいは開発されたその時点で将来の経済的ベネフィットを特定することができ，かつ客観的に測定することができない限り，資源は会計の目的に従って資産として認識されないと要求している」と記述されている。この判断基準のもとでは，企業が取得した有価証券のような議論の余地がない資産であっても，資産として認識されるべきではない。というのも，有価証券の将来ベネフィット（リターン）は取得時点では明らかに「客観的に」測定することができないからである。もう1つ我慢ならないものは，「ほとんどの研究開発費は発生した時点では，将来のベネフィットがかなり不確実なものである（at best uncertain）（セクション45）」である。激しい競争と速い技術変化のもとにある現在の事業環境において，ほとんどの資産の将来ベネフィット（事業取得とそれに関連するのれんなど）は「かなり不確実（at best uncertain）」なものではないのだろうか。要点を得ただろう。これらが，米国における社内での研究開発に関する21世紀の会計処理を規定している基準を支えているものである。

5　次を参照。Dylan Rassier, "Treatment of Research and Development in Economic Accounts and in Business Accounts," *BEA Briefing* (March 2014): 1-8.

第17章　会計をどう変革するか？——改革アジェンダ　◆　275

表から無形資産が完全になくなるよりはましだろう。重要なことは，無形資産を資産計上する主な理由は，貸借対照表のリアリズムを高めるためではないということである。資産評価をベースに投資意思決定を行うものは，たといたとしても，それほど多くはない。むしろ，資産計上を行う狙いは，適切に投資と現在の費用とを区別し，結果として事業業績の測定を大きく改善させることによって，損益計算書を事業活動の結果の有意義な指標という地位に戻すことにある[6]。

　以下のことを考えてみよう。かつて会計の基本理念は，もし収益がその発生過程において発生するすべての費用に対して綿密に**対応している**ならば，期間的な利益によって示される事業業績は適切に測定されているというものであった。この対応原則は，適切に測定された業績を保証する。しかし，ベライゾン(Verizon)の例を見てみよう。もし向こう 3 年から 4 年にわたって同社に収益をもたらすと期待されている新規携帯電話顧客の獲得にかかる総費用額（小売業者に支払われる手数料）が当年の収益に賦課されているならば，明らかに費用収益対応にミスマッチが生じており（1 年の収益に対して 4 年分の費用がかけられている），利益に歪みをもたらすことになる[7]。向こう 4 年から 5 年にわたって使用されることが予定されている大規模な情報セキュリティシステムの導入も同様で，同システムの総費用はその年の収益に対して計上される。もちろん，研究開発は費用収益対応におけるミスマッチの極端な例である。研究開発活動にかかる費用は，ほとんどの他の無形資産投資よりも一般に巨額なものであり，ベネフィットの継続期間も長期にわたる。したがって，正の研究開発成長率を持つ企業にとって，研究開発費の即時費用処理は，費用（研究開発費）——そのベネフィットは将来の収益に反映されるだろう——を当年の収益に負担させることになる。現在と将来の利益**双方**に重大な歪みをもたらすことになる[8]。より深

6　次を参照。Anup Srivastava, "Why Have Measures of Earnings Quality Changed over Time?" *Journal of Accounting and Economics*, 57 (2014)：196-217. 無形資産の増加によって引き起こされている**報告利益**の歪みを取り扱っている（「私（同論文の著者）は，無形資産集中度の上昇が利益の質を低下させるという仮説を立てている」）。

7　顧客数に増減がない安定した状態においては，顧客獲得費用を即時に費用に計上しても，耐用年数にわたって分散させても，期間利益に差異は生じない。しかし，安定した状態にある企業などほとんどないため，顧客獲得投資を即時費用計上するのか，資産計上し減価償却するのかで，報告利益は大きく異なるだろう。

276 ◆ 第4部 実行に向けた課題

刻なことに，研究開発費の即時費用処理による報告利益の過少表示は，実際の研究開発支出に悪影響をもたらしているようである。事実，英国のデータを用いた近年の研究は，研究開発支出を即時費用処理から資産計上処理に変更した企業は，研究開発支出を有意に **増加させた** ことを示している[9]。会計の改善が正の帰結をもたらしている。

　このように，無形資産投資の即時費用処理は，事業業績指標としての報告利益に，とりわけ成長あるいは衰退企業，すなわち動態的経済(dynamic economy)のもとで活動しているほとんどの企業にとって，大きな害を与えている。第8章で議論したように，無形資産の即時費用処理が報告利益に与える複雑な効果が，投資家を誤導することは間違いない。一般に，無形資産への投資を増加させている企業では，即時費用処理は無形資産を資産計上し減価償却を行うよりも利益と簿価を押し下げるが，分母に無形資産が含まれていないため収益性指標(ROE，ROA)はしばしば上昇する。無形資産への投資を減少させている企業では，(利益が過大に表示されているため)逆のことが生じる。無形資産の即時費用処理が報告上の収益性に与える悪影響はかなりのものである。研究開発支出を増加させているグーグル(Google)の例を見てみよう。同社の2013年の報告利益は129億ドルであり巨額である。また，ROEは14.8%であった。もしグーグルの研究開発費が資産計上され，(たとえば，5年にわたり)償却されたとすると，報告利益は166億ドル(GAAPでの利益よりも29%多い)となり，ROEは18.4%(GAAPでのROEよりも24%高い)となる[10]。巨額な利益を有する投資家お気に入りのグーグルにおいては，そのような歪みは決定的なものではないが，利益が小さい，あるいは損失を計上している多数の企業——多くのリーディング・イノベーターが該当する——にとって，無形資産の資産計上は投資家の意

8　驚くことではないが，先に言及したFASBの全基準に関する調査は，研究開発費の会計基準が最も投資家に損失をもたらしたものであったことを発見している(Khan et al., 2015を参照)。

9　次を参照。Dennis Oswald, Ana Simpson, and Paul Zarowin, *Capitalization vs. Expensing and the Behavior of R&D Expenditures*, working paper (New York : New York University, Stern School of Business, 2015).

10　次を参照。Baruch Lev, Bharat Sarath, and Theodore Sougiannis, "R&D Reporting Biases and Their Consequences," Contemporary Accounting Research (Winter 2005) : 977-1026. 無形資産の費用処理によって引き起こされている利益の歪みを網羅的に扱っている。

思決定に大きな影響をもたらすだろう[11]。国家レベルでの無形資産の資産計上は，経済統計に重大な影響を与えているので，企業レベルでも同様の影響をもつものと思われる[12]。

　当然ながら，無形資産の資産計上は耐用年数（restricted life）のある資産の償却の問題を引き起こす。物理的な資産の減価償却であっても，将来の資産の活用と技術的な変化に関する予測に基づいているため，当然見積りとなる。無形資産に関していえば，特許権（20年），著作権，他の有効年数のある法律に基づく権利といった明確に特定された耐用年数をもつものは，それらの残存期間にわたって償却されるだろう。ソフトウェア製品の耐用年数（3年から5年）のように産業基準が確立されている場合には，その基準を償却目的で用いることができるだろう（たとえば，シスコ（Cisco）は2015年のアニュアル・レポートの脚注において，取得した無形資産の償却率 ── メタクラウドテクノロジーであれば33.3% ── を報告している）。ブランドなどの他の耐用年数のある無形資産については，GAAP が現在のれんに適用しているように，年次での減損（価値損失）テストが適用されるべきである[13]。これらは，物理的な資産に現在適用されているものと同等の信頼性を有しており，賢明かつ実践的な償却基準である。企業がかなり多くの無形資産を所有していることを所与とすると，全体としてみれば，いくつかの無形資産の耐用年数が過大に見積もられるかもしれないが，他の無形資産の過少見積りによって，その多くは相殺されるだろう。償却の基礎となる無形資産の耐用年数の見積りが開示されることが重要である。これにより，投資

11　われわれの資産計上の提案に対する他の反論も耳に届いている。なぜ資産計上するのか。もし無形資産を資産として捉えるならば，投資家は，無形資産に関する費用を利益に足し戻すことで簡単にその会計処理を取り消すことができる。そんなに簡単ではない。次節で説明するように，研究開発を除くと，その他すべての無形資産に関する費用（ブランドやIT）は損益計算書で個々に報告されているわけではない。そのため，投資家はこれらの費用を利益に足し戻すことができない。さらに，研究開発費であっても，仮に投資家が利益に足し戻すことによって「資産計上」を行う場合，過去の研究開発支出は償却されなければならない。しかし，いくら償却すればよいのだろうか。その点が欠如しているため，投資家は自身で無形資産を資産計上することができない。

12　「昨年初めてドイツは投資統計に研究開発を加算した。ドイツ連邦統計局によれば，これにより GDP レベルで顕著な上昇がもたらされた」。次を参照。Nina Adam, "Business Investment Is Changing Its Stripes," The Wall Street Journal (August 17, 2005), p.A2.

13　ブランドは，（バイエル（Bayer）のアスピリンのように）その所有者がもはや製品に価格プレミアムをのせることができなくなったときに資産としての価値を失う。

278 ◆ 第4部 実行に向けた課題

家は競合他社を基準に評価することができる。

　最後に，実証研究に基づく証拠は，財務報告書において無形資産を資産計上するというわれわれの提案を強く支持している。たとえば，初期の研究（Lev and Sougiannis, 1996）は，投資家は損益計算書に報告されている研究開発費を，価値を低下させる費用というよりはむしろ，株価を高める資産として捉えていることを示している。最近の研究（Oswald, Simpson, and Zarowin, 2015）はこの発見を確認して拡張している[14]。ブランド価値やソフトウェア，組織資本も同様に，これらの無形資産と株価との間に正の関係がみられることが実証されている。より最近では，IFRSによって強制されている，資産計上された開発費（研究開発の「開発」部分）に関する研究が，資産計上された研究開発の価値は，物理的資産や金融資産と同等に価値のある資産として実際に投資家に認識されていることを実証している[15]。何度も触れているが，無形資産，とりわけ研究開発に伴う異常に高い不確実性が広く一般化しており，即時費用処理を正当化している。最近の研究は，一般に研究開発のリスクは，頻繁には起こらない革新的な破壊的イノベーションによってもたらされるリスクを除けば，有形資産と同程度であることを実証している[16]。

　まとめると，無形資産投資を資産計上することに関する説得力のある論理を提示したが──すでにIFRSが研究開発費の部分的な資産計上を要求しているだけでなく，国民所得勘定においても無形資産の資産計上がなされている──，無形資産に対する時代遅れの即時費用処理を廃止して21世紀の会計処理に移行するように，米国の会計基準設定者を納得させるには，他に何が必要というの

14　Baruch Lev and Theodore Sougiannis, "The Capitalization, Amortization and Value-Relevance of R&D," *Journal of Accounting and Economics*, 21 (1996): 107-138. Oswald et al., 2015.

15　最近の示唆に富む研究は，開発費を資産計上する過程において，企業は国際的な（IFRSの）資産計上ルール──たとえば，プロジェクトを完遂する財務能力や開発中のプロジェクトの技術的実現可能性（ソフトウェア製品の β テスト）──によって要求されることで，価値のある戦略的な情報を蓄積し，報告していることを示している。これらは投資家にとってかなり重要なものである。次を参照。Ester Chen, Ilanit Gavious, and Baruch Lev, *The Positive Externalities of IFRS R&D Rule: Enhanced Voluntary Disclosure*, working paper (New York: New York University, Stern School of Business, 2015).

16　Baruch Lev, Suresh Radhakrishnan, and Jamie Tong, *R&D Volatility Drivers*, working paper (New York: New York University, Stern School of Business, 2015).

第17章　会計をどう変革するか？——改革アジェンダ　◆　279

だろうか。われわれは不思議に思う。

無形資産に関する情報開示の改善

　先に提案した無形資産投資を資産計上することは，疑いもなく報告利益の質を改善させるだろう。しかし，投資家に無形資産に関する有用な情報をより多く提供する必要がある。ほとんどの企業は，有形資産や金融資産に関する情報を明らかにするために詳細な情報を脚注で開示している。そうであるならば，なぜはるかに重要な無形資産に関する詳細を提供しないのだろうか。なぜ，ほとんどの無形資産にかかる費用は，売上原価や販売費及び一般管理費といった大きな単位での費用項目ではなく，個々に報告されないのだろうか。あなたは企業が情報技術，ブランド構築，従業員教育，顧客獲得，ユニークなビジネスプロセスなどにどの程度費やしたかを知りたくないだろうか。そして，これらの投資のトレンド（たとえば，従業員の質が低下していないか）を追跡し，競合他社を基準にそのデータを評価したくないだろうか。もちろん，したいであろう。しかし，現在の財務報告からでは行うことができない。

　多くの企業は，巨大な特許ポートフォリオを有しているが，その詳細は大部分が欠落している。たとえば，投資家は，技術領域（電気計測（measuring electrical variables），無線方向探知，導電性マスター）ごとに企業が所有する特許の分類を入手することはとても有用であることに気づくだろう[17]。この情報から，投資家は新領域に進出した，あるいは撤退したといった企業の技術戦略を垣間見ることができるからである[18]。また，技術領域内において，特許は残存期間，製品や開発努力の基礎となる特許，売却されたあるいはライセンス供与された特許，そして有効期限が切れた特許ごとに分類されるべきである。多くの企業にとって，特許ポートフォリオは最も重要な資産であるが，不思議なことにGAAPは特許に関する有意義な情報の開示を何も要求していない。

　研究開発に関していえば，現在開示されている期間ごとの総支出額は投資家

17　米国特許庁は，およそ1,000の技術領域に特許を分類している。

18　特許分類と同様の技術的変化評価は，マクロレベルでも行われている。次を参照。Deborah Strumsky, Jose Lobo, and Sander van der Leeuw, *Using Patent Technology Code to Study Technological Change*, working paper (Charlotte : University of North Carolina, 2010).

にとって利活用が制限されている。研究開発費が３％増加したとして，それがなんだというのか。おカネは何に消えたのだろうか。研究開発の**性質**に関する情報が全く欠如している。「研究」（R）（新技術開発への長期投資）に，「開発」（D）（利用可能な技術の短期的な改良）にいくら投じたのだろうか[19]。これは，企業のリスクおよび成長見通し —— たとえば，長期的な成長（「研究」への投資）が短期的な目標を達成するために犠牲となっていないかどうか —— を評価するうえで不可欠な情報である[20]。そのような情報開示は非常に負担があり，潜在的に競合他社が利するものであると異議を唱えるものがいるかもしれないが，これはまさに20年から30年前に医薬品企業において開発中の製品ポートフォリオ（パイプライン）に関して行われた議論そのものである。今やほとんどの企業が定期的に，かつ，包括的に同情報を開示しており，明らかに競争上の不利益は見られていない。

　重要な点を述べよう。もし無形資産の情報開示拡張に関するわれわれの要求が技術あるいは科学ベースの企業のみに影響すると考えているならば，再考が必要である。消費財におけるブランド，石油ガス生産者や小売業者における組織資本，金融サービスにおける IT など，無形資産は事実上，経済のすべての産業において価値を創造している。ゆえに，われわれが提案している会計改革は事実上すべての上場企業の情報開示を改善させるだろう。そして，無形資産，とりわけ識別可能なベネフィットの流列を有する無形資産を資産計上（資産認識）することに加えて，われわれは核となる無形資産の特性に関する情報開示の拡張を求める。定期的な報告に上述のような情報開示を含めるように GAAP（財務報告システム規制）を改正することは，情報の統一性と一貫性という極めて重要な特性を確保することになるだろう。こうした特性は投資分析において情報を効果的に活用するための必要条件である。さあ，２つめの改革提案に移ろう。

19　第14章の脚注７で注釈を加えたが，この情報は，国勢調査局が行っている年次での研究開発調査で定期的に報告されているので，企業では利用可能である。

20　たとえば，最近の研究は，がん研究に従事する企業は長期的な研究に対する投資が過少となっていることを発見している。Eric Budish, Benjamin Roin, and Heidi Williams, "Do Firms Underinvest in Long-Term Research? Evidence from Cancer Clinical Trials," *American Economic Review*, 105 (2015)：2044-2085. 論文の著者たちは「民間の研究投資は長期プロジェクトから離れてゆがんでいる」と結論付けている。

第17章　会計をどう変革するか？──改革アジェンダ　◆　281

■ Ⅱ．会計上の見積りの蔓延問題に取り組む

　第9章において，われわれは財務情報における経営者の見積りが増加の一途を辿っていることを実証し，そのことが有用性の低下の主な要因であることを明らかにした。考察しよう。ここ20年の間にFASBが発行したほとんどの会計基準── 資産やのれんの減損（価値損失）処理，資産や負債の公正価値表示，従業員ストック・オプションの費用化など ── は，主に主観的な経営者の見積りおよび予測に基づいた情報を生み出した。こうした情報の中には，市場性のない（市場価格のない）資産・負債の時価評価（明らかに不合理な推論）のように信頼性に疑義があるものもある[21]。これらの会計基準は株主価値に損害を与えた基準番付で高い順位となっている[22]。現在の財務報告システムの実質的な全面見直しにあたり，財務情報の有効性を低下させている経営者の見積りや予測の蔓延問題に対して真正面から取り組まなければならない。今こそ，その拡大傾向を逆転させる時である。もし見積りの蔓延問題に真剣に取り組んでいく必要性に疑問を持つならば，投資意思決定に現在使用している，たとえば利益数値といった財務情報は，事実（給与，賃借料，現金売上），かなり信頼性のある見積り（不良債権，製品保証費用），そしてそれ以外── かなり推論的であり，時に操作された値──（資産や負債の減損，市場性のない資産・負債の公正価値の変化，従業員ストック・オプション費用）の寄せ集めであることを自覚しなければならない。最も問題なのは，事実に基づいている利益，あるいは見積りによる利益がどの程度であるか，また見積りによる部分は増加・減少しているのかといったことを解析する術がないことである。憂慮すべき事態である。利益と株価との関係が著しく低下したのも無理はない（第3章の**図3.2**を参照）。

　見積りに関するわれわれの会計提案は，次の2つからなる。財務報告書からある種の見積りを撤廃することと，残りの見積りの信頼性を高めることである。

21　（少し古いが）興味深い事例はエンロンである。同社が主な値付け業者でありながら，30年間のガス契約の時価評価（「公正価値評価」）を実施していた。

22　次を参照。Khan, Li, Rajgopal and Venkatachalam, 2015.

価値評価は投資家に任せよう

　会計人は，活発な市場で**取引されていない**資産・負債の期間ごとの**価値評価**を避けるべきである。そのような資産は取得原価で報告されるべきであり，それらの本質的な**特性**(耐用年数，名目価値，資産の種類)は財務報告書の脚注において十分に開示されるべきである。そうすれば，現在価値に興味のある投資家はその見積りを行うことが可能となる[23]。このことは，そのような評価を義務づけることに過去20年間のほとんどの時間を費やしてきた会計基準設定者に衝撃を与えるだろう。しかし，本当のことを言えば，会計人は価値評価に関して特別な専門知識を有していない。市場性のない資産・負債の現在価値に対して投資家が継続的に強く要求すれば，鑑定人や情報ベンダーは確実にそこに参入し，その情報を提供するだろう[24]。財務報告書は事実と「ほぼ事実」，すなわちかなり信頼性の高い，検証可能な見積りにこだわるべきである。結局のところ，それが(事実の)**集計**に由来する会計そのものである[25]。信頼性のない資産・負債の価値評価を取り除くことによって有益な副産物が得られる。そうすることで，毎期の価値評価による損益(純粋なノイズ)から生じる利益の情報内容(informativeness)への有害な影響を緩和することができるだろう[26]。

23　金融機関にはいくつかの例外があるだろう。資産・負債に並外れた複雑性が存在するため，公正価値は取得原価よりも有用な情報を追加することができるだろう。

24　以下が適例である。従業員のストック・オプション費用の計上が要求される前に(2005年に適用)，そのオプションに関して十分な情報が財務報告の脚注にて開示されていた。そして，実際に，ストック・オプションの報告利益への影響額を調整するために，この情報を活用した投資家もいた。

25　本書の初期草稿において，ある評論家が信頼性に疑義があるものであったとしても会計の見積りはそれでもなお情報を有しているだろうと主張しながら，このケースにお決まりの「絶対的に間違っているよりも，おおよそ正しい方が良い」を適用した。われわれは異義を唱える。第1に，第9章で提示した証拠は会計上の見積りの蔓延を財務情報の有用性の低下と関連づけている。ゆえに，「まあまあ」のすべての見積りのどこに情報内容がある(informativeness)のだろうか。第2に，この評論家が言及しているように，もし見積りにバイアスがかかっておらず(経営者が意図的に誤った評価をせず)，かつ「見積りにおけるノイズの水準を投資家が十分に理解するならば」，そのような見積りは情報内容があるだろう。おそらく。しかし，会計上の見積りにおけるノイズを伝える効果的な方法は利用可能ではない。これが信頼性に疑義がある見積りを撤廃する方がよいとわれわれが主張する理由である。

第17章　会計をどう変革するか？──改革アジェンダ　◆　283

残る経営者の見積りや予測を検証可能にさせよう

　世論調査会社や気象予報士の正確性に対する動機はかなり強い。というのも，彼らの予想は事後に観察される選挙結果や天候状態と比較することで簡単に検証することができ，精度の悪い予想は彼らの評判を落とすことになるからである。全く対照的に，財務報告書の根底にある数多くの見積りや予測を行う経営者は，そのような評判に基づく（そして法的な）動機を有していない。というのも，信じ難いことに，ほとんどの会計上の見積りは投資家による検証が可能でないためである。不良債権や（製品）保証引当金といった最も基本的な経営者の見積りであってさえも，事後に検証可能ではない。特定の見積りとその後の事実を比較するための体系的な情報が財務報告書において利用可能ではないためである[27]。このことが不注意な，そして時に操作的な見積りを招くことになる。

　財務情報の見積りと予測の正確性と信頼性の向上に向けて，何年も前にラッセル・ランドホルム（Russell Lundholm）教授が行った単刀直入かつ有望な提案は，驚嘆に値するだろう。その提案は，その後の実現（事実）の際に利益に最も影響を与えた5つから7つの重要な見積りの比較を期間ごとに提供するよう企業に義務づけるべきであるというものである[28]。明らかに経営者は，規模が大き

26　毎期の貸借対照表の価値評価が利益に与える悪影響については，次を参照。Ilia Dichev, *On the Balance Sheet-Based Model of Financial Reporting*, Center for Excellence in Accounting and Security Analysis (New York : Columbia Business School, 2007).

27　このことは信じがたいことだと思うだろう。そこで，1つの例として，貸倒引当金について考察してみよう。その期間費用（見積り）はキャッシュ・フロー計算書から入手することができる。その後の期間において，企業は帳簿から消去された（つまり，顧客の不履行により財務諸表から削除された）売上債権の合計額を報告する。しかしながら，この帳簿から消去された金額は，それ以前の期に誤って立てられた特定の貸倒引当金の見積りに帰属させることができない。というのも，ある四半期あるいは，ある年度において帳簿から消去された金額は，前四半期の見積り（年度）および/あるいは，2あるいは3四半期前になされた見積りとも関連づけることができるからである。まとめると，事実を公表されたデータから個々の見積りに帰属させる方法がないのである。製品保証引当金の見積りも同様である。当然ながら，財務報告書において開示すらされていない数多くの会計上の見積りについては，状況はさらに悪くなる。

28　次を参照。Russell Lundholm, "Reporting on the Past : A New Approach to Improving Accounting Today," *Accounting Horizaons*, 13 (1999) : 315-323.

284 ◆ 第4部 実行に向けた課題

く，かつ，特に持続的な誤った見積り（たとえば，帳簿から消去された個々の負債よりも低い毎四半期の貸倒引当金繰入額）について尋ねられるだろう。非常に決まりの悪い仕事ぶりであり，明らかに良い評判への道筋とはならない。この要求によって創出される真剣かつ誠実な見積りに対する強い動機を想像しよう。しかし，何年も前に提案がなされ，さまざまな学術的文献で言及されているこの賢明な提案から明白なベネフィットが得られるにもかかわらず，われわれの知る限り，会計規制者はこの提案を真剣に検討したことがない。われわれは誰がこの提案に反対しているのかを知りたく思う[29]。

したがって，われわれは重要な経営者の見積りと事後の実現（事実）との比較，と規模の大きいかつ持続的な差異に関する説明を年次報告書に収録するという，ランドホルム教授の提案を採用することを推奨する。財務報告書において市場性のない資産・負債の価値評価を避けるというわれわれの最初の提案と併せて，このことは財務情報の信頼性の回復にあたり，大きな役割を果たすだろう[30]。さあ，3つめの，そして最後の提案に移ろう。

■ III. 会計の複雑性を緩和させよう

規制のダイナミクスを描く Lev-Gu の法則というものがある。規制制度は，規制の対象となる組織や機関よりも複雑にさえなろうとする。いわば，底辺への競争である（a race to the bottom）。もし，われわれの法則の普遍性に疑いがあるならば以下の例を考えてみよう。医療費負担適正化法（通称，オバマケア）は2009年当初1,990ページであったが，4年後には約20,000ページにも膨れ上

---

29 事業再構築費用など，いくつかのケースにおいて，GAAP は見積りとその後の実現との比較を要求している。見積りと事実との最も包括的な比較は損害保険会社に見出すことができる。損害保険会社は，10年間の賠償引当金の見直しを年度ごとに十分に開示している。しかし，これらは会計における例外である。なぜ基準化しないのだろうか。

30 何年も前に興味深い案がカーネギーメロン大学の井尻雄士教授によって提唱されている。井尻教授は3式損益計算書（triple column income statement）を提案した。最初の列は事実に基づく売上と費用，2列目は売上と費用における見積りの集計，3列目は「合計」であり，今日の損益計算書と一致する。次を参照。Yuji Ijiri, *Cash Is a Fact, but Income Is a Forecast,* working paper (Pittsburgh : Carnegie Mellon University, 2002). 疑いもなく，そのような事実と見積りの明確な区分は，投資家にとってかなり情報内容のあるものになるだろう。

がった[31]。またドッド＝フランク・ウォール街改革・消費者保護法も当初は848
ページであったが，2013年6月時点で13,789ページに急激に増加している（いま
なお順調に進んでいる──ページ数の長さという意味で）[32]。そして，米国だけの話
ではない。規制の範囲，介入および複雑性においてEUの右に出る規制機関は
ない。会計も例外ではない。企業，とりわけグローバルな企業の組織・活動は
明らかにきわめて複雑である。しかし，企業活動の財務報告に関する規制は，
事業の複雑性をも上回っている。われわれは，経営者や投資家が事業環境や企
業活動を理解できないと不満を口にするのを一度も聞いたことはないが，彼ら
の多くが，会計学の学士を取得している者さえも，最近の会計基準と結果とし
て生じる情報開示（たとえば，金融機関のリスク）はわれわれの理解を超えている
と嘆くのを耳にしている。この価値のないものを教えなければならない個人と
して，われわれは全く同意する。

　制度的な財務情報システムの複雑性症候群はますます重くなっており，それ
が本書の第1部で示した有用性低下の主な要因である。メッセージというもの
は，最も基本的な水準でも理解することが難しく，さらにその背後にある論理
が不明瞭である場合には，そのメッセージはほとんど無視されるだろう[33]。TV
での薬品広告の後に来る複雑な警告について考えてみよう。誰が聞いているの
だろうか。まさに，このことが第3章から第6章にかけてわれわれの証拠が示
したものである。投資家は財務情報をますます無視する。しかし，投資家の興
味を失わせ，不確実性を高めることだけが，会計の複雑性の不都合な帰結では

31　1,990ページという数値は，2009年11月8日のComputational Legal Studyから取得し
　　た。リチャード・ハドソン共和党議員（共和党全国大会）は2013年5月13日に"Fox and
　　Friends"という講演の中で，次のように語った。「（オバマケアの）実行には，この法律に
　　関連する20,000ページに及ぶ規則や規制を執行するための159の新たな政府機関，委員会，
　　プログラムが必要となり，もはや官僚主義的な悪夢と化している。」

32　次を参照。Joe Mont, "Three Years in, Dodd-Frank Deadlines Missed as Page Count
　　Rises," *Compliance Week* (July 22, 2013).

33　証拠を1つ挙げよう。*バロンズ誌*（Barron's）（2015年6月27日，20ページ）は輸送支援
　　企業のキュービック社（Cubic Corp.）について次のように記述した。「利益は9月に終わ
　　る会計年度に30％低下する見込みである。……その低下のほとんどは，現金の流出を伴わ
　　*ない繰延税金資産の取り崩し*に関連するものである。……このことは投資家を困惑させる
　　要因となるかもしれない」（イタリックは著者）。全くそのとおりである。30％の利益低下
　　の原因となる繰延税金資産の取り崩しが意味するところを，会計の講義を最後まで受けた
　　ものも含めて，誰が理解するのだろうか。

286 ◆ 第4部 実行に向けた課題

ない。直観に反して，規制の複雑性はしばしば規制対象となる企業や組織の複雑性を高める[34]。悪質なフィードバック・サイクルである。間違いなく，このことが会計で生じている。たとえば，リース会計の多様な会計基準 —— リースは資産計上され，貸借対照表に表示されるべきである —— は，リースの資産計上を避けるためにリース契約において数多くの不必要な変更をもたらし，複雑性の増大を招いた。財務報告の複雑性は，上場しない，あるいは上場廃止をするといういくつかの企業の意思決定に影響を与えたかもしれない。溢れんばかりの損害である。

なぜ会計は複雑なのか？

事業が複雑だから会計は複雑であると答えるのが，上述の質問に対する標準的な回答である。しかし，これは誤った論理である。企業の売上について考察しよう。売上はいつ帳簿に記録されるべきであろうか。信じがたいことに，この質問はFASBによる15年もの歳月を要するプロジェクト（収益認識プロジェクト）をもたらした。そして，700ページの基準書という成果をもっておそらく2014年に結論を得たことになっているにもかかわらず，どうやらプライム・タイムに準備が間に合わないらしく，すぐにもう1年延期されることとなった[35]。なぜ複雑なのだろうか。主な理由は，規制機関が既存の，もしくは考えうる当事者間の商取引・契約を，頻度の低いまたは重要度が低いものさえも含め，すべてを基準の中に盛り込もうとしたためである[36]。皮肉なことに，これは無益な努力である。商取引の形式はとても多様，かつ，柔軟で変更するのが容易であるため，ひとたび特定の会計基準が作られると，それを回避したい企業は自分たちの目的を達成するために取引の条項を変更するだろう。そして，新しい商取引が出現すると，会計規制者は仕事に戻り，その新しい状況への対応を試みる。その結果，基準の複雑性は高まっていく。それは達成困難な，すべて込み込みの完璧な会計基準を求める終わりなき探求である。会計規制者は複雑性のコスト —— 会計基準を理解するものはたとえ専門家であってもほとんどいない，また上場企業による法令遵守コストが絶えず上昇する —— を明らかに見過ごし

34　次を参照。Chester Spatt, "Complexity of Regulation," *Harvard Business Law Review Outline*, 3 (2012)：1-9.

35　2015年6月に，FASBは収益認識基準の適用を1年延期することを投票で決定した。

第17章 会計をどう変革するか？ —— 改革アジェンダ ◆ 287

ている[37]。会計人が複雑性を好むのは，それによって多くの仕事が作り出され，かつ，悪意の込められた難解さのために改革者が介入できないようにするためだ，とよく主張される。しかし，われわれはそうした主張を受け入れない。

完璧な会計基準に向けた終わりなき探求の格好の実例は，リース会計である。数十年間の間，会計規制者は，借手（レッシー）に資産・負債が計上されるように，貸手（レッサー）からの融資を伴うリース設備の購入と実質的に類似しているリース契約 —— 会計人は **キャピタル・リース** と呼ぶ —— を明確に定義しようとした。しかし，新たなリース会計基準が策定されるや否や，リース取引の当事者たちは，貸借対照表に資産・負債として計上されるのを避けるためにリースの条項を変更した。会計基準はさらなる変更が必要となった。どうなると思う。結局，リース会計は再び規制者の検討すべき課題にあがった[38]。

複雑性を食い止める

リース会計はまた，会計の複雑性を止める実践的な方法に光を当てる。それは詳細な会計基準の代わりに情報開示の拡張を用いることである。たとえば，リースの場合，完璧なキャピタル・リースの基準に向けて無駄な探求を行うのではなく，将来の年間支払リース料の完全な開示を要求することである[39]。複雑なルールではなく，単なる事実の情報開示である。他の負債同様，将来の支払

36　どのくらいありそうにないか。例を挙げよう。収益認識基準には数多くの産業特殊的な付則が含まれている。保険仲介業者（仲介業者や代理店）を見てみよう。保険仲介業者は，従来，サービスが提供され（保険契約証書が販売された），顧客の支払いが確実となった時に売上を記録していた。取引の中には可変の，あるいは偶発的な要素が含まれているものがあるかもしれないので，それでは十分ではない（保険仲介業者の間で頻度はどのくらいなのだろうか）。そこで，これらの取引について，新基準は次のように定めている。「可変的な対価は，企業（entity）が権利を得るだろう対価の金額の最良予測という手法を用いて推定されるべきである。それは，期待価値，あるいは最も生じそうな金額である。期待価値アプローチはさまざまな起こりうる結果について確率で重み付けした金額の合計額を表示する。最も生じそうな金額は生じうる金額の範囲の中で最も生じそうな金額を表示する」（FASB and IASB, Revenue Recognition Standard, Insurance Intermediary Industry Supplement, July 7, 2015, p.3.）。学生から「これは何を意味するのですか，また誰がそれに関心があるのですか」と聞かれるだろう。悪夢である。

37　FASB は会計基準の設定にあたり規制コストを考慮していると主張しているが，拡大し続ける GAAP の複雑性と範囲を見ると，この主張には疑問が生じる。

38　2016年2月，FASB はリース会計に関する新たな基準を公表した。

リース料が債務であると確信した投資家は，開示された将来の支払リース料の現在価値を貸借対照表の負債に簡単に加えることができる。たとえば，リースは解約することができるといった理由で将来の支払リース料は確約ではないと考えた投資家は将来の支払リース料を（貸借対照表に）計上しないだろう。それだけの話である。

　収益の会計処理（収益認識基準）についても同じことが行われるべきである。売り手に将来の義務がなく，売り手から買い手への製品あるいはサービスの支配の移転として売上を簡潔に定義すると，ほとんどの販売取引を含めることができる。製品の維持・更新が売り手の義務として販売されたソフトウェア製品のような，将来の供給者責任を伴う販売に関しては，会計基準は総販売価格をすでに提供されたサービスの価値（売上として記録）と将来のサービスの価値（繰延収益として記録）とに配分する必要があることを明記すべきである。上述の簡潔な会計基準で捉えることができない比較的まれな産業固有の販売取引は，当事者がその取引をどのように会計処理したのかを明確に説明するとともに財務諸表の脚注表示がされ，その取引の経済的実質を反映しているものとして監査人によって証明されるというのが筋だろう。この提案では，ある種の会計基準の作成が規制者から経営者に移行している —— 健全なボトムアップへの移行。というのも，特定のめったにない商取引に関する十分な情報は，規制者ではなく経営者側にあるからである。想定される売り手－買い手の取引のすべてを基準化する必要性は全くない。会計基準の絶えざる更新によって証明されているように，そうすることはとにかく無駄である。

　もちろん，いくつかのケースにおいて財務情報の複雑性は，特定の状況にある企業によって作り出され，それらは監査人によってしばしば支持されるという事実をわれわれは承知している。それは，そうした企業が誤った報告をしてしまった場合の訴訟に対する経営者・監査人の法的リスクを限定するため，規制機関に特定の商取引の会計処理を基準化するよう求めるために生ずるものである。企業にとって，GAAP に準拠していることが訴訟に対する効果的な防御

39　将来の支払リース料の情報開示に関する現在の規定は，**最低支払**リース料を対象としている。そこには，たとえば偶発的な賃借料や合理的に確約されていない更新選択権などが除かれている。ゆえに，われわれの提案は偶発事象や選択権に関する説明も伴っており，将来の支払リース料の情報開示規定を拡大する。

第17章　会計をどう変革するか？——改革アジェンダ　◆　289

となるからである。また，その過程において影響力のある企業および業界団体は，自分たちにとって好ましい会計処理を後押しもする。これは win-win の状況であり，「規制の虜」の一形態である。規制の虜とは，規制機関が「規制をかけているまさにその産業によって最終的には支配されるようになる[40]」状況を意味する。もし規制機関が企業からの特定のあらゆる要求に応じて基準化することを拒否するのならば，会計の複雑性はかなり緩和するだろう（「NO と言えばよいのだ」）。副次的な効果もある。つまり，完全開示という規制は踏まえながらも，頻度の低い状況特殊的な事業取引に関する報告の形式を経営者と監査人の判断にゆだねることである。このやり方は，会計における実験とイノベーションを促進するだろう。しかし，現在，それはほとんど失われている。結局，それが一般に称賛されているものの，いまだ実際に遵守されていない「原則主義会計」そのものなのである[41]。

　不幸にも，現在の会計および財務報告書は，経営者と監査人が実に詳細な規制のチェック・ボックスを確認するという法令遵守活動に陥ってしまっている。報告する項目が，当該取引の具体的な状況や取り巻く経済状況に合致しているかどうかを経営者が決定する余地は全くない。たとえば，市況が厳しいためリースの解約可能性が高まっているときに，そのリースを資産計上する（資産・負債として認識する）ことは道理にかなっているのだろうか。会計基準は，もちろん十分な情報開示とともに，経営者と監査人がめったに起こらない特定の出来事について，その事業や経済環境に合わせて報告できるように配慮し，かつ，それを奨励すべきである。会計は命令されるより，実験することによって進歩するのである。

40　インベストペディア（Investopedia）によると，規制の虜に関する概念は，ノーベル経済学賞受賞者であるジョージ・スティグラー教授（George Stigler）の論文（"The Theory of Economic Regulation," *Bell Journal of Economics*, 2 (1971)：3-21.）で最初に提案された。

41　実際，サーベンス・オックスレー法（2002年）は原則主義会計への移行を推奨していたが，明らかに影響を及ぼすことができなかった。FASB の会計基準の有効性に関する研究（Urooj Khan, Bin Li, Shivaram Rajgopal, and Mohan Venkatachalam, *Do the FASB Standards Add (Shareholder) Value?* working paper (Columbia Business School, 2015)）は，原則主義に基づく基準は投資家にベネフィットをもたらすという点において細則主義に基づく基準より優れていることを発見している。

小　　括

　以下に掲げる方針に沿って会計・財務報告規則（GAAP）をほぼ全面的に見直すことができれば，財務情報の有用性はかなり改善されるものとわれわれは強く信じている。

- ■無形資産のコストを現在の即時費用処理として記録するのではなく，資産として計上し，減価償却および減損の対象とする会計処理を行うことによって，事業会社の価値創造資源の革命的な変化 —— 継続的な無形資産の高まり（図8.1）—— に会計を適応させること。このことは，無形資産の属性に関する情報開示を拡張することによって促進されるべきであろう。
- ■財務報告において，活発な市場取引のない資産・負債の価値評価を避けること。価値評価は投資家に任せよう。
- ■主に産業固有の頻度の低い取引の基準化を避けることにより，会計の複雑さを緩和させること。そのような取引に関する会計および財務報告書は，経営者と監査人の裁量に任せるべきであろう[42]。

　第11章から第15章で提案した戦略的資源・帰結報告書（SR&CR）と相まって，このように修正された財務情報は投資家の情報ニーズに十分に応えるだろう。

　最後に，われわれも含め，批判は好きではない。会計基準設定者も例外ではない。ゆえに，規制機関はわれわれの改革提案を無視することができるだろう（世間知らずな象牙の塔）。しかし，そうする前に，会計基準や規制は概して投資家のためになっていないことを裏づける証拠の累積を規制者が真剣に考慮することを，われわれは提案したい。第3章から第7章で示した証拠から始めるとよいだろう。続いて，会計基準に効果がないことを実証している前述の調査研

---

[42]　「経営者による情報操作への招待」は会計人のする反応だろう。そんなことはない。第1に，すべての経営者が財務情報を操作するとは限らない。そもそも，財務情報を「調整する」方法を常に発見する経営者は必ずいるものである。

究（脚注の１および３）に進むとよいだろう。財務報告規制を真剣に見直す時ではないだろうか。

第18章
投資家に対する指南書

　最終章では，前章までに記述してきた投資家の主たる教訓を，21世紀企業の業績と長期的な競争力を分析する新しいアプローチの形式で総括する。ビジネススクールで学んだ，会計ベースの収益性（ROEやROA）や流動比率に着目した従来の短期的な分析手法を忘れてほしい。それらは欠陥のあるデータに基づいており，予測力も取るに足らないものである。われわれが提案する分析は重要なもの，つまり企業の競争優位を持続させる能力を決定づける戦略的資産 ── 企業による戦略的資産の利用可能性と経営者による戦略的資産の配置の効率性 ── に焦点を当てる。この分析は根本的に異なる証券分析の手法である。

戦略的資産に焦点を当てた分析

　医師からⅧ-ⅩⅩ-MMⅩⅥのⅪ：ⅩLVの予約とだけ告げられたことを想像してみよう。あなたは医師を変更したいという最初の誘惑を乗り越え，映画の最終クレジットや（2015年までの）スーパーボウルのアナウンスメントで似たような記号を見たことを漠然と思い出すが，それらが何を意味するのか全く見当がつかない。グーグル（Google）で検索すると，これらはローマ数字で，医師の診察予約が2016年8月20日の11時45分であることを意味していることが明らかになる。あなたは古代から受け継がれてきた不便なローマ数字の体系から解放してくれた13世紀の数学者フィボナッチ（Fibonacci）（ピサのレオナルド）

294　◆　第4部　実行に向けた課題

に感謝すべきである。また，不便なローマ数字の体系を回避するために商人と
会計人によって用いられた魅力あふれる神秘的なそろばん（もう一度グーグルで
検索してみよう）にも感謝すべきである。1202年のフィボナッチによる**算盤の
書 (Liber Abaci)** で，彼は広く用いられているアラビア数字（実際はインド
数字）を欧州の商人に紹介した[1]。なぜ，この興味深い小話を披露したのか。そ
の理由は，「古代」からの足かせ，つまり数十年前にビジネススクールで学習し
た（われわれも学習した）不便な会計ベースの投資分析 —— 四半期報告利益をア
ナリスト・コンセンサス予想と比較し，主に会計報告と複雑なスプレッドシー
トに基づいて将来の利益と株価の予想を試みる「ボトムライン」に焦点を当て
た分析 —— からあなたを解放するために，現代のフィボナッチが必要だからで
ある。そのような投資分析の気がめいるような実績は，個別企業の分析を完全
に諦め，インデックス・ファンドに投資する投資家を多数生み出した。企業会
計よ，さようなら。明らかに，新しい投資分析が求められている。

第11章で示したように，（長期的な目標である）企業の競争優位を高め維持す
る能力を決定づけるものは，稀少で，模倣が困難で，便益を生み出す戦略的資
産の存在とその効果的な配置である。開発中の薬品の臨床テストの成功，採掘
中の油田の見通し，航空機の設備稼働率の傾向，ハイテク関連企業の BB レ
シオ，保険会社の契約更新（policy renewals）のパターン，インターネットや通信
企業の顧客解約率を考えてみてほしい。これらはいずれも，あなたが分析する
過去の四半期売上高や利益と比べて，企業の将来業績や競争優位に関するより
信頼性の高い指標である。というのも，そのような指標は，医薬品特許とパイ
プライン，石油企業の資源埋蔵量と探査活動，航空会社の発着枠，保険企業の
顧客契約といった，戦略的資産の基礎的な実績を直接的に伝えるからである。

伝統的な証券分析は，売上高，利益，収益性（ROE や ROA）および安全性と
いった**兆候**に着目している。しかし，これらは戦略的資産の過去の配置から得
られた過去志向の**帰結**を示しており（たとえば，近年に特許が収益を生み出す薬品
になったことなど），第1部で示したように限られた予測力しか有していない[2]。

---

[1] 　John Steede Gordon, "The Man Behind Modern Math," *Barron's* (August 24, 2015)
(or VIII-XXIV-MMXV), p.45 を参照。

[2] 　さまざまな会計の欠陥とバイアス（本書の第2部）が伝統的な証券分析に負の影響を与
えていることは言うまでもない。

対照的に，われわれが提案する分析は，**原因となる要素**，つまり将来業績を決定づける資源に着目する。ある製薬会社の当期売上高が好調で，また利益がコンセンサスを上回っているとしても，もし当該企業の製品パイプライン（戦略的資産）が乏しければ，将来業績はまもなく悪化するだろう。ある保険会社の利益が直近では低かったとしても，リスクの高い顧客を排除することで顧客リストを改善させているならば，将来の利益は結果的に増加するだろう。過去の業績ではなく，利用可能な戦略的資産とその将来の潜在力に焦点を当てることで，投資意思決定は大きく改善する。

　事実，単純な（むしろ過度に単純な）従来の分析と比べると，われわれの分析はより複雑かつ多次元的で，ビジネスモデルの最深部に入り込むものである。一般大衆，とりわけ投資家は経験則（PER を過去の平均値と比較するなど），あるいは状況を評価するために１つか２つの指標のみに着目する。たとえば，経済状態を判断するための GDP の成長率と失業率，事業業績を評価するための売上高と利益などである。この慣習はオッカムの剃刀 ―― 単純さの原則，特定の状況下では十分に機能する[3] ―― に倣っているが，現代のビジネスのように複雑なシステムで競争している状況では失敗に終わる。現在の投資の世界（investment reality）では，より包括的で深い分析，つまり第11章から第15章で展開し明示した戦略的資源・帰結報告書（SR&CR）を大いに活用した分析が求められる[4]。

3　哲学者オッカムのウィリアム（William of Ockham）（1287〜1347年）の没後，競合仮説の中で，最も仮定の少ないものを選択すべきであると主張された。Wikipedia（Octover 2015）。

4　もう１つの単純で表面的な投資意思決定である，経験則（rules of thumb）もまたファイナンスの他の領域において失敗している。たとえば，投資ファンドや金融商品（上場投資信託）を選択する際に用いられる「勝ち馬に乗る」（chasing winners）である。多くの研究が，近年のパフォーマンスに応じてファンドを選択することは，よく知られているがめったに気に掛けられていない「平均回帰」という現象が存在するため，勝ち目のない定理である（a losing proposition）ことを示している。あらゆる分野の勝者（スポーツ，経営，オスカー）は多かれ少なかれ，その才能と運の影響を受けており，残念なことに，運は一時的なものである。そのため，以前の勝者は平均に戻る（回帰する）傾向にある。すなわち，神の恩恵を失う（fall from grace）のである。

企業業績と競争優位性の評価：新しいアプローチ

　まず，はっきりさせておこう。戦略的資産 —— 便益を生み出し，稀少で，模倣困難な資源 —— なしに現在の売上高や利益，あるいは有形固定資産や金融資産の規模にかかわらず，企業が長期的に競争優位を持続させることは不可能であろう。デル（Dell）はまさにぴったりの例である。デルは1984年に設立され，「受注生産方式」（build-to-order）のビジネスモデルというユニーク，かつ，革新的な資産を有していた。生産者が顧客のために設計したものを購入するのではなく，注文するコンピュータを顧客が設計するという受注生産方式のビジネスモデルはデルを PC 業界の頂点に押し上げた。デルは規模の経済の恩恵を受けてかなり長期にわたり発展したが，悲しいかな，競合他社も「注文仕様生産方式」（configure-to-order）という形式を顧客に低価格で提供することによって，デルに追随した。デルはその栄光にあぐらをかき，イノベーションへの投資に失敗した（たとえば，デルの研究開発支出は産業内で最も低かった）[5]。その結果，デルは唯一の戦略的優位性をはぎ取られ，案の定，戦略的資産がない状況に陥った。そして，デルの株価は2005年半ばから下落しはじめ，翌年までには半分の価値が失われ，従来の高値まで株価が戻ることはなかった。きわめて重要な点は，2000年代初頭の間，デルは徐々にその戦略的資産と競争優位を失っていったものの，会計上の業績 —— 売上高や利益 —— は，まだ目を見張るものがあり，ファンダメンタルズの悪化を完全に隠していたということである[6]。そのため，デルの業績を伝統的に —— 財務報告情報に基づいて —— 評価していた投資家は，2005年から2006年にかけて株価の暴落に裏づけられるまで，完全に騙され，競争優位の喪失に気づかなかった。デル以上に会計に基づく投資意思決定プロセスの無益さを示す例はほとんど見当たらない。では，われわれは何を提案すればよいのだろうか。

　5　デル，アップル（Apple），ヒューレット・パッカード（Hewlett-Packard），IBM，マイクロソフト（Microsoft）の2001年から2005年までの売上高に占める研究開発費の比率（研究開発集中度）（R&D intensity）の平均値は，それぞれ0.9%，6.0%，5.1%，5.6%，16.8%であった。

　6　実際に，デルの売上高は2011年まで増加し続け，利益は2005年まで毎年増加した。

■ ステップ１：戦略的資源の棚卸の実施

　もちろん，貸借対照表に計上されている棚卸資産勘定（原材料，仕掛品など）を意味しているわけではない。ほとんどの場合，これらは重要な業績評価とは無関係である[7]。投資家は企業活動上の戦略的資産の存在と状況を丹念に評価することから投資分析を始めるべきであるとわれわれは提案する。重要なのだが，いわば貸借対照表から（時として経営者のマインドからさえも）ほとんど行方不明となっているすべての資産の棚卸の実施である。すなわち，競合他社に対する優位性を企業にもたらすユニークな資源の棚卸である。広範な産業をまたがる戦略的資産の例は次のとおりである。

- ■インターネット，メディア，保険，通信会社の**顧客基盤**。企業の顧客総数，新規顧客の成長率，解約（離脱）率[8]，顧客契約の総金銭的価値は丹念に文書化すべきである（算出は第12章を参照）。近年の新規顧客成長率が正であり，解約が減少し，顧客契約の金銭的価値が増加することは，その企業に対する投資の指標がポジティブであることを意味し，これらの顧客属性が低下していれば逆のことを意味する。「事業の目的は顧客を創造し，維持することである」というピーター・ドラッカー（Peter Drucker）の格言を思い出してほしい。したがって，顧客を追跡することができる企業では，顧客基盤の評価は不可欠である。
- ■**製品パイプライン**。医薬品・バイオテク会社の製品パイプラインの状況はどうだろうか。臨床テスト段階にある開発中の製品の成功，開発が進んだ（フェーズⅢの臨床テスト，FDAによる審査）製品/装置数，開発ポートフォリオの治療領域の多様性の程度（重要なリスク尺度），開発中の主要薬品の市場規模（潜在的な成長力）を記録しよう。これらの製品－開発次元は，製薬企業の主だった戦略的資産に関する詳細なリスク・リターン・プロファイル

---

[7]　例外は，売上高の変化から大きく外れた多額の棚卸資産の変化であり（売上（の変化）よりも棚卸資産（の変化）が50％増加するといった変化），これはしばしば想定外の売上減速，「過剰な在庫」，あるいは異常に売上高が増加するという経営者の期待を意味する。

[8]　保険会社における保険解約率のようなものである。

を提供する。販売中の製品に関しては，治療市場でのシェア（たとえば，HIV
治療薬）と主要薬品の特許期間（特許切れまでの期間）を検討しよう。これら
は販売中の薬品ポートフォリオの持続性を示す主たる指標である。投資規
模に見合うならば，競争優位性の喪失に関する初期の兆候に気づくために，
その企業の主要薬品の月次処方率（販売会社から取得可能）を記録しよう。
医薬品・バイオテク会社の2つの主たる戦略的資産 —— 開発中の製品と販
売中の製品 —— に関するそのような基礎的な分析は，あなたのポートフォ
リオにおけるその株式の好機もしくは脆弱性（vulnerability）を指摘し，買
いと売りの機会を示唆するだろう。

- 消費財メーカー，小売業，ホテル，レジャー，家電メーカーの**ブランド**。
  ほとんどの人々は広く一般に知れ渡っている名称とブランドの区別がつい
  ていない。ポラロイド（Polaroid）という名称はいまだ広く認知されている
  が，企業自体は2001年に倒産している。ゼロックス（Xerox）はビジネス業
  界において認知度が最も高いものの1つであるが，その製品やサービスが
  いまも競合他社の製品やサービスと比べてかなり優位であるのか，もしく
  は差別性をもっているかは疑わしい。つまり，ゼロックスが価値のあるブ
  ランドをもっているかは明らかでない。たとえば，ナイキ（Nike）のストー
  リーは異なる。ナイキは継続的に競合他社（の製品）よりも高い値段での
  販売に成功しており，かつ長期にわたり高い市場シェアを維持している。
  アップル，スターバックス，バイエルのアスピリンも同様である。これら
  は，所有者に**プレミアム価格**（品質もしくは並外れたサービスに対する暗黙的
  な売り手の保証）での販売，また／もしくは高い市場シェアの維持を可能とさ
  せるので，まさしくブランドである。投資家にとって（経営者にとって
  も），企業が価値のあるブランドを有しているかを判断すること，そしてブ
  ランドが企業活動に与える影響を評価することは重要である。企業の主要
  製品の市場シェアを調査し，競合他社の類似製品と価格を比較することで，
  ブランドの存在および企業活動への影響を知ることができるだろう。ブラ
  ンドは所有者に長期的で持続的な競争優位を可能とし，また所有している
  企業を魅力的な投資候補 —— もちろん，適切な価格で —— にさせる。

- **卓越した人材**はある産業において極めて重要である。医薬品・バイオテク
  会社における優れた科学者，エンターテインメントやスポーツ企業におけ

るスター，金融機関における成功を収めたファンドマネジャーや仲介者など。これらの産業に投資することを検討する場合，長期的な関係性に焦点を当てた人材のモニタリングは，投資分析における重要な側面となる。バイオテクノロジー科学者による科学的な論文の公表数やその引用数，ファンドマネジャーの投資業績といった定量的，かつ，客観的な指標を重視すべきである。人材の流出と流入を調査しよう。特に競合他社への人材の流出に注意を払おう[9]。とりわけ，中小企業にとって人材の定着は投資分析における重要な視点となる。

■ 技術，科学，インターネット・サービス・プロバイダーの**特許**は，もちろん最も重要な戦略的資産である。しかし，企業の特許数，もしくは特許登録率に惑わされてはいけない——ほとんどの特許は価値がなく，埋没費用である。問題は，特許が収益を生み出す製品に寄与しているか，特許の残存有効期間（最大20年）や範囲（実際，特許は保護対象となる製品の特性をカバーしているか）はどのくらいか，である。さらに，製品やサービスに寄与していない特許に関していえば，企業は特許を売却あるいはライセンス供与することで収益を生み出しているかである。特許ポートフォリオを詳細に評価するためには，特別な専門知識が要求される。そのため，こうした分析は企業への大規模な投資や買収に際してのみ実行される（もちろん，そのような分析を行うためには企業の協力が必要となる）。

まとめると，本格的な投資分析の第1ステップは，投資候補先の戦略的資産をもらさず把握し評価すること——棚卸の実施——である[10]。明らかに，2000年代初頭のデルのように重要な戦略的資産の欠如は，そのような事業への投資に重大な疑義をもたらす。しかしながら，戦略的資産の存在は投資の必要条件であって，十分条件ではない。これらの資源は維持され保護されなければならない。さもなければ，それらが実を結ぶことはないだろう。このことは，投資分析の次のステップを導く。

9　そのような分析は上位の大学で定期的に実施されており，公表論文数，教授の科学的な影響力（引用数）およびトップ研究者の異動記録が定量化されている。

10　もちろん，上述したものに加え，投資分析で考慮すべき法的権利（航空会社の発着枠，石油・ガス企業の採掘権）といった産業固有の戦略的資産がある。

ステップ2：戦略的資産の創造と保持

　戦略的資産は持続的に維持され，適応され，置き換えられる必要がある。顧客の嗜好と行動の変化（たとえば，オンライン・ショッピング），技術革新（たとえば，ガスの水圧破砕法）および競争によって，既存の戦略的資産の価値と貢献は損なわれたため，持続的な投資と調整，時には置き換えが必要となる。したがって，提案した戦略的投資分析の重要な側面は，戦略的資産に対する現在進行中の投資をモニタリングすることにある。具体的には，製品開発やプロセス革新，技術の取得，ブランドの購入と維持（たとえば，販売促進や広告），戦略的な事業買収（たとえば，製薬企業による新興バイオテク企業の買収），研究やマーケティングにおける提携やジョイント・ベンチャー，IT投資，組織資本を創造するための助言機能（consulting engagement）（たとえば，ネットフリックス（Netflix）やアマゾン（Amazon）の推奨アルゴリズム），採取企業による採掘権の獲得や航空会社による発着枠に対する支出などである。

　投資の規模だけが重要ではない。重要なのは，それらの戦略的機能である。具体的にいうと，それらは陳腐化（主要医薬品の特許切れ），技術変化あるいは競争によって生じる「穴」を本当に埋められるのだろうか，あるいは意味なく資産を積み重ねているだけではないのだろうか，である。要するに，事業上の課題や技術的課題があるにもかかわらず，戦略的資産のポートフォリオが維持されているのか，もしくは成長しているのか，あるいは劣化しているのか，である。あなたは，戦略的資産に恵まれているだけでなく，それらを「新鮮に」保ち成長させている企業に投資したいと思うだろう。戦略的資産の正のダイナミクスを探求しよう。

　戦略的資産のポートフォリオの維持に関する重要な側面は，資産が侵食，破壊および陳腐化から上手く保護されているかを確認することにある。多くの有形資産とは対照的に，戦略的資産は特定の脅威にさらされている。あなたは以下のことを調べるべきである。自社の特許，ブランドおよびノウハウが侵害されていないかを確認するために経営者は定期的に競合他社と提携企業をモニターしているか，またそのような場合に経営者が精力的に行動しているか。破壊の脅威——他社での既存技術を脅かす新技術の開発——が継続的，かつ，効

第18章 投資家に対する指南書 ◆ 301

果的にモニターされているか[11]。救済策（教育・訓練）を講じることによって，ノウハウの陳腐化 —— 従業員のスキル，重要なビジネスプロセス —— を回避できているか。従業員，とりわけ定年間近の従業員の暗黙知が，定期的な報告やナレッジ・マネジメント・システムによって形式知化されているか。企業の採掘資源が規制機関や環境活動家によって脅かされているか。以上をまとめると，経営者は自社の戦略的資産を保護し維持するために効果的なシステムを構築しているか。日々の事業活動へのプレッシャーから，経営者は戦略的資産の保護メカニズムを策定するのに必要な長期的思考から目をそらすことがしばしばある。リスクマネジメントは，いまや金融機関やその他の機関のルーティンとなっている。同様に，価値のある資源を有する企業は戦略的資産のリスクマネジメントを展開すべきである。あなたは戦略的資産を積極的に保護し成長させている企業に投資したいと思うだろう。経営者と面会した際に，翌四半期の利益よりも戦略的資産に関する情報を入手することの方が，より重要であることに留意してほしい。

■ ステップ3：戦略的資産の効果的な展開

　すべての資産はそれが戦略的資産であっても，惰性に流れやすい。価値創造に向けて効果的に展開されなければならない。これはわれわれが提案する戦略的投資分析の第3の，そして最後の次元である。これはまた，従来の投資分析に最も近いものでもある。従来の資産（工場や設備資産などの有形固定資産）と同様に，戦略的資産の展開が成功しているか否かは，主に自力による売上成長（合併や買収を除いた売上成長）や正の残余キャッシュ・フロー（下記に示す）に裏打ちされた価値創造によって窺うことができる。ほとんどのアナリストや投資家は，第2章や第5章で強調したように，顕著な欠陥があるにもかかわらず，いまだ報告利益に焦点を当てている。対照的に，われわれは第11章から第15章で，報告利益に組み込まれている信頼できない経営者の見積りや予測，および時折行われる利益「調整」を避けるために，「残余キャッシュ・フロー」に焦点を当

11　実際に，われわれが調査した業績カンファレンスコールで投資家からそのような質問があった。

302 ◆ 第4部 実行に向けた課題

てるよう提案した[12]。

　具体的には，われわれは以下の残余キャッシュ・フロー指標（株主資本コスト
を差し引いた後の残余）の使用を（第12章で）提案し，実践した。

＜残余キャッシュ・フロー＞
　■営業活動によるキャッシュ・フロー（キャッシュ・フロー計算書で表示される）
　■**プラス**：損益計算書で費用処理された投資（R&D，IT，ブランド）
　■**マイナス**：通常の資本的支出（3年から5年の平均値）
　■**マイナス**：株主資本コスト
　■**イコール**：ある期間で創出された価値

　本書を通じたアプローチにならって，われわれは提案した残余キャッシュ・
フロー指標を，主要な財務諸表の業績指標 —— 利益と営業活動によるキャッ
シュ・フロー —— との実証的な競馬レースに参加させた。われわれは，第2章
で提示した有用性テスト —— 各指標の完全予測から得られる投資家のリターン
の測定（詳細は第2章の章末付録2.1） —— を用いた。予測指標から得られる投資リ
ターンが高ければ高いほど，その指標は投資家にとってより有用なものとなる。
図18.1は，2009年から2013年の各年と5年間の平均値について，翌年の残余
キャッシュ・フロー（左の棒グラフ），営業活動によるキャッシュ・フロー（中央
の棒グラフ），利益（右の棒グラフ）の完全予測から得られた利得を示している。
われわれは，提案した残余キャッシュ・フロー指標が —— 2012年を除く各年と
平均で —— 最も高い利得を生み出していることを発見した。つまり，残余キャッ
シュ・フロー指標は，投資家にとっての有用性において他の2つの競争相手を
負かしたのである。
　持続的な正の残余キャッシュ・フローは企業の体系的な価値創造 —— 魅力的
な投資属性 —— を示している。しかし，注意すべきは，これは投資意思決定の

12　最近，**エコノミスト誌**（Economist）が利益調整を記事（"The story and the Numbers," October 31, 2015, p.66）に取り上げており，「利益や貸借対照表数値に比べて，企業が監査されたキャッシュ・フロー数値 —— 現金の流入から現金の流出を差し引いて計算される —— を膨らませることはかなり難しい。今日苦境に陥った企業のうち5社に4社が乏しいキャッシュ・フローにあえいでいる」と記述している。

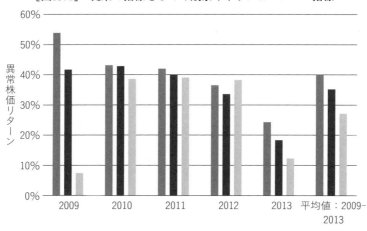

[図18.1] 従来の指標をしのぐ残余キャッシュ・フロー指標

（注）翌年の残余キャッシュ・フロー，営業活動によるキャッシュ・フロー，利益の完全予測から得られるリターン。

十分条件ではないということである。代替的な指標を改善したわれわれが提案する指標でさえも回顧的な指標である。成功を収める投資意思決定のためには，残余キャッシュ・フローと本章で述べた戦略的資源・帰結報告書（SR&CR）で得られる3つの分析次元の指標を組み合わせる必要がある。3つの次元とは，戦略的資産の利用可能性，これらの資産への新規投資，および侵害，喪失，規制による負の影響からの資産の保持である。これら3つの正の兆候だけが価値創造の***持続性***を保証するだろう。

■ 小　　括

この結びの章でわれわれが提示した投資分析は，伝統的な財務分析とは大きく異なっている。伝統的な財務分析は企業活動の帰結（売上高，利益，ROEやROA）を重視しているのに対し――過去に着目したものであり，その予測力は限定されている――，われわれの投資分析は将来の企業活動の基礎的な原動力（drivers）に焦点を当てている。それはベネフィットを創出する戦略的資産，お

よびその保護，育成，配置である。戦略的資産の強みと弱み，およびそれらの有効な配置を見極めることは，将来の企業活動に関する明確な見通しを提供する。確かに，われわれの投資分析は伝統的な分析よりも複雑で微妙な差異を読み取るもの —— 資産と戦略の組み合わせの分析 —— である。しかし，それはより実りのある分析であるとわれわれは強く信じている。明らかに，現在のGAAPに基づく情報開示は，提案した分析に必要となる全情報を提供していない。このため，提案した戦略的資源・帰結報告書（SR&CR）（第12章から第15章）の本質的な情報を企業が公表するように働きかける必要がある。しかし，企業が公表するまで待つべきではない。第12章から第15章の広範な事例においてわれわれが行ったように，業績カンファレンスコールや企業の発表資料にある情報に基づいて，戦略的な分析を部分的に開始しよう。詳細な顧客契約分析を行うことや石油会社の「ダイナミックなポートフォリオ管理」に関する深い理解を得ることは，それだけでも読者の皆さんの投資意思決定を相当に高めることになるだろう。われわれが保証する。

エピローグ：今後必要となる支援

　残念ながら，最良の証拠であっても重要な社会改革を推進させるのにしばしば十分ではないことを経験が示している。慣性が強く働き，既存の慣習は特定の利害によって保護されている。そして，規制者は自分たちのやっていることにこだわり，しばしば自分たちは正しいことをやっていると信じている。そのため，われわれが行ったような証拠に基づく提案が素早く実行に移されることはほとんどないのである。改革に向けての証拠と提案は，支援者によって支えられなければならない。利害関係者は変革に向けて精力的に後押しをしなければならない。われわれのケースにおけるそのような支援者は，われわれの変革提案から最もベネフィットを享受する立場にある人たちである。すなわち，改善された情報から利得を享受する立場にある投資家，および透明性の向上（資本コストの低下，株価の向上，信頼性の改善）により報酬を獲得する経営者である。われわれは，これらの利害関係者が本書の提案に沿って情報開示改革に向けて組織化し，改革を唱えていくことを切に望む。もちろん，この重要な試みに必要となる，いかなる支援も惜しまないことをわれわれは約束する。

［索　引］

［英数］

8 -K ファイリング数 ……………145,147
A.C. リトルトン ………………………134
Alan Greenspan ………………61,115
Allstate ………………………………117
Amazon ………………………………111
American Airline …………………124
Apple …………………………………80,110
BB レシオ ……………………………4,262
Boeing …………………………………121
BP………………………………………246
CFO ………………………………123,266,268
Claude Shannon …………………………66
Coca-Cola ……………………………111
Compustat ………………………………48
CPI ………………………………………20
Dell ……………………………………296
EPS ………………………………43,68,131
FASB………………13,26,51,235,271
FDA …………………………224,229,257
Federal Express …………………117
Furman …………………………………106
GAAP …………………………………111
GE………………………………………131,132
Goldman Sachs ……………………117
Google …………………………………276
Henry Ford ……………………………80
Hewlett-Packard …………………119
IBM …………………………………42,43,165
IFRS……………………………………278
IT バブル ………………………………78
KPIs ………………………………154,174,175
Lockheed Martin …………………121
M&A ……………………………………134
marked-to-market………………………62
marked-to-myth………………………62
myopia…………………………………268
Non GAAP（会計）情報 ………………13

non-GAAP（プロフォーマ）利益
………………………………263,264
Operations ……………………………208
P/E ratio ………………………………82
Peter Drucker ……………………297
Pfizer ……………………………………111,120
ROA ……………………………………121
ROE（return on equity）
………………………………20,46,84,88,120
ROI ……………………………………175,183
Samsung ………………………………80
SEC………………10,14,25,51,72,235,261
SG&A ……………………………………123
Southwest Airlines ……………111
Steve Jobs ……………………………80
Strategic Resources & Consequences
　Report : SR&CR ………158,174,176
Twitter …………………………………52
United Technologies ………………86
USPO ……………………………………227
US スチール
………………19,20,21,22,23,24,30,31
VAR（Value at Risk） ………210,247
Verizon …………………………………68
Walmart ………………………………111,117
Warren Buffett …………………62,81,135
Warren Weaver …………………………66
XBRL……………………………………26

［あ行］

アストラゼネカ …………………144,217,229
アップル……………………51,80,110,128
アナリスト予想 …………………69,70,71,74
アマゾン ………………………………111,117
アムジェン ……………………………36,222
アメリカ退職者協会 ………………196
アメリカン航空 ………………………124
アラン・グリーンスパン…………61,115
イーシュランス ………………………200

一般に公正妥当と認められた会計原則
　　　………………111,133,157,207,213
イノベーション収益 …………124,232
医療費負担適正化法 ………………284
インターネットサービス……………61
インデックス・ファンド ……………294
インプロセスR&D ………………136
インベスター・リレーションズ…………92
ウォールストリート・ジャーナル紙
　　　………………………………103,105
ウォルマート …………………111,117
ウォーレン・ウィーバー……………66
ウォーレン・バフェット …62,81,135,203
影響の大きさ ………………………205
影響力行使者（インフルエンサー）……129
エイモス・トベルスキー……………88
エクソン………………81,157,235
エンロン ………………………8,168
オッカムの剃刀 ……………………295
オールステイト
　　　……117,195,196,198,199,201,205,207
オンライン投資サービス ……………104

［か行］

会計保守主義 ………………………150
ガイコ ………………………………194
概念産業………………………………61
概念資産 ……………………………115
概念フレームワーク…………………39
外部性 ………………………………154
解約（離脱）率 …………5,9,190,297
確定（確認）埋蔵量
　　　………………235,240,242,243,244
可採年数 ……………………………244
貸倒引当金…………………………132
加速度………………………………28
価値関連性 …5,54,57,58,60,62,65,67,99
価値関連性テスト …………………126
画期的新薬 …………………………223
加入者 ………………………………180
加入者1人当たりの売上 …………190
株価収益率…………………………82
株式時価総額 …………………………51,60

株式報酬費用 …………………132,134
株主資本利益率 …………20,46,120
為替レート …………………………230
監査人 ………………………………128
カンファレンスコール………15,36,92,93,
　　　155,156,170,184,195,214,236,238,258
企業スキャンダル …………………168
気候変動 ……………………………154
規制リスク …………………………209
キャッシュ・フロー………38,39,41,47,48
ギリアド ………………………222,225
ギリアド・サイエンシズ ………218,221
近視眼的経営 ………………………268
グーグル ……………………………276
クロスライセンス契約 ………………223
クロード・シャノン…………………66
経営者予想……………………………69
経済的利益 …………………………162
計上保険料 …………………198,199
経路依存性……………………………80
研究開発 ……………………………280
研究開発戦略 ………………………220
研究開発の即時費用化………………58
研究開発費……121,123,127,166,213,217,
　　　　　　　　　　　275,276,280
現金枯渇率 …………………………231
顕示選好 ……………………………256
コア・ディスクロージャー …………262
更新率 ………………………………198
公正価値 …………………………39,91
構造改革費用…………………86,113,148,149
コカ・コーラ ………………………111
顧客基盤 ……………………………297
顧客名簿 ……………………………196
国民所得勘定 ………………………273
コスト・ベネフィット分析 …………175
ゴールドマン・サックス ……………117
コンセンサス予想
　　　………………35,53,112,133,235,294
コンセンサス利益……………………44
コンバインド・レシオ …………195,199

索　引 ◆　309

［さ行］

災害リスク ……………………………194
財政状態および経営成績に関する
　経営者の討議と分析……………………24
再保険 …………………193,194,210
財務アナリスト………………………92,104
財務会計基準審議会
　…………………13,26,39,51,235,271
サウスウエスト航空 …………………111
サーベンス・オクスレイ法 ……………168
サムスン………………………………80
三式会計………………………………28
三式簿記………………………………27
残余キャッシュ・フロー …………301,302
時価総額………………………………56
時価評価………………………………62
事業運営 …………………………204,208
事業買収 ……………………………134
資源開発 …………………………182,201
資源展開 …………………184,208,249
資源投資 ……………………………220
資源保持 ……………………………186
資源埋蔵量 ……………………………294
資産利益率 ……………………………121
シスコ ……………………………171,277
持続的な競争優位 ……………………161
四半期報告 ……………………………267
四半期報告書…………………………73
ジャスト・イン・タイム ………………107
ジャスト・イン・タイム戦略……………26
収益認識基準 ………………………288
収益認識プロジェクト ………………286
重要性 ………………………………151
受注生産方式 ………………………296
シュルンベルガー ……………………235
証券取引委員会…………10,14,51,235,261
消費者物価指数………………………20
情報（コミュニケーション）理論………66
ジョンソン＆ジョンソン …………215,216
シリウス ……………………183,184,186
シリウス XM ……177,179,180,181,189
新規加入顧客数 ………………………190

新規契約数 ……………………198,199
神話による評価………………………62
スティーブ・ジョブズ…………………80
ストック・オプション…………………25
製品パイプライン
　……………224,232,257,258,270,297
生命保険 …………………………193,194
セグメント報告書……………………25
ゼネラル・エレクトリック …………131
セルサイド・アナリスト …………35,96
全部込みの維持コスト ………………263
戦略的資源 …………………………163,164
戦略的資源・帰結報告書………6,158,161,
　172,173,174,175,176,180,181,183,
　188,189,190,191,193,195,201,212,
　216,219,233,251
戦略的資産 …………………………300
組織資本 …………………………202,300
ソーシャルメディア企業………………79
ソフトウェア…………………………61
損害保険 …………………………193,194

［た行］

代替エネルギー企業…………………79
ダイナミックなポートフォリオ管理 …304
ダイナミック・ポートフォリオ経営
　………………………235,236,239
代理店 ………………………………202
ダニエル・カーネマン…………………88
適時性 ………………………………100
デボン ………………………237,244
デル …………………………………296
投下資本利益率 ………………………183
投資リスク …………………………209
特別・臨時項目………………………87
特許 ………125,128,171,217,222,223,299
特許局 ………………………………227
ドッド＝フランク・ウォール街改革・
　消費者保護法 ………………………285
トップライン…………………42,106,230,249

［な行］

内国歳入庁 ……………………………3

ナレッジ・エコノミー …………………111
ネットフリックス…………93,156,157,164
年金費用 …………………………………132
年次平均市場超過リターン……………46
のれん ……………………………………277
のれんの減損………………………………86

[は行]

ハートフォード ………………196,201
バイオテク………………………………61
バイオベンチャー………………………78
バイサイド・アナリスト………………35
パイプライン …………………225,226
破壊的イノベーション …………………186
破壊的技術 ………………………………167
ハリケーン・サンディ …………………209
販売費及び一般管理費 ………123,127
ピーター・ドラッカー…………196,297
ビジネスモデル …………………117,184
ビッグデータ …………………………170
1株当たり利益 …………43,68,131,162
ヒューレッド・パッカード ……………119
頻度 ………………………………………205
ファイザー ……36,110,120,125,136,214,
       215,216,223,257,258,259,260,270
ファーマン………………………………106
フィボナッチ …………………293,294
フェイスブック…………………………79
フェデラル・エクスプレス ……………117
フォード・モーター……………………19
フォーム8-K……………………………145
ブランド …………………………………298
ブルーブック …………………………135
プレミアム価格 …………………………298
プログレッシブ ………194,195,199,207
プロセンサホールディングス …………143
プロフォーマ（Non GAAP）利益 ……13
分散…………………………………………95
平均回帰…………………………………89
米国食品医薬局 ………………………257
ベータ・テスト …………………………144
ヘッジファンド…………………………38
ヘッジ・ポートフォリオ・リターン……46

ベライゾン…………………………68,275
ベンジャミン・グラハム………………81
ヘンリー・フォード……………………80
ボーイング ………………………………121
保守主義 …………………………………9
保守主義の原則 ………………………149
保証費用 …………………………………132
ボトムライン……………………………58,159

[ま行]

埋蔵量置換比率 ………………………249
3つのボトムライン …………………154
見積り …………132,137,139,281,283
無形資産………110,111,115,117,119,125,
            134,273,274,280
無形資産償却 …………………………132
メディア・エンターテインメント
…………………………………177,178
メルク …………………214,228,230
モメンタム………………………………28

[や行]

有形固定資産の減価償却 ……………132
有用性
  会計情報の―― …………………45,101
  会計の―― ………………61,77,131
  財務情報の―― ……4,13,51,78,85
  情報の―― ……………………66
  情報―― ………………………100
  ――属性 …………164,166,169,171
  利益の―― ……………………42
ユナイテッド・テクノロジー……………86
予想誤差率………………………………83
予想能力 …………………………………100

[ら行]

利益コンセンサス………………………43
利益サプライズ…………………………44
利益調整…………………………………43
利益予想コンセンサス…………………95
リース会計 …………………286,287
リスク・エクスポージャー ……………210
リスクの引受け …………………………209

リソース・ベースト理論 …………164
リピート率 …………………………223
リヒャルト・ワーグナー………………65
臨床テスト ………………………144,224
ルカ・パチョーリ …………………145
レギュレーション FD（公平開示規則）
　………………………………………72
レベル3 ……………………………135

レモネード屋台………………………39
ロイヤリティ収入………………………36
ロイヤル・ダッチ・シェル ………238,239
ロッキード・マーティン ……………121

［わ行］

ワールドコム …………………………8,168
割引キャッシュ・フローの開示 ………235

《監訳者紹介》

伊藤　邦雄 (いとう　くにお)

一橋大学 CFO 教育研究センター長
一橋大学特任教授　商学博士(一橋大学)(1996年)

1975年　一橋大学商学部卒業
1980年　一橋大学大学院博士課程単位取得退学
1987年　スタンフォード大学フルブライト研究員 (～88年)
1992年　一橋大学商学部専任講師・助教授を経て教授
2002年　一橋大学大学院商学研究科長・商学部長
2004年　一橋大学副学長
この間，日本会計研究学会会長 (2012～15年)，税理士試験委員 (2002～04年)，
日本証券アナリスト協会・証券アナリスト試験委員等を務める。

〈主要著書〉
『新・現代会計入門』(日本経済新聞出版社，初版2014年，第 3 版2018年)
『新・企業価値評価』(日本経済新聞出版社，2014年)
International Perspectives on Accounting and Corporate Behavior, Springer, 2014,
　　co-edition.
『会計情報の有用性 (体系現代会計学第 3 巻)』(共編著，中央経済社，2013年)
『企業会計研究のダイナミズム』(編著，中央経済社，2012年)
『ゼミナール企業価値評価』(日本経済新聞出版社，2007年)
『無形資産の会計』(編著，中央経済社，2006年)
『EVA 価値創造への企業変革』(訳，日本経済新聞社，2002年)
『コーポレートブランド経営』(日本経済新聞社，2000年)
『グループ連結経営』(日本経済新聞社，1999年)
『企業価値を経営する』(編著，東洋経済新報社，1999年)
『金融ビッグバン —— 会計と法』(共編著，中央経済社，1998年)
『会計制度のダイナミズム』(岩波書店，1996年)
『ゼミナール現代会計入門』(日本経済新聞社，初版1994年，第 9 版2012年)
『企業評価と戦略経営』(訳，日本経済新聞社，初版1993年，第 2 版1999年)
『財務報告革命』(訳，白桃書房，1986年)

《訳者紹介》

■ Prologue Part（プロローグ）/Part Two（第2部）

田中　優希（たなか　ゆうき）

2012年一橋大学大学院商学研究科博士後期課程修了（博士（商学））
法政大学経済学部准教授

「資産除去債務初年度適用時の特別損失に関する実証的考察」『青山経営論集』第51号第3
　号，125-136頁，2016年12月。
「環境報告書継続開示と株主資本コストの関係について」『企業会計』第63巻第10号，
　1560-1569頁，2011年10月。

河内山　拓磨（こうちやま　たくま）

2014年一橋大学大学院商学研究科博士後期課程修了（博士（商学））
一橋大学大学院商学研究科講師

"Impact of Fair Value Measurement on Corporate Investment : Other Comprehensive
　Income," *Hitotsubashi Journal of Commerce and Management* 51 (1) : 17-37, 2017.
「財務制限条項への抵触が企業の負債コストに及ぼす影響」『経営財務研究』第37巻，2017年
　12月。

■ Part One（第1部）

野間　幹晴（のま　みきはる）

2002年一橋大学大学院商学研究科博士後期課程修了（博士（商学））
一橋大学大学院国際企業戦略研究科准教授

「退職給付に係る負債が業績に与える影響」『會計』第187巻第2号，111-124頁，2015年2
　月。
"The Valuation of R&D Expenditures in Japan," *Accounting and Finance*, Vol. 50, No.
　4, December 2010, pp.899-920.

円谷　昭一（つむらや　しょういち）

2006年一橋大学大学院商学研究科博士後期課程修了（博士（商学））
一橋大学大学院商学研究科准教授

「議決権行使の個別開示データ分析〔前編〕──投票行動と賛成率，ポートフォリオ重複など
　を中心に──」『資本市場』No. 388，24-34頁，2017年12月。
『コーポレート・ガバナンス「本当にそうなのか？」──大量データからみる真実──』（編著）
　同文舘出版，2017年12月。

■Part Three（第3部）

加賀谷　哲之（かがや　てつゆき）

2000年一橋大学大学院商学研究科博士後期課程修了（博士（商学））
一橋大学大学院商学研究科准教授

「財務情報の有用性は低下しているか」『企業会計』第69巻第9号，1189-1196頁，2017年9月。
「統合報告が企業経営に与える影響」『企業会計』第66巻第5号，686-693頁，2014年5月。

米谷　健司（こめたに　けんじ）

2006年一橋大学大学院商学研究科博士後期課程修了（博士（商学））
東北大学大学院経済学研究科准教授

「税負担削減行動と実効税率」『會計』第192巻第1号，68-80頁，2017年7月。
「実効税率の変化と利益の持続性及び株式リターンの関係」『産業経理』第70巻第4号，95-108頁，2011年1月。

■Part Four（第4部）

鈴木　智大（すずき　ともひろ）

2010年一橋大学大学院商学研究科博士後期課程修了（博士（商学））
亜細亜大学経営学部准教授

"Impact of Fair Value Measurement on Corporate Investment : Other Comprehensive Income," *Hitotsubashi Journal of Commerce and Management* 51 (1)：17-37, 2017.
「積極的・保守的業績予想企業の特徴と予想方針の見直し」『会計プログレス』第14巻，26-39頁，2013年9月。

古賀　裕也（こが　ゆうや）

2016年一橋大学大学院商学研究科博士後期課程修了（博士（商学））
東北学院大学経営学部講師

「リース取引のオフバランス化が及ぼす債務契約への影響 ── セール・アンド・リースバック取引を中心に ──」『インベスター・リレーションズ』第10号，10-32頁，2016年10月。
「リース取引のオンバランス化回避行動とその経済的帰結」『会計プログレス』第15号，87-100頁，2014年9月。

会計の再生：21世紀の投資家・経営者のための対話革命

2018年4月25日　第1版第1刷発行

著　者	バ ル ー ク・レ ブ
	フ ェ ン・グ ー
監訳者	伊　藤　邦　雄
発行者	山　本　　　継
発行所	㈱中 央 経 済 社
発売元	㈱中央経済グループ
	パ ブ リ ッ シ ン グ

〒101-0051　東京都千代田区神田神保町1-31-2
電話 03 (3293) 3371 (編集代表)
03 (3293) 3381 (営業代表)
http://www.chuokeizai.co.jp/
印刷／昭和情報プロセス㈱
製本／誠　製　本　㈱

© 2018
Printed in Japan

＊頁の「欠落」や「順序違い」などがありましたらお取り替えいた
しますので発売元までご送付ください。（送料小社負担）
ISBN978-4-502-24051-5　C3034

JCOPY〈出版者著作権管理機構委託出版物〉本書を無断で複写複製（コピー）することは，
著作権法上の例外を除き，禁じられています。本書をコピーされる場合は事前に出版者
著作権管理機構（JCOPY）の許諾を受けてください。
JCOPY〈http://www.jcopy.or.jp　eメール：info@jcopy.or.jp　電話：03-3513-6969〉

会計と会計学の到達点を理論的に総括し、
現時点での成果を将来に引き継ぐ

体系現代会計学 全12巻

■総編集者■

斎藤静樹(主幹)・安藤英義・伊藤邦雄・大塚宗春

北村敬子・谷　武幸・平松一夫

■各巻書名および責任編集者■

第1巻	企業会計の基礎概念	斎藤静樹・徳賀芳弘
第2巻	企業会計の計算構造	北村敬子・新田忠誓・柴　健次
第3巻	会計情報の有用性	伊藤邦雄・桜井久勝
第4巻	会計基準のコンバージェンス	平松一夫・辻山栄子
第5巻	企業会計と法制度	安藤英義・古賀智敏・田中建二
第6巻	財務報告のフロンティア	広瀬義州・藤井秀樹
第7巻	会計監査と企業統治	千代田邦夫・鳥羽至英
第8巻	会計と会計学の歴史	千葉準一・中野常男
第9巻	政府と非営利組織の会計	大塚宗春・黒川行治
第10巻	業績管理会計	谷　武幸・小林啓孝・小倉　昇
第11巻	戦略管理会計	淺田孝幸・伊藤嘉博
第12巻	日本企業の管理会計システム	廣本敏郎・加登　豊・岡野　浩

中央経済社